Böszörmenyi
Georg Kühlewind

Laszlo Böszörmenyi

Georg Kühlewind

Ein Diener des Logos

Verlag Freies Geistesleben

1. Auflage 2022

Verlag Freies Geistesleben
Landhausstraße 82, 70190 Stuttgart
www.geistesleben.com

ISBN 978-3-7725-3150-7

Umschlagfotos: Charlotte Fischer, Privatarchiv Székely
Einbandmaterial: 55% Ocean recycled PET (rPET), 45% PCW rPET
Druck: GGP Media GmbH, Pößneck
Printed in Germany

FSC
www.fsc.org
MIX
Papier aus verantwortungsvollen Quellen
FSC® C014496

Inhalt

»Wer einen Menschen liebt, liebt alle Menschen.«

Georg Kühlewind: *Licht und Leere*

»Es ist heute nur ratsam, dasjenige weiterzugeben,
worauf man selber gekommen ist,
was man selber erforscht hat.«

Rudolf Steiner: *Individuelle Geistwesen und ihr Wirken in der Seele des Menschen*, 15. November 1917

Zum Geleit

Dieses Buch kommt zur rechten Zeit. Es bietet – jetzt, wo die wichtigsten Texte Georg Kühlewinds neu aufgelegt werden – eine profunde und zugleich gut lesbare Einführung in das Gesamtwerk. Die Grundmotive dieses Werkes und deren über viele Jahre sich erstreckende Entfaltung aus wissenschaftlichen Fragestellungen und den meditativen Erfahrungen des Autors werden dabei verständlich.

Was aber vielleicht noch wichtiger ist: Das Buch ist ein Zeugnis dafür, was innerhalb einer Biografie an Entwicklung und Einsicht möglich ist. Es ist eine Lebensgeschichte, erzählt von einem langjährigen Schüler und Freund, und ein Stück Zeitgeschichte. Es zeigt, wie ein Mensch aus den schmerzvollsten Erfahrungen des 20. Jahrhunderts – dem Holocaust – zur Anthroposophie findet, diese durch eigene Erfahrung erobert und in die Beschreibung eines Übungsweges verwandelt, der bis heute unzählige Menschen inspiriert.

Wien, im Dezember 2021

Wolfgang Tomaschitz
Generalsekretär der Anthroposophischen Landesgesellschaft in Österreich

Vorwort

Dieses Buch ist an solche Leser[1] gerichtet, die sich zumindest schon einmal die Frage nach dem Sinn des Lebens oder eine ähnliche Frage gestellt haben. Auf solche Fragen kann keine abschließende Antwort gegeben werden. Wenn mir jemand sagen würde: »Der Sinn Deines Lebens ist ...«, ganz gleich, was: Was würde es mir nützen? Eine solche Frage sollte eher eine Aufforderung zu innerer Arbeit sein. Wie könnte ich den Sinn meines Lebens finden oder, noch besser, wie könnte ich meinem Leben einen neuen, nie geahnten Sinn geben?

Georg Kühlewind stellte sich solche Fragen schon sehr früh und folgte ihnen mit beispielloser Ernsthaftigkeit und Ehrlichkeit. Griechische Mythologie, Psychoanalyse, Marxismus, aktives Musizieren, naturwissenschaftliches Studium, Anthroposophie, Christentum und Zen waren einige Eckpunkte dieser Suche in den ersten Jahrzehnten seines Lebens. Insbesondere mit der Anthroposophie Rudolf Steiners hatte er sich jahrelang intensiv beschäftigt, bis er zu einem Punkt gekommen war, an dem er zugeben musste: Ich komme nicht weiter! Die Übungen bewirkten in ihm nichts und auch die Anthroposophie als abstrakte Erklärung der Welt befriedigte ihn nicht. Er überlegte, mit der Anthroposophie zu brechen. Stattdessen – auch aufgrund eines vielsagenden Traumes – entschloss er sich, mit allem von vorn anzufangen,

1 Um der guten Lesbarkeit willen verzichte ich auf gendergerechte Doppelbezeichnungen wie »Die Leserin / der Leser«. Dahinter liegt keine diskriminierende Absicht.

den Schulungsweg für sich selbst völlig neu und unbefangen aufzubauen.

Der moderne Mensch hat in seiner bis jetzt spontan verlaufenden Bewusstseinsentwicklung eine Stufe erreicht – von Steiner Bewusstseinsseele[2] genannt –, auf der er seiner geistigen Fähigkeiten bewusst werden und auf sie – wenn auch zunächst nur auf ihre Vergangenheit – reflektieren kann. Er weiß zwar nicht, *wie* er denkt, aber er weiß, *dass* er denkt. Das bedeutet Mündigkeit im Bewusstsein: Ich kann – und soll – die Verantwortung für mein eigenes Bewusstsein übernehmen. Wenn ich das nicht tue, versklave ich mich. Ich lebe in einer Welt von Objekten meines Bewusstseins, ohne zu wissen, wie sie dort hineingelangt sind. Sie sind es, die mein Bewusstsein bestimmen, nicht ich. Wenn ich aber ein freier Mensch sein will, muss ich die Herrschaft über mein eigenes Bewusstsein erlangen. Der Weg zur Freiheit ist der Weg der Schulung des eigenen Bewusstseins, der eigenen Aufmerksamkeit.

Viele Menschen suchen einen solchen Weg. Kühlewinds Leben und Wirken sind deshalb so hilfreich und heilsam, weil er vorgelebt hat, wie man solch einen Weg gehen kann. Er hat unzählige Entdeckungen gemacht, hat viele Bereiche – wie Erkenntnistheorie, Christologie, Psychologie, Heilpädagogik und Sprachwissenschaft, um nur einige zu nennen – auf neue Grundlagen gestellt. Trotzdem ist seine wichtigste Lehre die, dass es keine Lehre gibt. Jeder Mensch sollte seinen Weg selbst finden, ja erschaffen. Und dazu kann Kühlewind Mut und Kraft geben.

Wie man Mensch wird – oder ICH wird –, das kann man

2 Siehe dazu zum Beispiel R. Steiner: *Theosophie*, GA 9 (1904), Kapitel *Leib, Seele und Geist*.

nicht theoretisch erlernen. Wie bei der Erziehung kleiner Kinder gilt auch in diesem Fall: Die beste Pädagogik ist das Beispiel. Menschen, die Kühlewind gekannt und verstanden haben, konnten sehen: Es ist möglich, sich aus eigenem Willen zu einem weiseren und besseren Menschen zu entwickeln. Und es gibt nichts Schöneres, Ermutigenderes und Unwahrscheinlicheres als das.

Persönliche Vorbemerkung

Über kein Thema kann man wirklich »objektiv« schreiben, das eigene Subjekt ist immer dabei. Und über einen anderen Menschen schon gar nicht. Das Bild, das ich von Georg zeichne, ist mein Bild von ihm. Ich kann nur hoffen, dass er dieses Bild mit seinem mir wohl bekannten Lächeln zur Kenntnis nehmen würde. Vielleicht, als höchstes Lob, würde ich in seinen Augen auch das Licht der Zustimmung aufleuchten sehen.

Ich lernte Georg 1978 in Zürich auf einer Tagung in einer Waldorfschule kennen. Ich hatte mich aus dem kommunistischen Ungarn als junger Informatiker um ein Stipendium in der Schweiz beworben, weil ich die – damals in Ungarn verbotene – Anthroposophie näher kennenlernen wollte. Ich wusste sehr wenig über sie, außer, dass ich sie faszinierend fand und dass ihr Zentrum in der Nähe von Basel ist. Da aber das einzige Stipendium in der Schweiz an der ETH Zürich zur Verfügung stand, bewarb ich mich dorthin. Gegen jegliche Erwartung erhielt ich das Stipendium. Neben intensiver Arbeit an der ETH stürzte ich mich in meiner ganzen Freizeit in die Anthroposophie. Vorträge, Theatervorstellungen, Kurse in Sprachgestaltung und Eurythmie – alles, was es gab, habe ich besucht und mich daran versucht. Nach ca. einem halben Jahr war mir klar: Nein, das ist doch nicht mein Weg. Ich hatte das Gefühl, dass etwas nicht stimmt, etwas daran nicht ganz klar, nicht ganz selbstdurchdrungen war. Dann erfuhr ich, dass ein Landsmann von mir (György Székely, unter dem Pseudonym Georg Kühlewind) in Zürich auf einer Tagung sprechen werde. Ich war äußerst skeptisch: Die meisten Ungarn kamen in dieser Zeit in den Westen, um irgendwelche Güter der Konsumgesellschaft mitzunehmen. Eher unwillig ging ich auf diese Tagung, wo ich Georgs Vortrag und auch sein Übungsseminar besuchte. Und dann habe ich sofort gewusst: Das ist doch mein Weg! Dieser Mensch weiß, wovon er redet, und ich kann von ihm lernen, wie ich selbst meinen Weg gehen kann. So bin ich lebenslang sein Schüler und Freund geworden.

Ich habe mir fest vorgenommen, keine »Lobeshymnen auf ihn zu singen«. Erstens, weil er das vehement abgelehnt hätte. Zweitens, um nicht unbescheiden zu sein. »Wie komme ich dazu, Wieland zu loben?!«, soll Goethe gesagt haben, als er nach dem Tod des von ihm sehr geschätzten Dichterkollegen um eine Laudatio gebeten wurde. Um wie viel mehr gilt das für mich! Und drittens, weil Lob eine Geste der Entfremdung ist. Denn einen Freund sollte man nicht loben, sondern lieben. Trotzdem kann ich mich nicht zurückhalten, gleich zu Beginn festzuhalten: Georg Kühlewind hat völlig neue Impulse auf die Erde gebracht. Seine Bedeutung haben nur wenige Menschen erkannt, auch innerhalb der anthroposophischen Bewegung. Und das ist deshalb so bedauerlich, weil er gerade das gebracht hat, was so viele Menschen – innerhalb und außerhalb dieser Bewegung – suchen. Wenn dieses Büchlein einigen von ihnen hilft, ihren Weg zu finden, dann war meine Mühe nicht umsonst.

Den eigenen Weg gehen, das können wir alle. Und wir stehen dabei nicht in Konkurrenz. Ich muss mich nicht – und soll mich auch nicht – mit anderen vergleichen. Ich muss *mein* wahres Ich finden, zu diesem werden – und sonst nichts. Rabbi Sussja[3] drückt es so aus:

3 M. Buber: *Die Erzählungen der Chassidim*, S. 337.

»In der kommenden Welt wird man mich nicht fragen: ›Warum bist du nicht Mose gewesen?‹ Man wird mich fragen: ›Warum bist du nicht Sussja gewesen?‹«

I. Warum kann man keine Biografie schreiben – und warum versuche ich das doch?

Die Einzigartigkeit des Menschen

> »*Wer* einen *Menschen liebt, liebt alle Menschen.*«[4]

Wer eine abstrakte Menschheit »liebt«, liebt niemanden. Wer einen Menschen in seiner Einzigartigkeit liebt, kann lieben, und kann deshalb alle Menschen lieben.

Jeder Mensch ist einzigartig. Die äußerlichen Lebensläufe sind aber oft verblüffend ähnlich. Unsere Einzigartigkeit drückt sich selten im Lebenslauf aus. Und die Besonderheiten des Lebenslaufs machen die Einzigartigkeit eines Menschen letztlich auch nicht aus.

Von Karel Čapek gibt es eine wunderschöne Erzählung zu diesem Thema.[5] Ein siebzehnjähriges Mädchen verschwindet plötzlich von zu Hause. Die Eltern suchen sie verzweifelt, und nach einer Weile verständigen sie die Polizei. Herr Pištora, der

4 G. Kühlewind: *Licht und Leere.* Verlag Freies Geistesleben, Stuttgart, Stuttgart 2011, S. 65.

5 Ich habe diese Erzählung vor Jahrzehnten gelesen. Namen und auch die Geschichte haben sich in meiner Erinnerung sicherlich etwas verändert. Was ich erzähle, ist also meine Version, ist das, was mir von der Erzählung geblieben ist. Karel Čapek würde mir hoffentlich verzeihen.

Detektiv, eine wiederkehrende Figur bei Čapek, ein kleiner, dünner, völlig alltäglicher, nüchterner Mensch mit Mäusezähnen, mit viel Erfahrung mit Alltagsmenschen und Alltagskriminalität, hört ihnen aufmerksam zu. Dann zieht er seine Konsequenz: »Der Fall ist völlig klar. Lisa ist mit einem Mann durchgebrannt.« Die Eltern sind entsetzt und empört: »Sie kennen Lisa doch gar nicht. Sie ist so eine feine, gebildete, sensible, einzigartige junge Frau, sie ›brennt‹ doch nicht mit einem Mann durch.« Herr Pištora zuckt die Achseln, stellt noch ein paar sachliche Fragen – und findet Lisa nach wenigen Stunden, die tatsächlich mit einem Mann durchgebrannt ist. Was ist die Moral der Geschichte? Čapek spricht das nicht aus, deutet nur an: Beide haben recht. Für den liebevollen Blick der Eltern ist die Einzigartigkeit von Lisa sichtbar, für den nüchternen, sachlichen Blick von Herrn Pištora aber die Banalität der äußeren Geschehnisse, wie sie in jedem Lebenslauf vorkommen. Wir sind beides: einzigartige Menschen – mit viel Banalität in unserem Lebenslauf.

Es gibt jedoch Ausnahmen. Der außergewöhnliche Fall ist der Mensch, der einen solchen Grad an Freiheit erreicht, dass nicht mehr die äußeren Umstände und auch nicht das Schicksal sein Leben bestimmen, sondern dass er selbst Autor und Quelle seines eigenen Lebens wird. Ich habe einige großartige Menschen in meinem Leben kennengelernt, aber der einzige, der tatsächlich so weit gekommen ist, sein Leben weitestgehend selbst zu bestimmen, war Georg Kühlewind.

Ist unser Leben ein Weg?

Man redet gern über den »Lebensweg« eines Menschen. Ist unser Leben tatsächlich ein Weg? Gehen wir in unserem Leben einen Weg, den wir gesucht, bestimmt, vielleicht selbst gebahnt haben? Einen, der eine Richtung hat? Oder geschehen mit uns eine Reihe von mehr oder weniger zufälligen und zusammenhangslosen Ereignissen, die bis zum Ende keinen Sinn ergeben? Und wenn es ein Weg ist, hat er ein Ziel? Ist es ein Weg der Entwicklung? Oder des Verfalls? Oder mal so, mal so? Eine ehrliche Antwort ist nicht so einfach zu geben.

Viele Menschen sind heute der Meinung, das Leben sei ein Zufallsprodukt ohne Ursprung und ohne Ziel. Oder das Ziel des Lebens sei, »glücklich zu werden«. Es ist auffallend, dass gerade Menschen mit dieser Zielsetzung oft extrem unglücklich werden. Ich kenne keinen Menschen, der seinem Leben nicht eine Bedeutung zuschreiben möchte – woher auch immer diese kommen soll. Aber ich kenne nicht viele, die bereit sind, daran ernsthaft zu arbeiten. Man möchte diese Bedeutung gern irgendwie von außen geschenkt bekommen. Oder höchstens erkaufen.

Joe Weizenbaum[6] war schon über achtzig, als er uns zum letzten Mal in Klagenfurt besucht hat. Beim Gespräch am Abend

6 Joseph Weizenbaum (1923–2008), weltweit bekannter deutsch-amerikanischer Informatiker, Pionier und gleichzeitig scharfer Kritiker der »Künstlichen Intelligenz«. Sein bekanntestes Werk ist das Buch *Die Macht der Computer und die Ohnmacht der Vernunft*. Wir sind Anfang der 80er-Jahre Brief-Freunde geworden; Ende der 80er-Jahre hat er mich in Budapest besucht. Bei dieser Gelegenheit hat er auch Kühlewind kennengelernt. Die beiden haben ein sehr schönes Gespräch über den Zustand der Welt und über die Arbeit von Noam Chomsky geführt.

sagte er: »Wenn ich auf mein so kompliziertes Leben zurückblicke, ergibt das alles irgendwie einen Sinn. Fragt mich nur ja nicht, welchen!« Etwas sehr Ähnliches sagte Eckermann über sein eigenes Leben in seinen Gesprächen mit Goethe.

Wenn ich heute mit über siebzig versuche, auf mein bisheriges Leben zurückzublicken, frage ich mich: Kann ich das überhaupt? Was weiß ich vom eigenen Leben? Ich habe einerseits ein allgemeines, eher dumpfes Gefühl von mir und von meinem Leben. Dieses Gefühl hat einen gewissen Stil, den ich vermutlich in jedem »seelischen« Spiegel erkennen würde. (Übrigens: Woran erkenne ich mich in einem physischen Spiegel?) Andererseits kann ich mich an eine Menge Ereignisse erinnern. Es fällt auf, dass es sich ändert, welche Ereignisse aus der Erinnerung auftauchen, und auch, wie sie sich zeigen. Manches, was heute wichtig erscheint, erschien früher unwichtig und umgekehrt. Sind das die relevanten Ereignisse? Wie wähle ich sie aus? Und was verbindet sie? Der alte, kranke Arzt auf einer Bettkante in einem fremden Hotel fragt sich in Tschechows Erzählung *Eine langweilige Geschichte:*

»Und wie lange ich auch überlege, und wohin ich auch meine Gedanken richten würde, das ist mir klar, daß meinen Wünschen etwas sehr Wesentliches, gerade das Wichtigste fehlen würde. Meinem leidenschaftlichen Interesse für die Wissenschaft, meinem Wunsche weiterzuleben, diesem Sitzen auf dem fremden Bette und dem Versuche, mich selbst zu erkennen, allen Gedanken, Gefühlen und Begriffen, die ich mir über alle Dinge bilde, alledem fehlt das gemeinsame Band, durch das alles erst zu einem einheitlichen Ganzen verknüpft werden würde. Jedes Gefühl und jeder Gedanke führt in mir sein Sonderdasein, und in allen meinen Urteilen über die Wissenschaft, über das Theater, über die Literatur, über meine Schüler und in all den Bildern, die meine Einbildungskraft entwirft, würde selbst der geschickteste Psychologe nicht das finden, was man die Gesamtidee oder den ›Gott im lebendigen Menschen‹ nennt.

Wenn aber das fehlt, so ist alles andere nichtig und wertlos.«[7]

Nicht viele haben so ehrlich und so künstlerisch das moderne Gefühl der Sinn- und Wertlosigkeit des Lebens ausgedrückt wie Tschechow. Und damit zugleich ein Zeugnis dafür abgelegt, wie sehnsüchtig wir nach Sinn und Wert des Lebens suchen, dabei gleich auch die Richtung angebend, in der wir suchen müssen: »Die Gesamtidee oder den Gott im lebendigen Menschen«.

Kühlewind benutzte in einem Seminar in Baruth[8] den Ausdruck: Melodie des Lebens.[9] Es ist die Melodie des Lebens, die es ermöglicht, dass wir nicht ständig nachzudenken brauchen, warum wir gerade hier sind, wo wir sind, wie wir hierher kamen, mit welcher Absicht, welchem Interesse usw., sondern dass wir vollständig orientiert sind, sozusagen in unserer Melodie »schwimmen«. Jeder Mensch hat seine eigene Melodie,

7 A. P. Tschechow: *Eine langweilige Geschichte.*

8 Siehe die Aufzeichnung eines Seminars in Baruth in G. Kühlewind: *Melodie und Stille – Kunst, Kontinuität und das leere Bewusstsein,* S. 28. Verlag Freies Geistesleben, Stuttgart 2009.

9 Der Ausdruck geht auf das Gedicht *Der schwarze Flügel* des ungarischen Dichters Endre Ady (1877–1919) zurück. Henri Bergson hat diesen Ausdruck ebenfalls benutzt: »Unsere Persönlichkeit ist genau das: die kontinuierliche Melodie unseres inneren Lebens.« Georg erzählte in Baruth auch, dass er so etwas gezielt bei Bergson gesucht hat, weil Bergson »ungeheuer interessiert an Zeit und Dauer« gewesen sei. Und »ich war baff« – sagte er – als er das tatsächlich in seinem Buch *Das kreative Bewusstsein*, im Kapitel *Die Wahrnehmung der Veränderung* fand.

und wenn wir jemanden gut kennen, kennen wir ihren Stil. In einem vollständig gesunden Menschen würde diese Melodie lebenslang ungestört fließen. Wer ist aber heute vollständig gesund? Unsere Melodie erleidet oft Brüche. Wer aber erkennt das, und wer kann das zurechtrücken? Wer spielt diese Melodie (auf dem »schwarzen Flügel«)?

Im guten Fall ist es das höhere Ich, das ich wirklich bin, das sich hinter allen meinen Gedanken, Gefühlen und Träumen verbirgt. Wenn ich diesem Ich von Angesicht zu Angesicht begegnen könnte! Genau das ist das Ziel des Schulungswegs. Kühlewind hat das in einer Meditation (siehe später, insbesondere im Kapitel Textmeditation) so zusammengefasst: »Die Aufmerksamkeit sucht sich selbst.«[10] Wenn meine Aufmerksamkeit dermaßen stark und wach wird, dass sie sich in der reinen Tätigkeit – unabhängig von einem und sogar ohne irgendein Objekt – erfährt, dann erwacht das wahre Ich. Das ist die »Gesamtidee« des Menschen, »der Gott in ihm«. Die »Gesamtidee« des Menschen ist natürlich nichts Fertiges, und gerade durch diese Begegnung wird sie erst richtig lebendig. Das ICH zu finden und zu beleben, ist eine völlig individuelle Aufgabe – die wir aber alle haben. Niemand kann mir diese Aufgabe abnehmen, niemand kann mir die Begegnung mit mir selbst schenken. Und niemand außer mir ist dafür zuständig.

Helfen können wir aber einander dabei. Die Begegnung mit Menschen, die diese ICH-Erfahrung machen können, hilft den Suchenden. Aber auch die Begegnung mit anderen Menschen, die auf der Suche sind, hilft viel. Die gemeinsame Anstrengung der Aufmerksamkeit addiert sich und erschafft etwas Neues,

10 Aus G. Kühlewind: *Licht und Freiheit*, S. 67 (einer der Beispielsätze für die Textmeditation im Anhang des Buches).

das mächtiger ist als jeder Einzelne. So konnten Menschen, die in Übungsgruppen mit Kühlewind zusammengearbeitet haben, viel von ihm, aber auch voneinander lernen. Darum konnten diese Übungsgruppen – wenn auch nicht alle – nach seinem Tod weiterarbeiten und sogar die Entstehung neuer solcher Gruppen inspirieren. Diese Art Hilfe funktioniert aber nur in Freiheit und Liebe. Mischt sich die kleinste egoistische Begierde hinein, ist die Hilfe schon verdorben. Das einsehen und wieder neu anfangen, können wir aber jederzeit.

Man redet auch gern über das Schicksal: Der Mensch kommt schon irgendwoher, wenn er geboren wird, und er geht auch nach seinem Tod weiter. Was wissen wir davon? Aus Büchern vielleicht vieles. Aber »aus erster Hand«?

Betrachten wir einmal eine Menschenbegegnung, die eine Bedeutung für uns hat. Man spricht dann von karmischen Begegnungen, wenn sie positiv oder negativ bedeutsam sind (oder wenn sie erst nicht bedeutsam erscheinen, aber solche Folgen haben). Der eine sagt, das sei eine zufällige, der andere, das sei eine »karmische« Begegnung. Macht das einen Unterschied für die Qualität dieser Beziehung? Was ist wichtiger an einer Beziehung: das, was uns dazu geführt hat, oder das, was wir daraus machen? Rudolf Steiner spricht oft von einer »karmischen Schuld«. Wir begegnen demnach manchen Menschen, um eine Schuld aus einem früheren Leben ihnen gegenüber auszugleichen. Wir schulden einander viel, und die Schuld besteht letztlich immer darin, dass wir einander nicht richtig, nicht der Einzigartigkeit des Anderen entsprechend lieben. Die Wiedergutmachung kann also nur darin bestehen, den anderen Menschen zu lieben. Dazu muss ich allerdings nicht unbedingt wissen, ob eine vergangene Schuld vorhanden ist. Ich will die Bedeutung der Karma-Lehre nicht in Frage stellen, aber sie ist eher sekundär für unseren Umgang miteinander. Die Liebe ist ein besserer Kompass als eine abstrakte Karma-Lehre. Wenn jemand tatsächlich in frühere Leben schauen kann, ist das etwas anderes. Wenn man das aber – wie ich – nicht kann, dann sollte man sich vor Einbildungen hüten.

Es gibt Ereignisse, die ich gern als Vorsehung interpretiere; es gab einige Wendepunkte in meinem Leben, die mich eher unverdient in eine bessere Richtung geleitet und vor Irrwegen geschützt haben. Manche Irrwege blieben mir wiederum nicht erspart. Was war meine Rolle dabei? Habe ich nicht den Großteil meines Lebens, mehr oder weniger, wie ein Schlafwandler verbracht? Wie geht es anderen? Bin ich der einzige, der so wenig von sich weiß?

Es gibt Momente – vielleicht auch längere Perioden –, wo man das Gefühl hat: Jetzt ist alles in Ordnung. Jetzt lebe ich richtig, im Einklang mit einem Ziel, das ich zwar nicht genau kenne, von dem ich aber ein Gefühl habe. Welches in älteren Kulturen »der Genius« eines Menschen genannt wurde, sein Geist, sein höheres Ich, das ihm den richtigen Weg einflüstert, wie der »Daimon« von Sokrates es getan hat. Der überwiegende Teil des Lebens ist allerdings eher von einem Gefühl des schlechten Gewissens gekennzeichnet – so, als wäre ich auf der Flucht. Wovor? Ja, vor meiner Lebensaufgabe vielleicht – die ich aber nicht kenne. Ich könnte daraus allerdings eine Übung machen. Ich könnte mich hinsetzen und mich fragen: Was machst du als nächstes?

Und ich sollte mich fragen: Wenn ich so wenig vom eigenen Leben weiß, wie sollte ich dann über das Leben eines anderen Menschen etwas sagen können? Und trotzdem will ich gerade deshalb über Kühlewind sprechen: Sein Leben war lichtvoller, durchsichtiger und liebevoller als das der meisten Menschen.

Und das war vielleicht die wichtigste Lehre, die man von ihm erhalten konnte.

Georgs Blick und die letzte Begegnung mit ihm

Während ich darum gerungen habe, über Georg zu schreiben, habe ich oft die Orientierung verloren. Der einzige Richtungsweiser, der mich immer zurückgeholt hat, war sein Blick. Wenn ich mir seinen Blick vergegenwärtigen konnte, war er irgendwie gleich da – so auch jetzt, während ich dies schreibe. Vor allem sein Blick der letzten Jahre, aus dem eine bis dahin unbekannte Intensität und Güte floss. Achim Noschka, unser gemeinsamer Freund, der inzwischen verstorbene großartige Psychologe, hat mich ein paar Jahre vor Georgs Tod darauf aufmerksam gemacht. »Hast Du es bemerkt?«, hat er gefragt. »Diese Güte, die an ihm erschienen ist?« Bis dahin war es mir nicht so bewusst gewesen, ich habe die Frage aber sofort heftig bejaht. Ja, so ist es. Eine Güte, die wie eine Nachricht aus einer anderen Welt geflossen ist.

Zum letzten Mal habe ich Georg ein paar Tage vor Weihnachten 2005 getroffen, ca. einen Monat vor seinem Tod, bei ihm zu Hause in Budapest. Es waren nur wenige Leute da, aus der Familie und aus dem Freundeskreis, die alle über Jahrzehnte mit ihm gemeinsam geübt hatten. Er war durch Krankheit körperlich stark geschwächt und muss Schmerzen gehabt haben. Darüber hat er kein Wort verloren. Als man ins Zimmer trat, war seine Anwesenheit so intensiv, dass er eigentlich gar nichts hätte sagen müssen. Man hat alle Sorgen vergessen, die »Weltordnung« war wiederhergestellt. Er hat alle Eintretenden mit einer Umarmung begrüßt. Dann haben wir uns hingesetzt zum

Üben. Er hat eine kleine Zen-Geschichte erzählt: Ein großer Meister lebt ganz zurückgezogen in einem Wald. Der Kaiser erfährt von ihm und möchte ihn nach dem Geheimnis der Weisheit fragen. Er schickt seine Leute aus, um ihn einzuladen. Er ist sehr schwer zu finden, aber es gelingt ihnen und sie bitten ihn, zum Kaiser zu kommen. Er folgt ihnen. Der Kaiser stellt ihm seine Frage, er antwortet aber nicht, sondern schweigt. Lange. Dann zieht er aus den Falten seiner Kleidung eine Flöte und spielt darauf einen einzigen Ton. Danach verbeugt er sich und verlässt den Kaiser. Und der Kaiser hat verstanden. [11]

Ich kann diese gemeinsame Meditation nicht beschreiben. Wir haben die Bedeutung der Geschichte, des Erzählens und der gemeinsamen Gegenwart mit einer Intensität erlebt, für die ich keine Worte habe. Die übliche Besprechung nach der Übung hat zwar stattgefunden, war aber unnötig. Es war uns allen klar, dass jedes Wort überflüssig und nur eine Abschwächung dessen war, was wir in ewiger, lebendiger Gegenwart erfahren hatten. Erst viel später habe ich verstanden: Dieser einzige Ton ist das Gleiche wie der einzigartige Blick eines Menschen, das einzigartige ewige Wort, das wir alle sind, welches über alle Inkarnationen hindurchhallt – und dieses Wort richtig »auszusprechen«, d.h. durch unser ganzes Leben zum Ausdruck zu bringen, ist die einzige sinnvolle Lebensaufgabe. Das ist, mit Worten von Georg Kühlewind, »die Individualisierung des Geistes«.

11 Ich zitiere sie aus dem Gedächtnis, möglicherweise ungenau. Aber das tut nichts zur Sache; ich will den Eindruck, die damalige Stimmung wieder verlebendigen.

II. Die jungen Jahre

Name

Georg Kühlewind wurde am 6. März 1924 in Budapest als György Székely[12] in einer sogenannten »assimilierten« jüdischen Familie geboren. Nach dem Ausgleich mit Österreich im Jahre 1867 hatte sich Ungarn liberal und tolerant entwickelt. Das hatte zu einem großen wirtschaftlichen und kulturellen Aufschwung geführt. Die jüdische Bevölkerung hatte immer mehr Rechte bekommen, u.a. Zugang zu (fast) allen Berufen, dank einiger hervorragender Gestalten wie Baron József Eötvös (Bruder des Physikers Lóránt Eötvös), der im ungarischen Parlament vehement für Rechtsstaatlichkeit und religiöse Toleranz eintrat. In dieser Atmosphäre hatten sich viele jüdische Familien mit Ungarn als Heimat identifiziert. Etliche hatten die noch unter Kaiser Joseph II. aufgezwungenen deutschen Namen (die heute als »typisch jüdisch« gelten) durch ungarische ersetzt, »magyarisiert«. Es ist anzunehmen, dass der Name Székely auch ein solcher »ungarisierter« Name ist.

Als György Székely in den siebziger Jahren anfing, in deutscher Sprache im Westen seine Schriften zu veröffentlichen, musste er ein Pseudonym annehmen, da es für Bürger des »sozialistischen« Ungarn nicht erlaubt war, »im Westen« zu

12 Auszusprechen als Djördj Ssekej.

publizieren. Als der Verlag ihn nach einem entsprechenden Namen fragte, sagte er, ohne zu zögern: Kühlewind. Dieser Name geht eigentlich auf ein Kinderspiel zurück, das wir auch noch in meiner Jugend gespielt haben: Was wärst du, wenn du ein Tier wärst, eine Pflanze wärst usw.? So soll er auf die Frage, was er wäre, wenn er ein Naturphänomen wäre, geantwortet haben: ein kühler Wind. 1978 habe ich ihn bei einer Tagung in Zürich u.a. »vom kühlen Wind« des Geistes sprechen hören. Dieser Name drückt durchaus etwas von seinem Wesen aus.[13] Und trotzdem: Der wahre Name eines Menschen kann in keiner Sprache ausgesprochen werden, er ist unsagbar, weil er auf einer höheren Stufe steht als die Worte einer Sprache.[14] Die Bezeichnung »Ein Diener des Logos« kommt dem vielleicht am nächsten – aber seinen echten Namen hat Georg Kühlewind durch sein Leben ausgesprochen.

Familie

Budapest war um die Jahrhundertwende bis zum Ersten Weltkrieg geradezu aufgeblüht. Wer sich eine Vorstellung von dieser Zeit machen will, kann am besten durch Stefan Zweigs Buch *Die Welt von gestern* einen Eindruck erhalten. Zweig schreibt

13 Viele stellen sich die Erfahrungen in der geistigen Welt sentimental, zuckersüß vor. Die ersten geistigen Erfahrungen ähneln aber viel mehr einem klaren, kühlen Wind als einer heißen Schokolade mit Schlagsahne.

14 Am Anfang seines Buches *Meditationen über Zen-Buddhismus, Thomas von Aquin und Anthroposophie* steht als Motto der folgende chinesische Spruch: »Der Name, kann er ausgesprochen werden, ist nicht der ewige Name.«

zwar über Wien, aber die Lage in Budapest war in vieler Hinsicht ähnlich. Der kulturelle Höhenflug überlebte den Ersten Weltkrieg; auch noch die Jahrzehnte vor dem Zweiten Weltkrieg sind durchdrungen von Kultur, von Dichtung und Musik, und von der Suche nach einem neuen Sinn des Lebens, nach der Welt von morgen.

In dieser Atmosphäre kam Georg auf die Welt. Seine Eltern waren hochgebildet; es herrschte zu Hause eine Atmosphäre der Offenheit für Kunst, Kultur und die Mitmenschen. Seine Mutter war sehr musikalisch und las lebenslang hochwertige Literatur in drei Sprachen (sie wurde über neunzig Jahre alt). Sein Vater war Kinderarzt, sehr beliebt bei den Patienten und sehr geliebt von seinem Sohn. Georg sagte einmal über ihn: Er war der gütigste Mensch, den ich je kennengelernt habe. Seinen Beruf hat er mit einer besonderen Sensitivität ausgeübt: Er konnte die Krankheit seiner kleinen Patienten oft schon vor der Untersuchung, gleich beim Betreten des Kinderzimmers erraten, erahnen. Eine Fähigkeit, die seinen Sohn später sehr intensiv beschäftigt, die er dann als »erkennendes Fühlen« bezeichnet[15]. Das ist die Fähigkeit, die uns heute am meisten fehlt und deren Ausbildung die ganze Gesellschaft, die ganze Welt radikal verändern würde. Wenn wir nicht nur in klaren Gedanken, sondern auch in »klaren Gefühlen« kommunizieren könnten, wäre alles ganz anders. Die besten Künstler haben das schon immer gekonnt; diese Fähigkeit müssten wir aber heute allgemein und bewusst (auf dem Schulungsweg) entwickeln. Dadurch wäre sie auch nicht mehr eine spontane Fähigkeit, die

15 Siehe dazu u.a.: G. Kühlewind: *Wege zur fühlenden Wahrnehmung (Die Belehrung der Sinne)* und *Das Leben der Seele zwischen Überbewußtsein und Unterbewußtsein (Elemente einer spirituellen Psychologie),* beide erschienen im Verlag Freies Geistesleben.

manchen gegeben ist, den meisten aber nicht, und so würde sie die ganze menschliche Kommunikation erneuern. Sie wäre die Wegbereiterin für eine neue Kunst, aber auch für eine neue Wissenschaft[16] und einen neuen Kultus. Georg Kühlewind hatte das eher seltene Glück, ein Beispiel für das erkennende Fühlen schon als Kind zu erleben. Er hat den Faden, den sein Vater in seine Hand gelegt hatte, aufgenommen und durch die Ausarbeitung der Geistesschulung, die einen bewussten Weg zu dieser nun neuen Fähigkeit aufzeigt, weitergesponnen.

Nicht jeder, der ein solches »Glück« hat, zieht die gleichen Konsequenzen daraus. Viel tragischer ist allerdings der Umstand, dass es immer weniger Menschen gibt, die ein solches Glück überhaupt erleben, die in der Kindheit und Jugend solchen Persönlichkeiten begegnen, die durch ihre Güte und Empfindsamkeit einen Vorschuss für das ganze Leben geben. »Das Kind ›ahmt nach‹ was wir sind, nicht was wir zu sein meinen oder sein möchten, und wird geprägt nur durch das, was wir sind. Zum Glück mit individueller Selektivität«, schreibt Kühlewind in seinem Buch *Sternkinder*[17]. Welch eine Verantwortung für jeden Erzieher! Sind wir dieser Nachahmung würdig? Wenn nicht: Tun wir etwas dafür, es zu werden? Wenn auch das nicht: Dürfen wir uns dann wundern, dass die Welt so aussieht, wie sie aussieht?

16 Siehe dazu *Mondenlicht – Sonnenlicht. Die Umkehr zur Quelle der wissenschaftlichen Denkweise* vom Autor.

17 G. Kühlewind: *Sternkinder – Kinder, die uns besondere Aufgaben stellen*, S. 108. Verlag Freies Geistesleben, Stuttgart 2001.

Kindheit, Sprachen, Musik

Über die Kindheit von Georg weiß ich wenig Konkretes, es gibt aber guten Grund anzunehmen, dass sie eine sogenannte »glückliche« Kindheit war. Die offene familiäre Stimmung und die Schätzung von Kultur und Bildung haben ihm sicherlich vieles auf den Weg mitgegeben. Er hatte eine österreichische Gouvernante, welche die Grundlagen zu seinem nahezu perfekten Deutsch gelegt hat. Er war in dieser Sprache so heimisch, dass er sie mit einer Art dichterischer Kreativität benutzen konnte. Durch seine meditative Art des Schreibens hat er einen eigenen Sprachstil entwickelt. Er hat auch neue Worte »erfunden«, wie das Verb »worten«, womit er die hinter jeglicher Kommunikation sich verbergende Intention zum Sprechen und Ansprechen gekennzeichnet hat. Nicht, dass er angestrebt hätte, ein »Spracherneuerer« zu sein – dies hat sich daraus ergeben, dass er seine geistigen Erlebnisse zum Ausdruck gebracht hat.

Georg war extrem sprachbegabt. Er hat die Sprachen leicht, ohne Worte und Grammatik zu büffeln, »aufgeschnappt«. Dante las er auf Italienisch, Pascal auf Französisch, Barfield und Tolkien auf Englisch, die Bibel auf Griechisch und Lateinisch. Seine Bücher hat er vorwiegend auf Deutsch geschrieben, nur das *Gewahrwerden des Logos* zunächst auf Ungarisch und das Buch *Licht und Freiheit* ursprünglich auf Englisch.

Sein Hebräisch war aber schwach, und das geht auf die Kindheit zurück und hat ihn lebenslang gequält. Als Kleinkind wusste er nichts von seiner jüdischen Herkunft, das war kein Thema in der Familie. Als er in die Schule kam, hat sein Vater wie nebenbei bemerkt: »Wenn man dich fragt, welchen Religionsunterricht du wählst, dann gehe weder zu den Katholiken noch zu den Reformierten[18], gehe zu den Israeliten.« Dort lernte er dann Hebräisch, allerdings von einem so schlechten Lehrer, dass es nicht viel genützt hat. Ich habe ihn ca. ein halbes Jahr vor seinem Tod angerufen und ihn gefragt, wie es ihm gehe. Es war nicht üblich, ihn mit einer solch banalen Frage anzurufen, ich wusste aber, dass es ihm nicht gut ging. Er lachte: »Merkwürdig. Ich habe keine Lust, irgendetwas zu tun.« Das klang mir dermaßen unvorstellbar, dass ich fragte: »Wie machst du nichts?« »Naja, ich lese das Alte Testament und ärgere mich über mein schlechtes Hebräisch.« Ich kenne wenige Leute, die das als »Ich mache gerade nichts« bezeichnen würden. Bei diesem Gespräch erzählte er übrigens auch, dass man ihm eine Chemotherapie empfohlen hatte. Er sagte seiner Ärztin, dass er wissen wolle, was in diesen Chemikalien enthalten sei. Nachdem er das erfahren hatte, weigerte er sich, die Medikamente zu nehmen. »Die glauben jetzt, ich will abkratzen. Keine Spur. Aber diese Medikamente nehme ich nicht.«

Er hatte in seiner Kindheit auch Musikunterricht, an erster Stelle Klavier. Die Musik wurde ihm immer wichtiger; mit siebzehn überlegte er sich, Pianist zu werden. Der Weltkrieg, der Aufenthalt im KZ und der Tod seiner Klavierlehrerin, Tante Joli, haben diesen Traum vereitelt. Es muss ihm aber sehr wichtig gewesen sein. Er war schon über siebzig, als er mir, in der Pause einer Tagung in Wien, ein wenig von seiner ersten Krebs-Erkrankung und der ungewöhnlich raschen Heilung nach seiner Operation erzählte. »Ich weiß, woher diese Krankheit kommt«, sagte er. »Das hat etwas damit zu tun, dass ich mit dem Klavierspielen aufgehört habe.« Das hat mich zutiefst

18 In Ungarn ist die reformierte Kirche die größte protestantische Kirche.

erschüttert, und es tut mir bis heute leid, dass ich ihn darüber nicht ausführlicher gefragt habe. Ich wusste aber, dass er selten und ungern über sich selbst sprach. Jedenfalls war das ein wichtiger Hinweis, wie man mit eigenen Krankheiten umgehen kann. Man kann versuchen, sie in den eigenen Lebenslauf so einzufügen, dass sie einen Sinn ergeben. In Bezug auf andere muss man damit allerdings sehr vorsichtig sein, um kein falsches Urteil zu fällen. Aber auf sich selbst bezogen weiß man meist ziemlich gut, was eine Krankheit will, was sie sagt. Mit dem Klavierspielen hat er übrigens nicht vollständig aufgehört; er hatte lebenslang ein Pianino zu Hause, auf dem er für sich selbst spielte. Als ich ihn einmal darum bat, auch uns etwas vorzuspielen, lehnte er kurzweg ab.

Jugend

Aus seinen seltenen und kurzen biografischen Texten und Interviews wissen wir, dass sich Kühlewind als Gymnasiast für (fast) alles interessierte. Er war damit zu dieser Zeit vermutlich nicht der einzige, es gab ja noch keine Fernseher, keine Mobiltelefone, keine Dauerunterhaltung für Jugendliche. Viele junge Leute haben sich mit hochwertiger Literatur, Kunst und Wissenschaft beschäftigt. Gymnasiallehrer waren auch oft noch selbst aktive Forscher mit bedeutenden wissenschaftlichen Beiträgen, und viele Intellektuelle haben zu Hause Kammermusik auf hohem Niveau gespielt. Trotzdem erscheint es so, dass Georgs Hunger nach Wissen und Verstehen auch für diese Zeit absolut überdurchschnittlich war. Er hat Autoren wie Freud, Jung, Marx, aber auch Goethe und Thomas Mann gelesen, die großartige ungarische Lyrik und noch vieles mehr. Musikalisch lebte er in der Welt von Bach, Beethoven, Mozart und Schubert.

Er besaß schon in diesem Alter die Gabe, aus Büchern das Wesentliche herauszulesen. Seine anfängliche Begeisterung für die Psychoanalyse war zum Beispiel relativ rasch verflogen, denn er erkannte bald die Grenzen dieser Ansätze. Er hat aber daraus etwas für das ganze Leben gelernt: nämlich, dass das Leben kein rationales Phänomen ist. Das kommt insbesondere bei Jung zum Ausdruck, der öfters erwähnt, dass viele seiner Patienten gerade solche Menschen waren, die geglaubt hatten, das Leben rational führen zu können – und irgendwann unter diesem von vornherein zum Scheitern verurteilten Vorhaben zusammenbrachen. Viel später bemerkte dann Kühlewind, dass nicht einmal die Rationalität selbst ein rationales Phänomen ist. Wie sich das rationale Denken entwickelt hat, ist eine lange Geschichte, von Rudolf Steiner vielfach dargestellt. Aber ein rationaler Entschluss von bis dahin irrationalen Menschen kann es klarerweise nicht gewesen sein.

Auch seine Begegnung mit den Werken von Marx ist von Bedeutung. Später, als im »sozialistischen« Ungarn (wie in allen Ländern unter dem Einfluss der Sowjetunion) der Marxismus-Leninismus wie eine neue Religion hochgehalten wurde, gab es wenig Leute, die sich darin so klar positionieren konnten wie er. Er sah in Marx einen guten Diagnostiker, aber einen schlechten Arzt. Marx stellt die Schwächen und die Unmenschlichkeit des Kapitalismus im Wesentlichen sehr gut und auch mit viel Mitgefühl für die Verlierer dieses Systems dar. Sein Medikament ist aber: die Struktur der Gesellschaft zu ändern, den fortlaufenden Kampf der Klassen anzukündigen und dadurch auch eine Verbesserung des Menschen zu erhoffen. Interessanterweise ist diese Art Heilungsversuch bis heute sehr verbreitet, selbst in Kreisen, die sich für sehr spirituell halten. Kühlewind hat aber bald erkannt: Nein, zuerst muss sich der Mensch ändern. Egoistische Menschen können keine unegoistische Gesellschaft gründen. Genauer: Ja, vielleicht können sie das, aber sie können sie nicht aufrechterhalten, wenn sie nur an den Strukturen der Gesellschaft und nicht auch und an erster Stelle an ihrem eigenen Bewusstsein arbeiten. Ich verstehe, dass sich heute viele Leute dazu veranlasst fühlen, gegen die gewaltige Unmenschlichkeit und Ungerechtigkeit des kapitalistischen Systems auf die Straße zu gehen. Man sollte aber immer bedenken: Solange wir uns nicht selbst verwandeln, werden die Veränderungen des Gesellschaftssystems scheitern. Der Kommunismus ist kläglich gescheitert – an sich selbst, weil er alle seine Ideale verraten hat. Jedes »System« muss scheitern, auch eines, das zunächst nach guten Prinzipien aufgebaut ist. Die menschliche Gesellschaft darf kein statisches System werden, sie ist ein lebendiger Organismus, der sich ständig verändert. Eine bessere Gesellschaft werden wir erst dann erlangen, wenn wir anfangen, statt des Prinzips des »für mich Guten« nach dem Prinzip des »für dich Guten« zu leben. Solche Gemeinschaften können sich zunächst nur im Kleinen bilden, unter Menschen, die einander kennen und sich an gemeinsamer geistiger Arbeit beteiligen. Nicht einmal das ist einfach, nicht einmal dem begegnet man häufig. Ob das Beispiel solcher kleinen menschlichen Gemeinschaften, die durch Freiheit und Liebe geprägt sind, auch die größere Gesellschaft inspirieren kann? Es klingt sehr utopisch. Ich kenne allerdings keinen besseren Weg.

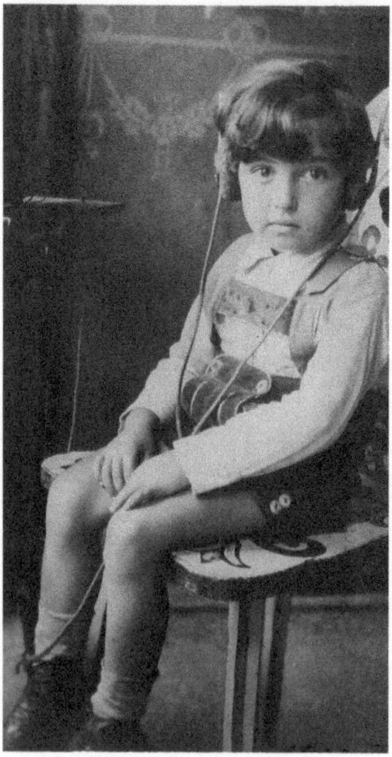

Seite 36:
Oben links: Im Alter von zwei Jahren
Oben rechts: Im Alter von drei oder vier Jahren
Unten: Im Alter von drei Jahren

Seite 37:
Oben: Im Alter von vier Jahren mit seinen Eltern
Unten links: Im Alter von fünf Jahren
Unten rechts: Im Alter von ungefähr acht Jahren

Atheismus, griechische Götter, Kerényi, Bartók, Liebe

Die Familie Székely war säkular, war keiner Religion, keiner Weltanschauung verpflichtet, war in dieser Hinsicht frei. Mit siebzehn war der junge Georg leidenschaftlicher Atheist. Wie wichtig auch das ist! Der Atheismus eines Siebzehnjährigen ist meist der Ausdruck des Drangs nach Freiheit und Ehrlichkeit. Weg von jeder Art Vorschrift und Scheinheiligkeit: Ich will selbst wissen und selbst entscheiden! Es ist sogar anzunehmen, dass kaum jemand den Zugang zu einer zeitgemäßen Spiritualität erlangt, der nicht diese Phase durchlebt hat.

Mit siebzehn lernte er auch Ani[19], die Liebe seines Lebens, kennen. Ani war zu dieser Zeit dreizehn. Ihre Eltern waren von der frühen Liebe nicht begeistert und versuchten, die jungen Leute voneinander fernzuhalten. Mit mäßigem Erfolg. Georg erzählte einmal, dass Ani im Sommer mit ihren Eltern in die Berge bei Budapest gezogen war. Er hatte sich daraufhin auf ein Fahrrad gesetzt und war in Richtung von Anis Aufenthalt losgefahren. Als er den ganzen Tag geradelt war und es dunkel wurde, kam er hungrig und todmüde in irgendeinem Dorf an. Er klopfte an einer Haustür und bat um eine Übernachtungsmöglichkeit. Die Bäuerin ließ den augenscheinlich erschöpften Jungen im Stall übernachten und brachte ihm ein Glas Milch und eine große Scheibe frisches Bauernbrot. »Das war die köstlichste Mahlzeit meines Lebens«, erzählte er.

Georg und Ani verlobten sich ein paar Jahre später in den schlimmsten Kriegszeiten, heirateten nach dem Krieg und blieben lebenslang zusammen. Sie bekamen drei Kinder und später fünf Enkelkinder. Ani blieb nicht Georgs einzige Liebe, aber

19 Anikó Biczó.

Ani (Anikó Biczó) im Alter von 13 oder 14 Jahren mit ihrem Bruder Iván.

diese hielt durchs ganze Leben, und sie blieben füreinander die wichtigsten Lebensbegleiter bis zum Tode – und auch darüber hinaus. Ani war schon über neunzig, als sie lachend erzählte, dass Georg ihr bei ihrem ersten Rendezvous begeistert und brillant bewiesen habe, dass es einen Gott gar nicht geben könne. Das hatte das tief religiöse – und nicht weniger tief verliebte – junge Mädchen stark beeindruckt.

Um diese Zeit fingen sie auch an, gemeinsam die Vorlesungen von Karl Kerényi an der Universität Budapest zu besuchen. Kerényi war einer der hervorragendsten Kenner der griechischen Mythologie weltweit. Für ihn war die Welt der griechischen Götter kein abstraktes Gebilde, sondern selbstverständliche Realität. Er besaß die Gabe, sich in die Bewusstseinssituation der alten Griechen hineinzuversetzen. So hatte er auch verstanden, dass es völlig unmöglich ist, sich vorzustellen, sie hätten ihre hochkomplexe Götterwelt irgendwie »erfunden«. Wenn das so gewesen wäre, sagte er, dann hätten sie die Götter ständig verwechselt und darüber diskutiert, wann welcher Gott gemeint sei. Davon aber keine Spur. Als zum Beispiel Odysseus nach zehn Jahren des Herumirrens auf das Ufer seiner Heimat Ithaka versetzt wird, begegnet er einem jungen Schweinehirten und unterhält sich mit ihm. Plötzlich wird dieser Junge von himmlischer Schönheit übergossen und Odysseus weiß sofort: Ich rede nicht mehr mit dem Schweinehirten, sondern mit der Göttin Pallas Athene. Woher weiß er das? Darüber sagt Homer nichts. Es ist für ihn und für seine Zuhörer offensichtlich klar: Er erkennt die Göttin. So wie Kerényi offensichtlich das Wesen der griechischen Götter erkennen und dieses Wissen und Können mit seinen Zuhörern zu teilen vermochte. So auch mit der jungen Ani und Georg – Atheismus hin oder her.

Wäre Kerényi in Budapest geblieben, dann wäre Georg nach

Der Achtzehnjährige

dem Krieg sicherlich sein Schüler geworden – so erzählte er einmal. Doch Kerényis Tochter Grácia, eine hervorragende Literatin, setzte sich in der Kriegszeit vehement für die Rettung von Verfolgten ein. Sie wurde dafür in ein KZ interniert, aus dem sie später mit dauerhaften Gesundheitsschäden zurückkehrte. Karl Kerényi schrieb alle seine deutschen Freunde und Kollegen an, um seiner Tochter zu helfen. Die meisten würdigten ihn nicht einmal einer Antwort. Zutiefst verletzt und enttäuscht verließ er 1943 Ungarn, den treuen Verbündeten Nazi-Deutschlands, zog nach Basel, lehrte dort zuerst an der Universität und leitete später eine Forschungsgruppe am C.G. Jung-Institut.

Der junge Georg spielte auch sehr intensiv Klavier. Seine Klavierlehrerin war Schülerin von Béla Bartók, der in seinem Haus eine regelmäßige Runde mit einigen Schülern abhielt, die jeweils einen Gast mitbringen durften. Ihr Gast war manchmal Georg. So hat er Béla Bartók kennengelernt, dessen Musik er viel später die »Musik der Bewusstseinsseele« genannt hat.

Bartók war nicht nur einer der bedeutendsten Komponisten, Musikwissenschaftler und Musikpädagogen des zwanzigsten Jahrhunderts, er war auch eine absolut außergewöhnliche Persönlichkeit. Eine Begegnung mit ihm war für viele Menschen fürs ganze Leben prägend. Er strahlte offensichtlich eine ungewöhnlich intensive Präsenz aus. Und er hatte auch einen außergewöhnlichen Bezug zu Tieren, verstand in gewisser Weise ihre Sprache. Über Bartók gibt es unzählige Anekdoten, viele davon in schriftlicher Form. Ich erlebte in dieser Richtung auch eine persönliche Geschichte, die ich kurz wiedergebe. Mit ungefähr vierzig Jahren hatte ich in Budapest Gesangsunterricht bei der hervorragenden Gesanglehrerin Anna Pauk. Sie war damals über siebzig, eine Auschwitz-Überlebende, ein Mensch mit einer großartigen Lebensfreude. Sie erzählte mir einmal von der Musikakademie in den Vorkriegsjahren, wo sie Kontrabass studiert hatte. »Wissen Sie, das war für mich damals wie ein Tempel. Ich war jeden Tag glücklich und geehrt, hingehen zu dürfen. Und stellen Sie sich vor, bei einer meinen Prüfungen war auch Bartók dabei.« Ich wartete gespannt auf die Fortsetzung: Was hatte er gesagt oder getan? Es kam aber nichts mehr. Das *war* die Geschichte. Bartók war anwesend, und daran hat sich diese über siebzigjährige, leidgeprüfte Frau, wie an eines ihrer schönsten Erlebnisse tief gerührt erinnert. Bartók war wirklich anwesend.

Noch etwas muss von Bartók unbedingt erwähnt werden: seine kompromisslose moralische Haltung. In den Kriegsjahren bis März 1944, also bis zur deutschen Besetzung, die den ungarischen Nazis zur Macht verholfen hat, waren in Ungarn eine Regierung und eine »Elite« an der Macht, die zwar als treue verbündete Nazi-Deutschlands auch selbst antisemitisch, nationalistisch und rassistisch eingestellt waren, die aber die

Georg Kühlewind und Ani um das Jahr 1943

Massenmorde doch nicht guthießen und sich insgeheim um eine gewisse Distanzierung bemühten.[20] Diese Regierung wäre geradezu entzückt gewesen, wenn sie einen Menschen wie Bartók – den größten Kenner der ungarischen Volksmusik und Volkskultur, den weltberühmten Komponisten, der in seinen Werken oft auf die »reinen Quellen«[21] der alten Volkskunst

20 So wurde dem Druck aus Deutschland nach der Deportation der jüdischen Bevölkerung nur zögernd nachgegeben, die wirkliche Mordorgie ist erst nach der deutschen Besetzung losgegangen. Diese Regierung deshalb zur Retterin der Juden und Widerstandskämpferin gegen die Nazis hochzustilisieren, wie das einige der heutigen Machthaber Ungarns tun, ist natürlich böser Hohn gegenüber den Verfolgten und Ermordeten.

21 »Nur aus reinen Quellen« – so endet die *Cantata Profana* von Béla Bartók, die eine alte Legende über den »Wunderbaren Hirsch« verarbeitet.

zurückgriff – für ihre nationalistischen Zwecke hätte gewinnen können. Bartók dachte darüber aber nicht einmal nach, er war über die Verfolgungen empört und verließ das Land. Die Nationalisten hatten den größten wahren Patrioten ihres Landes ins Exil getrieben. Wie bezeichnend dieses Bild ist! Und man fragt sich manchmal: Ist es heute viel anders? Wo wäre der Platz heute für jemanden wie Bartók? Ich weiß es nicht. Vielleicht, wie es in einem jüdischen Witz heißt, als Antwort eines Vielgereisten auf die Frage: »Und wo war es am besten?« – »Unterwegs.«

Tagebuch von 22. März 1944 – 12. Mai 1944

Der Schatten des Zweiten Weltkriegs, die Verdunkelung der Seelen wurde immer größer. In der Nacht vom 16. auf den 17. März 1944 wurde Ungarn besetzt. Die politische Führung hatte schon seit einer Weile erkannt, dass die Deutschen den Krieg verlieren würden und dass Ungarn so schnell wie möglich aus der Allianz aussteigen müsse. Anstatt diesen mutigen Schritt zu tun, folgte das Staatsoberhaupt, der »Reichsverweser« Miklós Horthy (ein Admiral, in einem Land, das seinen Meereszugang schon längst verloren hatte – welch ein bezeichnendes Bild) der »Einladung« (wohl eher dem Befehl) Hitlers nach Klessheim (in der Nähe von Salzburg) und hoffte auf eine Einigung, um sich aus dem Krieg zurückziehen zu dürfen. Stattdessen wurde sein Zug auf der Rückreise in der Nacht auf ein blindes Gleis geleitet, und gleichzeitig besetzten die Deutschen Ungarn. Bald kam Adolf Eichmann an und es wurde innerhalb weniger Monate eine halbe Million Menschen in den Tod geschickt. Zu Ehre und Ruhm der arischen Rasse und der christlichen Welt.[22]

Die jüdische Bevölkerung hatte nun keine Rechte mehr. Georg saß zunächst zu Hause und begann, ein Tagebuch zu schreiben[23]. Sein erstes schriftliches Werk. Er wusste, dass er jederzeit abgeholt werden könnte. »Ich bin in einer Welt wie außerhalb der Zeit, in der so einfache Sachen wie Arbeit oder Tod ihre Bedeutung verloren haben«, schreibt er. Er hatte gerade zwei Bücher fertiggelesen: *Wilhelm Meister* von Goethe und *Pythagoras und Orpheus* von Kerényi. »Ich kann mich nicht dazu entschließen, etwas Neues anzufangen – vielleicht kann ich es nicht mehr zu Ende lesen.« Er las lieber *In Gottes Hand* von Béla Balázs.[24] »Das muss ich nicht beenden, weil ich es schon gelesen habe.«

Es kursierten die verschiedensten Gerüchte – heute wissen wir, keines konnte so übel sein, dass es sich nicht bewahrheitet hätte. Georg freute sich darüber, dass die ungarischen Arbeiter und auch die Jugend von der Besetzung keineswegs begeistert

22 Eine gewisse Absurdität erhält die Geschichte dadurch, dass die stolzen Ungarn gar nicht zur »arischen Rasse« gehören, denn sie sind Einwanderer aus Asien. Deshalb wurde in Ungarn statt des Ausdrucks »Arier« meistens der Ausdruck »Christ« benutzt. Wenn man noch dazunimmt, dass laut Arthur Koestler die meisten Juden in Ungarn Abkömmlinge eines asiatischen Volkes, der Khasaren sind, die um 800 n. Chr. die jüdische Religion angenommen haben (*Der dreizehnte Stamm. Das Reich der Khasaren und sein Erbe,* 1976), dann wird der tödliche »Rassenkampf« auf ungarischem Boden sogar nach Nazi-Logik völlig sinnlos. In Ungarn sind sogar die schrecklichsten Tragödien irgendwie absurd. Vielleicht nicht nur in Ungarn.

23 Siehe das ganze Tagebuch im Anhang ab S. 233.

24 Ungarischer Schriftsteller, u.a. Autor des Librettos für die Oper *Herzog Blaubarts Burg* von Bartók.

waren. Er hörte auch von verschiedenen Fluchtmöglichkeiten: Taufpapiere besorgen, Verstecke in Klöstern usw. »Ich mag solche Sachen nicht besonders«, schreibt er. »Man sollte nicht vor seinem Schicksal flüchten. Entweder – oder. Ich kann mich aber noch nicht entscheiden. Obwohl das gut wäre. All das sind natürlich nur theoretische Sachen. In Wirklichkeit gibt es keine Möglichkeit zur Flucht. Obwohl, wenn es um Ani ginge, würde ich keine Sekunde zögern.«

Im ganzen Tagebuch kehrt die liebevolle Sorge um Ani immer wieder zurück. Ich kenne kaum ein schöneres Zeugnis reiner, jugendlicher Liebe als dieses kurze Tagebuch. Es fällt auch auf, dass er sich um sich selbst kaum sorgt. Ich habe viel später irgendwann bemerkt, dass Georg der einzige Mensch war, den ich kannte, der vollständig frei von Ängsten war. In diesen jungen Jahren galt das vielleicht noch nicht, aber auch hier war schon die Sorge um andere viel stärker als die um sich selbst. Er schreibt:

»Wie schwierig es ist, irgendetwas ernst zu nehmen. Ich weiß, dass Gefahr droht, sogar mehrere Gefahren, und trotzdem – wie ruhig ich hier kritzle. Manchmal sehe ich schon die Sachen aus der Zukunft als Vergangenheit, auch dieses Tagebuch. Dass ich zum Beispiel einige Teile meiner Familie vorlesen werde. Und so weiter. Oder ich denke manchmal, das wird nur noch Gedenken sein, wenn überhaupt: Das hat er geschrieben, einen Tag, zwei Tage vor seinem Tod. Und das kann tatsächlich noch so werden. Merkwürdiges, irreales Gefühl. Wie ein Traum. Und eine Art Doppelheit: Das eine bin ich, meine Gedanken, das andere das durch die Deutschen besetzte Budapest. Manchmal denke ich auch, macht ja nichts, wenn wir sterben, die Deutschen können diesen Krieg nicht gewinnen. Die Russen nähern sich, in ein paar Wochen sind sie in Budapest. Ich kann mich aber für die Niederlage Deutschlands nicht begeistern. Ist nicht meine Angelegenheit. Ja, ich würde mich an die Partisanen anschließen, aber das wäre nur eine relative Entscheidung: das kleinere Übel von beiden. Oder doch?[25] Ani, mein kleines Töchterchen!«

Wie aufgewühlt diese junge Seele ist! Er erlebt intensive Erfahrungen an der Grenze des Bewusstseins. Zwar kann er den Aufstieg zu und die Rückkehr von dieser Grenze noch nicht bewusst durchführen, aber erste Vorübungen werden ihm durch sein Schicksal aufgedrängt. Das gilt natürlich für viele Menschen, ganz besonders zu diesen Zeiten. Das Einmalige bei Kühlewind ist, dass er später den Mut und die Kraft hatte, die Schwelle bewusst zu übertreten, in deren Nähe er hier schon kommt.

»Catullus' Gedicht *Passer*[26] ist kein Hohn. An einem Tier kann man das Wesen des Todes noch besser fühlen als an einem Menschen ... Das Ganze ist so wie eine Krankheit. Und ich habe es irgendwie geahnt. Erstens habe ich schon lange vorher prophezeit, dass ich mein 21. Jahr nicht erlebe. Außerdem, wenn es mir gelungen ist, die Welt aus voller Tiefe zu erfühlen, hatte ich das Gefühl, dass es so nicht weitergehen kann. Eine Katastrophe wartet auf uns ... Mein Herz tut sehr, sehr weh wegen der Großeltern. Über siebzig alles zu verlassen, Heim, Gut, alles – und dann noch diese Besetzung!«

Grenzerfahrungen, Vorahnungen – und immer wieder das starke Erleben der Liebe zu anderen Menschen, wie zu den Großeltern. Wir haben viel über das Leid der Menschen in dieser Zeit gelesen und gehört, auch wie hart es Kinder getroffen hat. Dass es alte Leute ganz besonders hart getroffen haben

25 Gemeint ist vermutlich: sich doch an die Partisanen anzuschließen.

26 Sperling

muss, wurde bis jetzt kaum thematisiert. Diese Zeilen lassen es uns erahnen. Den Alten hat man den würdigen Abschied, den würdigen Tod geraubt. Und den Jungen ihre Zukunft: »Denken, denken. Als wäre auch das verhindert. Anscheinend geht es ohne Zukunft nicht. Denn das ist das, was fehlt.«

Die Vorahnungen bestätigen sich immer mehr. Und er versucht, die Phänomene von einem höheren Gesichtspunkt aus zu betrachten. Wie kommt es dazu? Was machen die Menschen falsch?

»Die Katastrophe, über die ich schon geschrieben habe: Alle Linien des Lebens konvergierten zu einer Katastrophe, so hatte ich das Gefühl. Man kann sich die Zukunft der Schulen, der Ämter, der kapitalistischen Betriebe irgendwie nicht vorstellen; einfach die Zukunft der Menschen nicht. Es gab solche und solche Menschen, die irgendwie jeweils ihre Linien hatten, die in einem Punkt zusammengelaufen sind. Man kann das Leben mit Parallelen darstellen, sagen wir: Linie der Wirtschaft, der Liebe, des Intellekts, der Familie, des Sozialen usw. Wenn eine der Linien von der Geraden abweicht, ist das ein Zeichen dafür, dass man auf dem falschen Weg ist. Wenn die Linien divergieren, löst sich die Individualität auf, das Ich verschwindet in der Allgemeinheit. ›Schwindet hin‹, würde Vörösmarty[27] sagen. Wenn sie konvergieren, entstehen Schnittpunkte, über die kein Weiterkommen ist, der Mensch bleibt hängen, wird einseitig, von einer Monomanie besessen, denkt nur auf eine Art, wird beschränkt, versteht die anderen nicht.«

Man könnte sagen, er erahnt hier einiges, was Steiner über die »Dreigliederung« der Gesellschaft sagt. Aber eigentlich ist es nicht nötig, seine Gedanken in irgendeinen Kontext zu stellen.

27 Mihály Vörösmarty (1800–1855), ungarischer Dichter.

Das ist gerade das Interessante und Berührende gleichzeitig: Wie frei dieser junge Mensch denken kann – in einer Lage, wo sein Leben und alles, was er liebt, auf schlimmste Weise bedroht ist. Und immer wieder flammt seine Liebe zu Ani auf und drückt sich mit berührender Schönheit aus:

»Ich lege mich hin. Meine Mutter sagte, solange man schläft, ist das die eigene Zeit. Recht hat sie. Wer wach ist, kann sich nur aufregen und grübeln. Ade Welt, gute Nacht, gute und schöne Träume! Und sei auch ruhig mein Mädchen, schlafe gut, erfrischende Träume sollen Dich auf ihren Flügeln tragen, und wache zu schönem Morgengruß auf!«

Die Lage wird immer verzweifelter, und Widerstand regt sich kaum. Der junge Georg konfrontiert sich in einer inneren Diskussion mit der Freundin von Ani, »Ági«[28], die ihn mit der Anthroposophie bekannt gemacht hat, über ein Thema, dass in dieser Zeit sehr viele junge Menschen beschäftigt haben muss: »Ági, wie war es mit dem Töten eines Menschen? Was denkst Du, wie ein deutscher Gestapo-Mensch dazu steht? Oder Hitler? Und ich? Würde ich denn nicht töten? Ich glaube schon, dass ich sehr wohl töten würde. Wenn ich mich an den Widerstand anschließen könnte? Ich glaube, ja. Gute Nacht.«

Welch fürchterliche Fragen zwingt diese Zeit auf. Ja, unsere Zeit zwingt uns vielleicht andere, nicht viel weniger fürchterliche und vor allem nicht weniger unentscheidbare Fragen auf. Denken wir nur an die Diskussionen über Abtreibung oder Euthanasie. Wütende Menschen kämpfen für ihre »Überzeugungen« – kaum jemand ist bereit zuzugeben, dass wir gar

28 Ágnes Kellner, Freundin von Ani. Sie war bis zu seinem Tod Mitglied von Georgs Meditationsgruppe und hat mehrere Bücher von Rudolf Steiner ins Ungarische übersetzt.

nicht wissen, wovon wir reden. Solange wir nicht wissen – aus geistiger Erfahrung, nicht aus Büchern und Predigten – wer das Wesen ist, das geboren wird und stirbt, und wer überhaupt derjenige ist, der lebt, können wir solche Fragen nicht adäquat beantworten. Einander aufgrund von »Überzeugungen« zu beschimpfen, ist allerdings viel einfacher und scheint sogar ein bestimmtes Vergnügen zu bereiten.

Georg wünschte sich in diesen Tagen sehr, es möge einen Widerstand geben, an den er sich anschließen könne. Es gab aber in Ungarn nie einen ernsthaften Widerstand. Er wurde nicht vor das Dilemma gestellt, Waffengewalt gegen andere anzuwenden. Im Gegenteil, er wurde bald ins KZ verschleppt und beinahe ermordet. Rückwirkend könnte man das als Glück betrachten – wenn es nicht irgendwie zynisch klingen würde. Er war um die 80 Jahre alt, als ich mit Achim Noschka zusammen bei ihm war. Es war Sommer und es gab manche Mücken im Zimmer; Achim, der bei den Mücken besonders beliebt zu sein schien, wollte einen Besen nehmen, um sie von der Decke zu holen. »Lass das!«, sagte Georg in einem solch sanften Ton, dass Achim – wenn auch etwas verzweifelt – seinen Plan aufgab. Was für ein riesiger Bogen liegt zwischen den quälenden Fragen des jungen Georg und seinem tiefsten Verständnis und seiner Liebe zu allen Wesen der Schöpfung! Das heißt nicht, dass er das Böse vom Guten nicht mehr unterscheiden konnte. Tun wollte er aber nur noch Gutes.

Ich kann mich gut erinnern, wie er gelitten hat, als die Staaten des ehemaligen Jugoslawien einander bekriegten, zunächst, Ende der 1980er Jahre, Serbien gegen Kroatien und Slowenien. Er hatte gute Freunde in allen diesen Ländern und es setzte ihm furchtbar zu, dass hochgebildete, spirituelle Menschen plötzlich anfingen, nationalistische Töne anzuschlagen und Hass gegenüber den anderen Volksgruppen zu predigen. Georg war völlig frei von Hass und voller Liebe.

»In der Nacht habe ich durchs Fenster geguckt, ich habe Marsch-Geräusche gehört. Lange Militärkolonnen marschierten in der Dunkelheit auf der Straße. Deutsche oder Ungarn? Ich weiß es nicht. Vielleicht Juden. Sie marschierten in Stille, man hörte nur Kommandos. Manchmal sind sie stehen geblieben; dann haben sich die, die hinten waren, gestaut, solange die vorderen nicht wieder losgegangen sind, dann mussten die hinteren rennen, um sie einzuholen. Wie eine Schlange – ein Gespenst in der Nacht. Oder noch mehr wie Blinde.«

So schreibt er immer wieder mit dichterischer Schönheit. Welch ein starkes Bild für die blinde Angst und Gewalt: die gespenstische Schlange in der Nacht. Und er reflektiert sein Schreiben und die ganze Lage auch immer stärker:

»Ich weiß nicht, ob diese Schreiberei guttut. Sie beruhigt mich sehr, das ist wahr, ich fange aber an, alles nur noch als Schreibstoff zu sehen; das führt zu einem sekundären Leben, und das habe ich schon satt.

Die konvergierenden Linien. Wenn sich Schnittpunkte bilden, ist die Katastrophe schon zu erwarten. Ein festgefahrener Organismus, sei es eine Nation, eine Religion oder ein Individuum, zieht das Schicksal an wie ein Blitzableiter.«

Er wendet sich in einem inneren Gebet oder Psalm an Gott, an den er gleichzeitig glaubt und nicht glaubt – ein Dilemma des modernen Menschen, das in seinen späteren Werken sehr tiefgründig ausgearbeitet und aufgelöst wird.[29] Dann kommt

29 Zum Beispiel in *Gebet und Meditation* (erschienen in seinem Buch *Weihnachten – Die drei Geburten des Menschen*, Verlag Freies Geistesleben, Stuttgart 1990).

eine sehr interessante Passage, die man beim ersten Lesen für materialistisch-atomistische Gedanken halten könnte:

»Ich glaube, wenn man sich selbst viel zu viel Bedeutung beimisst, kommt man zu nichts und wagt auch nichts zu tun. Wenn man sich als Staubkorn betrachtet, dann wagt man, dann tut man etwas. Die Tragödie des Einzelnen ist auf jeden Fall schrecklich, und den Schmerz kann man nicht wegleugnen; aber vielleicht, wenn wir durch und durch empfinden könnten, dass letztlich alles eins ist und ich nur Fortsetzung und Übergang bin, Gefäß für eine ewig strömende Flüssigkeit, und auch ich eine Fortsetzung haben werde und nur die Richtung wichtig ist, nicht das, wodurch diese Richtung zum Ausdruck kommt. Wenn wir nur diese Wahrheit übernehmen könnten! Ich weiß gar nicht, wie ich das ausdrücken soll. Wir wissen es, keine Frage. Aber das reicht nicht. Denn es gibt verschiedene Arten des Wissens.«

»Verschiedene Arten des Wissens« – er deutet an, dass das menschliche Wissen, das menschliche Bewusstsein verschiedene Ebenen hat. Viel später wird er das sonnenklar formulieren. *Bewußtseinsstufen* – so heißt sein erstes Buch 1976. Aber auch zwei Arten des Seins kommen in den oberen Zeilen zum Ausdruck. Das »Staubkorn« ist das egoistische, in die Hülle seines Selbstgefühls eingeschlossene Wesen, über das er später sehr ausführlich schreibt.[30] Es ist nur das »Gefäß für eine ewig strömende Flüssigkeit«, für das in dem ewigen Strom der zeitlosen Gegenwart erwachende wahre Ich – auf einer höheren Bewusstseinsstufe. Ob er diese Bewusstseinsstufen in diesem

30 Zum Beispiel in G. Kühlewind: *Vom Normalen zum Gesunden – Wege zur Befreiung des erkrankten Bewußtseins.* Verlag Freies Geistesleben, Stuttgart 1981.

Alter schon klar vor sich sieht? Eher nicht, diese Zeilen beziehen sich mehr auf eine Ahnung. Diese Ahnung dürfte aber eine sehr wichtige Rolle bei seiner späteren hartnäckigen Suche nach der Wahrheit, nach der konkreten Erfahrung der Beschaffenheit des modernen Bewusstseins spielen. Jene Erfahrung, welche wiederum die Voraussetzung für eine Veränderung, für eine Erweiterung dieses Bewusstseins ist. Und kurz darauf wieder ein poetischer Ausbruch der Liebe:

»Gute Nacht, meine Liebste, schlaf gut. Und träumst Du schlecht, denke: Das ist nur ein Traum. Koste den süßen Honig, und an der Leiter Deiner Seele lass Dich herunter in den Brunnen der Wunder, um morgen mit Erinnerungen an unbekannte Schönheiten wieder aufzutauchen.«

Seine Suche nach einer erfahrbaren monistischen Sicht der Welt – als Gegensatz zu einem dualistischen und abstrakten Weltbild – kommt ein paar Zeilen später schon sehr klar zum Vorschein:

»Eines der charakteristischsten Symptome der menschlichen Dummheit ist, dass sie aus dem menschlichen Verstand eine Art kleine Maschine macht, die, wenn man sie virtuos bedient, immer, in jeder Situation, für jedes Problem gleich erfolgreich verwendbar sein soll. Die dualistischen oder pseudo-monistischen Weltanschauungen sind hervorragend geeignet für diese Virtuosität. Es ist nämlich jedes Weltbild, dem der metaphysische Kern fehlt, nur Konstruktion, rationaler Bau, das Züchten eines Baums ohne Wurzel. Das Minimum ist allerdings, dass dieses Musikinstrument, das für Virtuosität gebaut wurde, tatsächlich virtuos bedient werden kann. Denken muss man können.«

Und als Resümee etwas später: »Nur der Tod blieb den Europäern als einziges, noch nicht abgedroschenes, nicht trivialisiertes Metaphysisches. Der blieb treu.« Das gilt heute noch, wenn auch in etwas verändertem Sinn. Aber das einzige Thema, das unabhängig von Weltanschauung und Religion doch einen gewissen metaphysischen Respekt genießt, ist der Tod. Bedenken wir manchmal, was das bedeutet? Vor dem Leben, vor dem Geist haben wir kaum noch Achtung. Der Tod hält sich noch. Er wurde unser einziger treuer spiritueller Begleiter. Ist das wirklich in unserem Sinne? Wäre es nicht dringend an der Zeit, dem Leben auch den ihm gebührenden spirituellen Rang zurückzugeben? Dadurch, dass wir es lernen, bewusst in unserem Geist zu er-leben? Warum fällt uns das nur so schwer?

Man kann am Tagebuch sehen, wie dieser junge Mensch fast täglich reifer wird und am Rande des Todes immer tiefer in die Geheimnisse des Lebens eindringt. Am 23. April 1944, morgens zwischen 2 und 4 Uhr (im Dienst) schreibt er folgende Zeilen:

»Die Motivation des Erkennens ist das noch Unbekannte. Das Erkennen von allem bedeutet das Ende des Erkennens als Tätigkeit und gleichzeitig den Tod. Da aber das Erkennen (als Erfüllung) identisch mit dem Leben (als Zustand) ist, ist das vollkommene Erkennen gleichzeitig sowohl Leben als auch Tod. Also, alles was ursprünglich ist, schwebt auf einer dünnen Membran zwischen Helligkeit und Dunkelheit…«

Diese Überlegung zeugt von einer Weisheit, die ihresgleichen sucht. Wenn wir das Erkennen als eine statische Sammlung von Tatsachen betrachten, dann wäre vollkommenes Erkennen der Tod – es kann ja nichts mehr kommen. Wenn wir es aber als lebendige Tätigkeit des Geistes nicht nur auffassen, sondern auch tatsächlich erleben, verlassen wir Raum und Zeit, treten in die ewige Gegenwart, in das wahre Leben ein. Später wird er diese Gedanken sehr ausführlich auf absolut einzigartige Weise ausführen und auch für andere zugänglich machen. Mit 20 Jahren, in der Nähe des Todes, erahnt er tiefste Geheimnisse des Menschseins.

Es drängt sich die Frage auf: War dieses schwere Schicksal eine Art Voraussetzung für seinen späteren Höhenflug in geistige Welten? Ich wäre mit einer solchen Aussage sehr vorsichtig. Viele Menschen haben ein sehr schweres Schicksal, und in diesen Zeiten hatten das ganz besonders viele. Aber was man mit seinem Schicksal dann anfängt, das liegt in der Hand des freien Individuums. Viele junge Menschen haben, sagen wir, metaphysische Grenzerlebnisse, insbesondere in schwierigen Zeiten. Es gibt aber sehr wenige, die den Mut und den Willen haben, die erahnte Schwelle tatsächlich zu überschreiten und mit lichter, vollbewusster Aufmerksamkeit in die geistige Welt einzutreten. So konsequent und klar wie Georg Kühlewind wohl nur sehr wenige. Ob er dazu auch ohne diese schwierigen Jahre fähig gewesen wäre? Auf solche Fragen gibt es keine Antwort. »Was kümmert Dich das?«, hätte er vermutlich streng auf diese Frage geantwortet.

Die politischen Ereignisse überschlagen sich, den Juden werden jeden Tag weitere Lebensmöglichkeiten geraubt. Am 14. Mai 1944 erhält er seine Einberufung zur Zwangsarbeit. Am folgenden Tag verabschiedet er sich von seiner Ani in ergreifend schönen, von Liebe durchströmten Worten:

»Jetzt beende ich mein Tagebuch. Gestern habe ich die Einberufung erhalten. Ja, vieles steht nicht drinnen. Es steht die wunderbare letzte Woche am Friedhof, mit Lóci, Herrn Junger, mit dem Kantor und Mari Sridon, auch nicht drinnen. Und noch vieles nicht: der Sonnenschein, der Amselgesang, der Duft der Erde, die Farbe der Luft, die Blüten der Kastanien, die Setzlinge der Begonien, das ›Leben in Freude‹, der

Abschied von Tante Joli, von Mari Sridon. Und die Verlobung auch nicht.

Mein Töchterchen, pass auf. Sei stark und mutig. Jetzt muss das so sein. Und sei auch ruhig. Ich bin es auch. Ich beobachte das Schicksal. Ich glaube, es gibt noch keine Entscheidung über uns. Du wirst einsam sein, ich auch. Wenn ich aber zurückkomme, wenn ich zurückkomme, finden wir einander, und dann, wenn wir noch Kraft haben, bauen wir unser Dorf, das unsere. Was soll ich noch schreiben? Du weißt alles, mein Bärchen. Gott sei mit Dir.

Dein Gyuri

Ich werde alle Kraft dareingeben, mein Schicksal anständig und vorbildlich zu ertragen.«

Zwangsarbeit und KZ

Von der Zeit nach dem Ende des Tagebuchs wissen wir ein wenig aus einem Interview mit Georgs Frau Ani. Das Interview hat József Pál, Vorsitzender der Georg Kühlewind-Stiftung (und Schwiegersohn von Ani und Georg) geführt.

Ani und Georg hatten sich am 13. Mai 1944 verlobt. Am 14. Mai wurde Georg zur Zwangsarbeit einberufen. Er wurde zuerst nach Ost-Ungarn versetzt, wo die Zwangsverpflichteten sich vor den immer häufigeren Bombardierungen in Höhlen versteckten. Bombardierungen gab es natürlich auch in Budapest, schon seit April. Tagsüber bombardierten die Engländer und die Amerikaner, in der Nacht die Russen. Der Vorteil dabei war, dass sich in dieser Zeit auch die Gestapo und dergleichen versteckt hielten. Georg wurde mehrmals versetzt, zuletzt musste er in Budapest am Bau der südlichen Bahnbrücke über die Donau mitarbeiten, d.h. Bahnschwellen schleppen. Zu dieser Zeit wurde die Zwangsarbeit etwas gelockert, er durfte manchmal nach Hause. Am 13. Oktober setzte er sich ab. Seine Einheit war nach Deutschland beordert worden, und dorthin wollte er auf keinen Fall.

Meldete sich ein Zwangsarbeiter innerhalb von drei Tagen nicht an seiner Dienststelle, so galt er als Deserteur und es drohte ihm die Todesstrafe. Am 15. Oktober hatte Admiral Horthy den Ausstieg Ungarns aus dem Krieg proklamiert; es dröhnte aus allen Radiosendern. Alle waren überglücklich; Georg war damit gerettet. Glaubte man. Am nächsten Tag übernahmen die ungarischen Faschisten, die »Pfeilkreuzler« die Macht. Ani und Georg versteckten sich in einem kleinen Haus ihres Großvaters, das natürlich nicht mehr diesem gehörte, aber die Hausmeisterin nahm sie auf. Und am nächsten Tag sagte sie: »Euch wird man sowieso hinrichten, ist es dann nicht einfacher, wenn ich Gift in euer Essen mische?« Sie sind daraufhin weiter geflüchtet, ohne das angebotene Essen anzurühren. Ani fand ein neues Versteck, und Georg ging nach Hause, in ein Gelbsternhaus.

Am 16. oder 17. Oktober – die drei Tage waren jedenfalls schon verstrichen – kamen bewaffnete Männer ins Gelbsternhaus. Alle Männer zwischen 20 und 60 Jahren mussten sich unten aufstellen und dann abmarschieren. Zu einer Sammelstelle, um von dort deportiert zu werden. Kurz danach kam die städtische Polizei, um Georg wegen der Flucht zu verhaften. Als sie erfuhren, dass er schon abkommandiert worden war, sagten sie: »Na ja, dann ist es eh aus mit ihm. Entweder wird er deportiert oder, falls nicht, dann kommt er vor das Militärgericht. Ach was: Statarium (Kriegsrecht).« Im Klartext: Dann wird er sofort erschossen. So hat die Deportation letztlich sein Leben gerettet. Er wurde – zum Glück zusammen mit seinem Vater – ins KZ Buchenwald deportiert. Darüber sagte er später selbst:

»Sie haben uns dann zusammengetrieben. Gemeinsam mit meinem Vater musste ich in einer Arbeitskolonne, die nur aus Ärzten bestand, Panzergräben ausheben. Weiter ging es zu Fuß nach Österreich, von wo aus wir in Eisenbahnwaggons nach Buchenwald ins Konzentrationslager verfrachtet wurden. Ich habe noch ein weiteres Lager in der Nähe von Frankfurt am Main kennengelernt, bis ich schließlich in Langenstein, einem kleinen Ort in der Nähe von Halberstadt, zur Zwangsarbeit eingesetzt wurde. Wir haben da an Flugzeugen Teile an- und wieder abgebaut«, sagte er in einem Interview mit Rolf Henrich.[31]

»Ich war als ›Fachmann für Höhenruder‹ eingesetzt; aber das waren Flieger, die niemals aufgestiegen sind, was jeder wusste. Am 9. April 1945 war morgens die SS-Wachmannschaft weg. Das war eine Überraschung – einfach abgehauen waren die Kerle! Nach ein paar Tagen kamen die Amerikaner. Aber auch nach der Befreiung sind noch viele Menschen gestorben – an Typhus und weil sie plötzlich zu viel und unkontrolliert gegessen haben. Mein Vater hatte mich davon abgehalten, weil er wusste, wie gefährlich das ist,« erzählte Kühlewind weiter.

An Flugzeugen Teile an- und wieder abzubauen, Flugzeuge, die nie aufsteigen werden, was jeder weiß – welch starkes Bild für absolute Sinnlosigkeit ist das doch. Auch wenn Flugzeuge, die nicht fliegen, als Militärgerät in den Händen der Nazis eher etwas Erfreuliches waren. Das »Jahrhundert der Vernunft«, das viele Spätromantiker erwartet hatten, war zum Jahrhundert der absoluten Sinnlosigkeit geworden. Der Mensch zweifelte am Sinn des Lebens, am Menschsein der anderen, eigentlich auch an seinem eigenen. Er verkannte und verleugnete seine eigenen geis-

31 Rolf Henrich, deutscher Jurist, Autor und ehemaliger DDR-Dissident, im Gespräch mit Georg Kühlewind (6. Juli 2004), aus *Info3*.

tigen Wurzeln, er hielt sich selbst für ein Tier oder gar für eine Maschine – und die anderen sowieso. Er glaubte, determiniert zu sein, durch Erbfolge, Blut, Gene, Schicksal, durch was auch immer. Die Idee der Freiheit wurde mit dem Recht, andere Menschen zu missachten, verwechselt. Der Mensch benutzte den anderen Menschen für seine egoistischen Zwecke. Menschen wurden gezwungen, sinnlose und auch in ihrer Sinnlosigkeit mörderische Maschinen zu produzieren. Man möchte hoffen: Das war einmal, inzwischen sind wir viel weiter. Sind wir das wirklich?

Über das Leben in Konzentrationslagern wissen wir aus der Literatur ziemlich viel. Georgs Landsmann Imre Kertész wurde mit vierzehn Jahren aus Budapest nach Auschwitz verschleppt. Er arbeitete danach fast zwanzig Jahre lang an einem dünnen Buch, dem *Roman eines Schicksalslosen*.[32] Was daran lange dauerte, war nicht das Schreiben, sondern das Finden der richtigen Sprache. Er wollte nicht seine nachträgliche Sicht beschreiben, sondern genau das, was von einem vierzehnjährigen Kind erlebt wurde. Nach langem, schmerzvollem Suchen ist es ihm gelungen, eine extrem einfache und trotzdem tief künstlerische Sprache zu finden. Der erste »richtige« Satz – wie er später einmal erzählt hat – klang so: »Die Futterrübe war besser als die gewöhnliche Rübe – weil man sie länger im Mund behalten konnte.« Länger im Mund behalten bedeutete, länger die Illusion des Essens aufrechtzuerhalten. Das war der Satz, der in seiner Ehrlichkeit und Einfachheit als Muster der Sprache des Romans dienen konnte. »Über Auschwitz ein erfolgreiches Buch zu schreiben, ist ein Verbrechen«, hat Kertész viel später auch gesagt. Sein Schicksal blieb ihm aber nicht erspart: Er hat für das Buch den

32 Wortwörtlich übersetzt heißt der Titel: Schicksalslosigkeit.

Nobelpreis erhalten. Seine Ehrlichkeit hat ihn allerdings auch beim Erhalt dieser Nachricht nicht verlassen. Einer der ersten Sätze, womit er das in einem Radiointerview kommentiert hat, war: »Endlich kann ich ohne finanzielle Sorgen leben.« Es ging ihm nach dem Krieg auch nicht blendend. Weder während des Kommunismus noch danach. Nach Erhalt des Nobelpreises hat er kurz gehofft, dass er etwas zur Befriedung des gesellschaftlich gespaltenen postkommunistischen Ungarn beitragen könne. Ein ziemlich hoffnungsloses Unterfangen in einem Land, wo viele Leute, auch Kollegen, die Nachricht von seinem Nobelpreis so kommentiert haben: »Muss der erste ungarische Literaturnobelpreisträger unbedingt ein Jude sein?« Übrigens: Verhältnismäßig viele ungarischen Juden haben den Nobelpreis in Naturwissenschaften erhalten, allerdings fast alle erst, nachdem sie in die USA ausgewandert waren. Das lag vermutlich einerseits an der schon erwähnten bildungs- und kulturoffenen Einstellung der »assimilierten« Familien, andererseits an den hervorragenden Schulen des Budapest der Vorkriegszeit. Eugen Wigner, der den Nobelpreis für Physik erhielt, erzählte in einem ungarischen Fernsehinterview, dass er in Budapest in die gleiche Schule (z.T. in die gleiche Schulklasse) ging wie Leo Szilárd und Edward Teller, Kernphysiker von Weltrang, sowie der Mathematiker John von Neumann, der Erfinder des digitalen Computers; »der Jancsi[33], der war der Gescheiteste unter uns«, meinte Wigner. Außer Kertész hat nur noch der im Tagebuch von Kühlewind erwähnte Albert Szent-Györgyi als ungarischer Nobelpreisträger die Auszeichnung nicht im Exil erhalten. Kertész ging übrigens nach Erhalt des Nobelpreises für viele Jahre ins frei-

33 Kosename für János (alias John, wie Neumann später hieß).

willige Exil nach Deutschland. Zum Sterben ist er in seine Heimat zurückgekehrt.

Georg Kühlewind hat über seine KZ-Erlebnisse kein Buch geschrieben. Sicherlich nicht, weil diese keinen tiefen Eindruck auf ihn gemacht hätten. Das KZ hatte ihn schon verändert – das wissen wir aus den Erinnerungen seiner Frau. Es hat ihn aber nie bestimmt. Er hat etwas viel Wichtigeres gesucht. Imre Kertész hat des Öfteren gesagt: »Mir ist es gar nicht wichtig, dass ich Jude bin, aber meine Umgebung zwingt mich dazu, mich damit zu beschäftigen.« Georg Kühlewind ließ sich nicht zwingen. Er ging seinen Weg konsequent weiter. Er suchte ... Was suchte er? Viel später hat er das in dem schon erwähnten Meditationssatz zusammengefasst: »Die Aufmerksamkeit sucht sich selbst.« Und wenn sie sich findet – nicht in der Fantasie, sondern in der realen, gegenwärtigen Erfahrung –, dann begegnet man sich selbst, seinem höheren, wahren Ich, welches alles das erfährt, was wir ansonsten Erfahrung nennen. Man erfährt den Erfahrenden, den Sprechenden hinter dem Sprechen, den Denkenden hinter dem Denken, den Fühlenden hinter dem Fühlen, den Wollenden hinter dem Wollen. Das verborgene Logoswesen in uns – das so lange verborgen bleibt, bis unsere Aufmerksamkeit eine solche Intensität erreicht, dass sie sich selbst erfährt.

Es ist sehr wichtig, dass die tragische Geschichte der Konzentrationslager nicht in Vergessenheit gerät. Aber es ist noch wichtiger, dass die Menschen auf die Suche nach ihrem wahren Selbst gehen, nach der Quelle der eigenen Freiheit. Menschen, die ihre eigene Aufmerksamkeit voll bewusst und frei erfahren können, führen keine Kriege. Nicht mit Waffen und auch nicht mit Worten. Sie erfahren den wahren Frieden in der außerzeitlichen und außerräumlichen Erfahrung des Selbst. Und sie erfahren dort auch die wahre Gemeinschaft – nur auf dieser

Ebene können wir Menschen wirklich zusammen sein. Auf der Ebene des egoistischen Alltagsbewusstseins bleiben wir immer getrennt, und es entbrennen immer Kriege zwischen uns.

Moralische Haltung nach dem KZ

Rolf Heinrich stellte Kühlewind in seinem Interview auch folgende Frage: »Du hast Schreckliches erlebt, Georg. Hat das deine Einstellung zu Deutschland, den Deutschen, der deutschen Kultur nach 1945 irgendwie verändert?« Und Georgs Antwort: »Nein! Absolut nicht. Ich kann so etwas überhaupt nicht denken wie ›die Deutschen, die Juden oder die Schweizer‹. Was soll das? Es gibt ja auch nicht ›die Kinder‹, es gibt nur den Hans und die Susanne. Ich bin mit Leib und Seele schon in jungen Jahren viel zu sehr Individualist gewesen, so dass ich gar nicht erst in die Versuchung gekommen bin, mich in Rachegefühlen gegen die Deutschen zu ergehen. Für mich und auch meinen Vater hatte der Nationalsozialismus nichts mit der deutschen Kultur oder dem Deutschtum zu tun.«

Eine ähnliche Frage hat ihm auch sein Freund, der deutsche Neurologe und Psychiater Hartwig Volbehr gestellt. Er hat mir seine Erinnerungen an dieses Gespräch zur Verfügung gestellt, die mir so wichtig und einzigartig erscheinen, dass ich sie in voller Länge zitiere:

»Zwischen Georg Kühlewind und mir war über die Jahre eine vertrauensvolle und freundschaftliche Beziehung gewachsen. Auch über intime Dinge konnten wir uns austauschen. Einmal, anlässlich einer Autofahrt von Konstanz zum Flughafen Zürich, fragte ich ihn:

›Du, Georg, das jüdische Volk und du selbst, ihr habt durch uns Deutsche Schreckliches erfahren. Wie kann es sein, dass du Bücher auf Deutsch schreibst, ein deutsches Pseudonym führst und ich als Deutscher mich als dein Freund fühlen darf?‹ Er blickte kurz zu mir herüber und antwortete dann:

›Weißt du, das, was damals Schreckliches geschah, hat nur am Rande mit euch Deutschen und uns Juden zu tun. Viel gewaltigere Dinge sind in der geistigen Welt ausgetragen worden. Was hier zwischen uns geschah, ist nur ein Abbild dessen, wie alles Irdische Abbild von Größerem ist.‹

Ich war tief berührt. Kein Vorwurf, keine Anklage. Welch eine Seele muss das sein, die mit dem Schicksalsgeschehen und einer grauenvollen Vergangenheit so umzugehen vermag! Und wie gelang es ihm doch, das Gefühl tiefer kollektiver Schuld, unter dem ich seit meiner Jugend so gelitten habe, zu lindern!

Soviel ich weiß, hat er dies nie öffentlich geäußert. Es war ihm wohl bewusst, dass die Allgemeinheit dies so nicht – oder noch nicht – verstehen und akzeptieren könne. Die schreckliche Vergangenheit wird damit nicht relativiert, aber sie wird in einen größeren Zusammenhang gestellt und bekommt einen anderen Sinn.«

Als ich das las, wurde mir plötzlich etwas über das Verhältnis von Moral und Erkenntnis klar. Rudolf Steiner betont, dass die Entwicklung auf dem Erkenntnispfad mit der moralischen Entwicklung einhergehen muss, er sagt sogar, dass zu einem Schritt in der Erkenntnis drei Schritte im Moralischen gehören[34]. Aber hier gibt es noch etwas. Diese tiefgreifende Ein-

34 R. Steiner: *Wie erlangt man Erkenntnisse der höheren Welten?* (1904/05) GA 10. Kap. *Die Stufen der Einweihung, Kontrolle der Gedanken und Gefühle.*

sicht, die Kühlewind hier – leider sehr kurz – mitteilt, kam ihm sicherlich erst viel später als sein innerer Verzicht auf jeglichen Hass gegen Deutsche oder gegen irgendjemanden. Die grandiose Geste des Verzeihens reifte in seiner Seele schon viel früher, bevor er darüber – mehrmals – geschrieben hat. Das bedeutet für mich, dass die moralische Entwicklung dem Erkenntnismäßigen immer zumindest einen Schritt voraus sein muss. Hier tut sich anscheinend wieder einmal ein Paradox auf. Ich kann nicht moralisch handeln, wenn ich die dazu notwendige Erkenntnisfähigkeit nicht erarbeitet habe. Und trotzdem: Wenn die »Gestimmtheit zum Guten«[35] nicht schon vorher da ist, bevor ich irgendeinen Schritt auf dem Erkenntnispfad weitergehe, dann wird alles andere vereitelt. Georg hat zuerst verziehen und erst nachher verstanden, dass hinter den Schrecklichkeiten des Zweiten Weltkriegs »viel gewaltigere Dinge in der geistigen Welt ausgetragen worden sind«. Verzeihen ist keine Frage der Vernunft, der Einsicht. Er schreibt viel später:

»Die Folgen der Tatsache, daß der Logos von da an[36] auf beiden Ufern des Abgrundes[37] heimisch ist, sind mannigfaltig.

35 G. Kühlewind: *Meditationen – über Zen-Buddhismus, Thomas von Aquin und Anthroposophie*, Verlag Freies Geistesleben, Stuttgart 1999.

36 Seitdem der Logos »sein Zelt in uns aufgeschlagen hat« (Joh 1,14).

37 Der Abgrund in uns, der das Alltagsbewusstsein vom Überbewusstsein trennt, und der – wie Kühlewind mehrfach dargestellt hat – von unseren geformten, gefangenen Aufmerksamkeitskräften, von unseren »seelischen Komplexen« – wie in der Psychologie genannt – bewohnt ist. Seit dem Christentum ist aber der Logos auch in dem schwachen seelischen Teil des Alltagsbewusstseins vorhanden: Das ist die Bedeutung davon, dass »der Logos Fleisch geworden ist« und dass er »sein Zelt in uns aufgeschlagen hat«.

Vor allem ist der Mensch dadurch in die Lage gekommen anzufangen, er hat die Fähigkeit zum Uranfang – in dem der Logos anwesend ist (Joh. 1,1) –, ohne das Schwachseelische ablegen oder zum Stillschweigen bringen zu müssen. Das ist die Fähigkeit des Schaffens aus dem Nichts. Solcher Anfang ist jede wahrhaft neue menschliche Gebärde. Nicht nur Kunst- oder Gedankenwerke, sondern jede intuitive Handlung des Pädagogen oder des Arztes und ganz besonders die Gebärde des Verzeihens machen die Frage nach dem ›Warum‹ sinnlos und nicht zu beantworten. Kann man sie beantworten, dann handelt es sich nicht um ein wirkliches Verzeihen.«[38]

Das alles gilt nicht nur in Bezug auf die Schrecklichkeiten des Holocausts. Unser alltägliches Innenleben ist auch reich an Schrecklichkeiten und das gesellschaftlich-politische Geschehen ebenfalls. Hartwig Volbehr fügt noch hinzu:

»Dazu passt vielleicht auch ein anderes tiefgreifendes Erlebnis. Georg war am 11. September 2001 in den USA. Kurz danach kam er zurück, direkt zu mir nach Konstanz. Mehrere Nächte konnte er nicht schlafen. Es war mehr als der übliche Jetlag. Über das Ereignis vom 11. September sagte er nur: ›Das, was da geschehen ist, wird die gesamte Welt verändern wie kaum je etwas zuvor!‹ Wie recht sollte er behalten!«

Wir leben heute, da ich diese Zeilen schreibe, in einer globalen Pandemie, die zunehmend zu einer globalen Psychose wird. Ich weiß leider nicht, welche »gewaltigen Dinge in der geistigen Welt ausgetragen werden«, deren Abdruck wir als diese Phänomene erleben. Aber eines weiß ich: Die Geste der

38 G. Kühlewind: *Die Erneuerung des Heiligen Geistes – Gnade, Teilhabe und geistige Aktivität*, Verlag Freies Geistesleben, Stuttgart 1992, S. 11.

Versöhnung mit unserem Schicksal muss der des Verständnisses vorangehen. Vielleicht verstehen wir einmal, was mit uns in Wirklichkeit geschehen ist. Aber uns von Angst und Hass befreien, das können wir jetzt schon. Und wir sollten das auch. Einen guten Aspekt hat diese Pandemie auf jeden Fall: Es hat uns allen vor Augen geführt, dass etwas in der sogenannten »Ersten Welt« nicht in Ordnung ist. Wir leben seit Jahrzehnten in einer gesellschaftlichen Illusion des uneingeschränkten Konsums und der größtmöglichen Sicherheit. Wenn wir dank der Pandemie diese Illusion verlören – welch ein Fortschritt wäre das. Ich befürchte, das wird nicht eintreten. Aber die Lage macht uns zumindest etwas nachdenklicher. Und daraus kann ein Neuanfang entstehen – ein »Uranfang, in dem der Logos anwesend ist«.

Begegnung mit der Anthroposophie

Nach der Befreiung aus dem KZ hielt sich Georg eine Weile bei einer deutschen Familie in Halberstadt auf. Dort begegnete er einem jungen Medizinstudenten, der ihm half, wieder an Bücher zu kommen. Und durch ihn begegnet er zum zweiten Mal der Anthroposophie. Auch darüber berichtet er Rolf Henrich im Interview:

»Der Anthroposophie begegnete ich erstmals 1942 bei uns in Budapest. Eine Freundin meiner Frau hat uns damals zu einem Vortrag von Maria von Nagy, die die Anthroposophie nach Ungarn brachte, mitgenommen. Es hat uns zwar sehr gefallen, was wir da gehört hatten, aber als Kerényi-Schüler habe ich so bei mir gedacht: Das ist nichts Neues für mich, das kenne ich schon – es lebt in mir. Und Kerényi war natürlich ein ganz anderes Kaliber. Und so hatte ich dann bis zu meiner Befreiung durch die Amerikaner keinerlei Berührung mehr mit der Anthroposophie. Ich sagte ja bereits, dass ich in Langenstein inhaftiert war. Ich bin dann nach Halberstadt gewandert, es gab keinen Zug, nichts. In Halberstadt habe ich mich mit einem aus Breslau geflohenen deutschen Medizinstudenten angefreundet. Wir haben uns gut verstanden. Dem hatte ich gesagt, dass ich mal wieder was lesen möchte. Er hatte mir gesagt, dass dort, wo er in Halberstadt wohnte, eine Kiste voller Bücher auf dem Dachboden herumstand. Und weißt du, welches Buch er mir brachte? Rudolf Steiners Buch *Goethes Weltanschauung*! Das habe ich sofort gelesen. Na ja, ich hatte schon Besseres gelesen. Jahre danach lernte ich in Dornach Dr. Heinrich Leiste kennen, dem ich diese Episode erzählte. Er war der festen Überzeugung, dass das Steiner-Buch von seinem Lehrer gewesen sei, weil da weit und breit kein anderer Steiner-Leser war.«

Rückkehr aus dem KZ, Berufswahl

Nach der Matura hatte Georg wegen seiner jüdischen Abstammung an keiner Universität studieren dürfen. Er erlernte das Handwerk des »Flächenstrickens«, d.h. vorgefertigte Strickteile, zum Beispiel für Jacken, herzustellen. Nach der entsprechenden Prüfung konnte er bis zur deutschen Besetzung des Landes in einer Fabrik arbeiten und sogar etwas Geld verdienen.

Nun, nach seiner Rückkehr aus dem KZ, wusste der junge Mann nicht genau, was er tun sollte. Karl Kerényi hatte – wie schon erwähnt – das Land verlassen, bei ihm konnte er nicht studieren. Auch mit dem Klavierspielen machte er nicht weiter. Nicht nur wegen der Erlebnisse im KZ, sondern weil er, als er einmal zur Klavierstunde kam, seine geliebte Lehrerin tot auffand. Einen neuen Klavierlehrer wollte er nicht, mit Tante Joli starb etwas auch in ihm. Im hohen Alter brachte er dann seine Erkrankung in Zusammenhang mit diesem Erlebnis (siehe auch das Kapitel *Kindheit, Sprachen, Musik*). Ein Beleg dafür, wie tief uns Erlebnisse der Kindheit und der Jugend durchs ganze Leben begleiten – oft, oder gar meistens, unbewusst.

Letztlich entschied er sich für ein Studium der Naturwissenschaften, und zwar für Chemie. »So etwas habe ich noch nicht gemacht« – sagte er sich mit jugendlichem Schwung und stürzte sich ins Studium. Er blieb bis zu seiner Pensionierung bei dem Beruf des Chemikers. Er war in der Forschung tätig, qualifizierte sich zum Dozenten und wurde u.a. Erfinder eines Löschpulvers, das Jahrzehnte lang von der ungarischen Feuerwehr eingesetzt wurde. Und er wurde Professor am Institut für Physikalische Chemie der Technischen Universität Budapest. Da Chemiker unter Umständen mit gefährlichen Chemikalien arbeiten müssen, durften sie in Ungarn fünf Jahre früher als üblich in Pension gehen. Georg machte von diesem Recht Gebrauch und ließ sich mit 56 Jahren pensionieren. In den folgenden fast 28 Jahren widmete er sich ausschließlich der Geistesforschung, schrieb 23 Bücher, Dutzende von Artikeln[39] und hielt unzählige Vorträge und Seminare, immer als freischaffender, unabhängiger Forscher.

Der Umstand, dass er seinen Beruf von der Geistesforschung getrennt hielt, gab ihm auch im äußerlichen Sinn volle Freiheit. Er war finanziell von niemandem abhängig und ließ sich in

39 Die Liste seiner Bücher und Artikel siehe im Anhang.

keiner seiner Entscheidungen von finanziellen Überlegungen leiten. Auch darin drückte sich seine absolute Freiheit aus. Kurz nachdem ich Georg 1978 kennengelernt hatte, habe ich ihm mehrmals vorgejammert, dass ich meinen Beruf als Informatiker lieber verlassen und irgendwie »anthroposophisch« tätig werden würde – was im kommunistischen Ungarn natürlich kaum realistisch war. Georg hat mir immer davon abgeraten. Heute weiß ich, warum. Auch wenn meine Bildungslücken möglicherweise kleiner wären, wenn ich einen solchen anderen Beruf hätte ausüben können, schätze ich aus heutiger Sicht meine äußere Unabhängigkeit höher. Das ist zwar noch keine Freiheit in ihrem tieferen Sinn, aber vielleicht eine gute Voraussetzung dafür.

Außerdem hat ein bürgerlicher Beruf den Vorteil, dass man der Realität der Mitmenschen näher bleibt und nicht Gefahr läuft, sich in einem Elfenbeinturm abzukapseln. Georg wurde im Laufe seines Lebens einige Male von Personen angesprochen, welche die Idee hatten, ein Zentrum für Menschen zu gründen, die sich dem Übungsweg verschreiben wollen. Mal wollte man dafür ein großes Grundstück kaufen, mal ein Schloss zur Verfügung stellen, immer mit dem Ziel, eine Meditationsgemeinschaft zu bilden. Obwohl Georg für solche Ideen offen war, wurde keiner dieser Pläne verwirklicht. Ich weiß nicht genau, warum. Ich weiß aber, dass eine seiner Vorbedingungen für ein solches Projekt war, dass alle, die an einem solchen Ort leben wollten, auch einem bürgerlichen Beruf nachgehen sollten. Er wollte keine sterile, sondern eine gesunde Gemeinschaft aufbauen. Solche Gemeinschaften gibt es kaum. So einfach es klingt, so ist das doch eine der größten Herausforderungen der Gegenwart. Auch Gemeinschaften, die mit bester Absicht gegründet werden, verfallen – oft überraschend schnell – dem Gezänk des Egoismus. Nur die tägliche meditative Praxis – gepaart mit einem ansonsten »normalen« Leben – könnte eine solche Gemeinschaft tragen. Georg hat sich oft auf den Ethnologen Leo Frobenius berufen, der in seinen Werken zeigt, dass alle menschlichen Gemeinschaften ursprünglich kultisch waren. Der Kult bildete den Mittelpunkt des Lebens, und auch die profanen Handlungen, wie zum Beispiel die Zubereitung der Speisen, wurden dem Kult untergeordnet. Später ist der profane Teil immer größer geworden, der kultische Teil wurde zusehends in den Hintergrund gedrängt. Heute ist der Alltag fast nur noch profan; Feste, Gottesdienste sind die Ausnahmen, die auch immer weniger wirklich kultischen Charakter haben. Der Mensch von heute müsste seine neuen Gemeinschaften aus einem neuen Kult heraus gestalten. Nicht aus Tradition, sondern aus Freiheit und Liebe. Die Bildung solcher Gemeinschaften erscheint heute utopisch. Obwohl uns nur das wirklich glücklich machen könnte.

Am nächsten stehen einem solchen Ideal vielleicht die Camphill-Institutionen. Nicht zuletzt deshalb, weil – wie Kühlewind erkannte – die Anwesenheit der sogenannten behinderten Menschen, deren »Behinderung« oft vor allem darin besteht, dass sie keinen Egoismus kennen (wie Menschen mit Down-Syndrom), den Egoismus auch in den anderen, in den »normalen« Menschen immer wieder zurückdrängt. Vor dem unschuldigen Blick eines Menschen mit Down-Syndrom ist es beschämend, egoistisch zu sein.

Und welch schreckliches Zerrbild solcher Gemeinschaften hat sich in den Konzentrationslagern verkörpert! Menschen zusammenzupferchen und zu Tode zu quälen – wie kann eine solche Idee im Geiste von menschlichen Wesen geboren werden?[40] Statt Freiheit Gefangenschaft, statt Liebe Verachtung und Mord. Wie leicht in unserer Zeit das Gute ins Gegenteil verwandelt wird! Meines Wissens war Imre Kertész der Einzige, der darüber geschrieben hat, dass er – als die Abenddämmerung (die »Stunde des Pan«) sich näherte – auch in Auschwitz glückliche Momente erlebt hat. Wie stark im Menschen die Sehnsucht nach dem Guten, Schönen und Wahren ist. Und wie stark die Widersacherkräfte sind, die alles ins Gegenteil verwandeln. Wir wären reif, neue Gemeinschaften freier und liebender Menschen zu bilden. Stattdessen haben wir KZs gebaut. Ob wir die andere Art noch lernen? Beliebig viel Zeit bleibt nicht mehr übrig dazu.

Anthroposophie: Abkehr und Rückkehr

Nach seiner Rückkehr aus dem KZ nach Budapest wurde Georg von der schon erwähnten Freundin seiner Frau, Ágnes Kellner, immer wieder unermüdlich darauf hingewiesen: »Was du sagst, ist genau das, was auch Steiner sagt.« Im Interview mit Rolf Henrich sagte Georg darüber:

»Sie ging mir wirklich mit Steiner auf die Nerven. Bis ich

40 Ein ungarischer Schauspieler, László Mensáros, hat in den 80er-Jahren in Budapest einen sehr erfolgreichen literarischen Abend mit dem Titel *20. Jahrhundert* gestaltet. Eines der letzten Stücke, die er vorgelesen hat, war ein Geschäftsbrief, in dem die Bestellung einer größeren Menge Zyklon-B bestätigt wurde. Das war das Mittel, womit man die Menschen in KZs vergast hat. Der Brief war in einem korrekten geschäftlichen Ton gehalten, der Schauspieler hat ihn auch so vorgelesen. Das war erschütternd. Der Ton des mechanisierten Mordens.

Kurz nach dem Ende des Zweiten Weltkriegs

sie schließlich doch gebeten habe, mir mal ein Buch von diesem Steiner auszuleihen. Sie drückte mir nach ein paar Tagen *Wahrheit und Wissenschaft* in die Hand. Oh, dachte ich, das ist was. Das war so ziemlich meine eigene Sprache, da waren neue Gedanken. Ich war also angetan davon. Danach war es der Hamburger Zyklus über das Johannes-Evangelium, der mich inspirierte. Ich las dann zehn Jahre lang ein Buch von Steiner nach dem anderen. Bis ich irgendwann das Gefühl hatte: Auf diese Weise kommst du in der ›inneren Arbeit‹ nicht weiter. Das ist steril. Es hat nicht viel gefehlt, und ich hätte die ganze Anthroposophie über Bord gehen lassen, wenn ich nicht seinerzeit einen mich stark berührenden Traum gehabt hätte. In diesem Traum erinnerte ich mich nämlich an *Die Philosophie der Freiheit* Rudolf Steiners. Ich wusste, dass ich dieses Buch bisher nicht verstanden hatte. Ich wollte der Anthroposophie eine ›letzte Chance‹ geben.

Ich las also erneut *Die Philosophie der Freiheit* und wusste plötzlich genau, welche Richtung ich zukünftig einzuschlagen hatte. Mir wurde bewusst, dass die Ebene wirklichen Verstehens die Sphäre des lebendigen Denkens ist, das heißt, der Prozess ist entscheidend und nicht das fertige Gedachte. Von da an, so ungefähr seit 1958, intensivierte ich allmählich meinen inneren Schulungsweg.«

III. Der Aufbruch

Was hier in nüchternen, bescheidenen und z.T. ironischen Zeilen erzählt wird, muss in Wirklichkeit mit der Intensität eines Vulkanausbruchs geschehen sein. Das Feuer, das in Georg Kühlewind bis dahin »unter der Asche des Alltagsbewusstseins«[41] glühte, brach jetzt aus wie die vertikale Wolken- und Feuersäule, die Mose und sein Volk in der Wüste leitete.[42] Er verstand nun, dass es nicht um diese oder jene Weisheit geht, sondern um eine radikale Änderung des eigenen Bewusstseins. Die »Sphäre des lebendigen Denkens« ist ein Bereich, der uns gewöhnlich nicht zugänglich ist. Der Mensch muss sich eingestehen, dass er mit dem Bewusstsein, wie es ihm gegeben ist, nicht imstande ist, in diese Sphäre einzudringen. Dieses Geständnis ist ein ungeheurer Schritt des Mutes und der Ehrlichkeit (mit Steiners Ausdruck: der

41 Kühlewind hat oft vom Funken des Logos in der menschlichen Seele gesprochen, der sich unter der Asche des Alltagsbewusstseins versteckt. Der Ausdruck »Asche« ist auch eine Anspielung auf ein Gedicht von Magda Székely (seiner Nichte), in dem über den Vogel Phoenix gesagt wird, er steige aus der »Asche der Gewissheit« empor.

42 2. Mose 13, 21: »Und der HERR zog vor ihnen her, des Tages in einer Wolkensäule, daß er den rechten Weg führte, und des Nachts in einer Feuersäule, daß er ihnen leuchtete, zu reisen Tag und Nacht. Die Wolkensäule wich nimmer von dem Volk des Tages noch die Feuersäule des Nachts.« Diese Säulen sind Imaginationen des aufwachenden wahren Ichs, das sich aufrichtet und zum Leiter des Menschen wird.

»Wahrhaftigkeit«[43]), den die meisten Menschen nicht bereit sind zu tun – auch viele Anthroposophen nicht. Das ist der vielleicht wichtigste Schritt vor dem Überqueren der »Schwelle« (wieder ein Ausdruck von Rudolf Steiner), der Schwelle in die geistige Welt.[44]

Georgs Kommentare zum gleichnamigen Buch von Rudolf Steiner gehören zu seinen ersten Schriften. Er verstand nun den von Steiner sehr kurz beschriebenen »Pendelschlag« des Bewusstseins[45] in voller Tiefe. In jedem Akt des Erkennens (des Denkens und Wahrnehmens) bewegt sich, »pendelt« unser Bewusstsein, unsere Aufmerksamkeit zwischen Identität und Trennung. In der vollständigen Identität werden wir eins mit dem Gegenstand des Erkennens. In dieser Identität sind wir aber nicht wach, wir »schlafen« dabei in die geistige Welt hinein. Dann kehrt unsere Aufmerksamkeit zum Alltagsbewusstsein zurück, trennt sich von der geistigen Welt, wir »wachen auf« – und benennen die Erfahrung, die aus dieser Identität übriggeblieben ist, als dies und das. Dies habe ich gesehen, das habe ich gedacht – die aktuelle, gegenwärtige Erfahrung ist

43 R. Steiner, *Geistige und soziale Wandlungen in der Menschheitsentwicklung*, GA 196, 18. Januar 1920: »Aber, womit es am schlechtesten bestellt ist in der Gegenwart, das ist nicht etwa die übersinnliche Erfahrung; womit es am schlechtesten in der Gegenwart bestellt ist, das ist die gesunde Logik, das ist wirklich gesundes Denken, das ist vor allen Dingen auch die Kraft der Wahrhaftigkeit. In dem Augenblick, wo Unwahrhaftigkeit sich geltend macht, schmelzen die übersinnlichen Erfahrungen ab, da kommen die Menschen nicht zu einem Verständnis der übersinnlichen Erfahrungen.«

44 Siehe u.a.: R. Steiner: *Die Schwelle der geistigen Welt*, GA 17.

45 Ebenda, Kap. *Von dem Vertrauen, das man zu dem Denken haben kann.*

aber schon vorbei. Übrig bleibt nur der Leichnam der lebendigen Erfahrung. Darum kann man das Alltagsbewusstsein auch Vergangenheitsbewusstsein nennen. Wir leben in einer Welt der aussichtslosen Vergangenheit. Darum sind wir oft so verzweifelt, so hoffnungslos. Aus dem Vergangenheitsbewusstsein gibt es keinen theoretischen Ausweg. Nur einen praktischen: Wir müssen lernen, in dem sonst schlafenden Teil des Pendelschlags wach zu bleiben, unserer lebendigen Gegenwart bewusstzuwerden. Dazu müssen wir uns auf den Übungsweg begeben, um diese neue innere Geste zu erlernen. Erst wenn wir unsere Geistesgegenwart auf diese Weise erlangen, können wir anfangen, an der Zukunft zu arbeiten. An der eigenen Zukunft und auch an der Zukunft der Menschheit, der menschlichen Gemeinschaft.

Die Neuentdeckung der Konzentrationsübungen

Georg Kühlewind gestand sich ehrlich ein, dass die Übungen, so wie er sie bis jetzt gemacht hatte, nichts bewirkten. Er fing an, alles von vorn aufzubauen.

a) Gedankenkonzentration

Die Gegenstandsübung[46] wurde zum Beispiel im Budapester Kreis so gemacht, dass man einen menschengemachten Gegenstand (etwa einen Bleistift) vor sich hinstellt und diesen länger beobachtet. Georg verstand bald: So kommt man nie zum Er-

46 Siehe dazu mehr in Büchern von Steiner und Kühlewind, wie zum Beispiel R. Steiner: *Wie erlangt man Erkenntnisse der höheren Welten?* GA 10 und G. Kühlewind: *Vom Normalen zum Gesunden.* Verlag Freies Geistesleben, Stuttgart 1983.

leben der Idee, der schöpferischen Idee des Gegenstandes. Er versuchte also, die Übung mit geschlossenen Augen zu machen, ging vom Vorstellungsbild aus. So kann man sich zunächst einerseits Gedanken über den Gegenstand machen (seine Herstellung, seine Funktion usw.), andererseits kann man ihn in der Vorstellung funktionieren lassen. Es ist wichtig, dass wir einen einfachen Gegenstand nehmen, den wir verstehen und zu dem wir emotional neutral stehen. Also weder eine Flugzeugsteuerung noch die Lieblingstasse. Nehmen wir zum Beispiel eine Büroklammer. Das ist ein Gegenstand, den wir in unterschiedlichsten Erscheinungsformen erkennen und verwenden können. Wir sind »kompetent« in Sachen Büroklammer, weil wir ihren Begriff, ihre Funktion – ihre schöpferische Idee – kennen. Wir können uns vorstellen, wie eine Büroklammer aussieht, wie sie aus einem einzigen Draht gedreht wird und wie sie funktioniert. Wir können uns auch nie gesehene Büroklammern vorstellen, zum Spaß auch solche, die gar nicht funktionieren. Wenn diese Schritte konzentriert, aber ohne Verkrampfung, mit einer spielerischen Vertiefung geschehen, dann kann in einem nächsten Schritt die Idee des Gegenstands aufleuchten. Diese Idee erscheint uns sonst immer nur in einer konkreten Form, einer konkreten Anwendung, nie aber rein, ohne Vorstellungsbild, wie sie seinem Erfinder im Moment direkt vor der Erfindung aufleuchten musste. In diesem Moment konnte er noch kein Vorstellungsbild gesehen haben – wenn die Büroklammer gerade erst erfunden wird. Diese noch gestaltlose, aber schon fühlbare Idee hat eine andere Qualität als unsere alltäglichen, abstrakten Begriffe. Sie hat eine Gefühlsform, die lebendig und fühlbar, aber noch nicht klar konturiert sichtbar ist, auch innerlich nicht. Erst im nächsten Moment erscheint ein Bild, die lebendige Gefühlsgestalt stirbt in eine abstrakte

Form hinein. Von da an kann die Idee umgesetzt werden, man kann Millionen unterschiedlicher Büroklammern herstellen – ausgehend von der einen einzigen Idee.

Wenn die Konzentriertheit intensiv genug ist, dann können wir sogar im Licht, im »Geschmack«, im »Gefühl« der Idee bleiben, uns darin aufhalten. Der Erfinder kann das meistens nicht, er will es auch nicht, er will die Idee umsetzen – und Büroklammern herstellen. Für ihn ist die Erfindung nur ein Geistesblitz. Der übende Geistesschüler sucht aber etwas anderes, er sucht den Geburtsort der Idee, aller Ideen, das Quellgebiet des Denkens. Wenn es gelingt, dauerhaft in diesem Geistesblitz zu bleiben, dann erreicht die Aufmerksamkeit dabei eine solche Intensität, dass sie sich selbst gewahr wird. Der Übende wird sich bewusst: Ich »bin« die Büroklammer, ich produziere sie in mir, sie ist ein lebendiger und gegenwärtiger Prozess meiner eigenen Aufmerksamkeit. Ich bin die Idee des Gegenstands, ich bin die Quelle des Denkens, des Erkennens. Das höhere Ich erwacht. Vielleicht nur für einen Augenblick, vielleicht etwas länger. Das ist das »Grunderlebnis des Geistes«[47]. Wer diese Erfahrung macht, wird ein anderer Mensch. Er wird den Übungsweg nie mehr verlassen; es tut sich ein völlig neuer Horizont auf.

b) Wahrnehmungskonzentration

Mit der gleichen Intensität setzte sich Kühlewind mit den Wahrnehmungsübungen auseinander[48]. Diese sollten wir an

47 G. Kühlewind: *Bewußtseinsstufen – Meditationen über die Grenzen der Seele*, Kap. *Das Grunderlebnis des Geistes*, Verlag Freies Geistesleben, Stuttgart 1976.

48 Siehe dazu mehr u.a. in G. Kühlewind: *Wege zur fühlenden Wahrnehmung – Die Belehrung der Sinne.* Verlag Freies Geistesleben, Stuttgart 1990.

Naturgegenständen oder -phänomenen und mit »offenen« Sinnesorganen, sehend, hörend, riechend, schmeckend usw. durchführen. Nehmen wir an, wir beobachten eine Blume. Zuerst neigen wir dazu, die Wahrnehmung mit unseren vorhandenen Begriffen festzuhalten: Die Blume ist rot, hat so und so viele Blätter usw. Darauf kommt es aber nicht an. Diese Begriffe sind nicht adäquat, keiner von denen ist die »schöpferische« Idee der Blume, denn diese kennen wir zunächst – im Gegensatz zur Büroklammer – nicht. Es ist besser, wir versuchen, das Denken zum Schweigen zu bringen und uns in die Einzigartigkeit der Blume zu vertiefen. Dann werden wir plötzlich gewahr: Solch eine Farbe, solch eine Form haben wir noch nie gesehen. Anstatt die Einmaligkeit der Wahrnehmung mit abstrakten, inadäquaten Begriffen abzutöten, versuchen wir, in der unbeschreiblichen Einmaligkeit zu bleiben. Das gelingt meistens nur dann, wenn unsere Fähigkeit der Konzentration schon vorher gestärkt wurde (mit Übungen der Gedankenkonzentration, wie vorher beschrieben). So entwickelt sich unser Wahrnehmen zunehmend zu einem *fühlenden* Wahrnehmen, welches das einzigartige Gefühl, das unsere Blume ausströmt, empfangen kann. So kann man sich zum Beispiel in die ganz besondere Farbe oder Gestalt einer Blume vertiefen, damit eins werden, sie als eine lebendige Qualität erleben. Die Idee der Büroklammer kenne ich. Sie ist zwar in mir verborgen – in der höchsten Stufe der Konzentration kann sie mir aber bewusst werden. Bei den Naturphänomenen ist das anders. Eine Blume ist keine menschliche Erfindung, das Leben auch nicht. Hier muss meine Aufmerksamkeit höher steigen, um einen Zugriff zu finden. Durch die konzentrierte Wahrnehmung erscheint aber eine leise Ahnung von fühlbaren Ideen, die hinter den Naturerscheinungen stehen. Wir erkennen gleichzeitig, wie flach und egoistisch unsere Alltagsgefühle sind. Sie geben uns nur über unser eigenes, hochgeschätztes Empfinden Auskunft (»gefällt mir«, »gefällt mir nicht« usw.). Die neue Art des Fühlens, des fühlenden Wahrnehmens ist ganz anders. Sie vermittelt uns neue Erkenntnisse – die wir zwar kaum in Worte fassen können, die aber sicherlich keine subjektiven Gefühle sind. Auch große Maler können solche fühlbaren Ideen zum Ausdruck bringen, so dass sie für viele Menschen in ähnlicher Weise nachvollziehbar werden (wenn man ein Bild lange und vertieft betrachtet, anstatt nur ein Foto von ihm zu machen). Es tut sich auch auf diesem Gebiet ein ganz neuer Horizont auf. Und in einer noch mehr gesteigerten Intensität verschwindet die Trennung zwischen hier und dort. Der Beobachter und das Beobachtete werden eins: Die dualistische Erfahrung verschwindet, wandelt sich in eine monistische Erfahrung um. Ich »bin« die Farbe, ich »bin« die Gestalt. Das Aufwachen des wahren Ich ereignet sich auch in der intensiven Wahrnehmung.

Die klare Unterscheidung zwischen den Begriffen von menschengemachten Gegenständen und Naturdingen ist eine der vielen Entdeckungen von Kühlewind.[49] Die Begriffe der menschengemachten Gegenstände sind adäquat, sie sind ihre schöpferischen Ideen. Für die Dinge der Natur haben wir aber nur äußerliche Ersatzbegriffe. Ich weiß, wozu eine Büroklammer oder eine Kaffeetasse da ist, habe aber nicht die leiseste Ahnung, wozu eine Rose, eine Mücke, ein Elefant, ein Fluss da ist. Die naiven, nützlichkeitsbasierten Vorstellungen, wie »Weizen ist zum Brotbacken da«, sind offensichtlich inadäquat. Aus einem

49 Steiner war in der Terminologie oft nicht pedantisch konsequent. Das kann zu Missverständnissen führen, kann aber auch Motivation zu einer erhöhten Aufmerksamkeit beim Lesen werden.

solchen utilitaristischen Begriff heraus kann man den Weizen nicht erschaffen. Das hat ja auch nicht der Mensch getan. Wer dann? Gott oder der Zufall? Auf diese Frage gehen wir jetzt nicht näher ein,[50] aber man sollte sich die Antwort schon gut überlegen: Niemand glaubt, dass eine Büroklammer durch Zufall entsteht (und auch wenn das der Fall wäre, müsste das ein Mensch bemerken). Wir wissen, dass dahinter ein Mensch steht, in dessen Geist die schöpferische Idee der Büroklammer entstanden ist. Sollte ein Elefant, ein komplexes und lebendiges Wesen, per Zufall entstanden sein? Und dazu auch noch der Mensch, der das alles denken kann? Das wäre jedenfalls ein äußerst unwahrscheinlicher Zufall. Bei keinem Kriminalkommissar würde so etwas durchgehen. Wieso tut es das bei uns heute so leicht?

Meditation

Die Meditationsthemen sind eine Art Zwischenstufe zwischen den Begriffen der einfachen menschengemachten Gegenstände und denen der Naturdinge. Naturphänomene sind natürlich alle als Meditationsthema geeignet, und die oben beschriebene Wahrnehmungskonzentration führt oft sofort weiter zur Wahrnehmungsmeditation.[51] Wir widmen uns aber hier nur der Text- und Bildmeditation.

50 Siehe dazu mehr vom Autor: *Mondenlicht – Sonnenlicht. Die Umkehr zur Quelle der wissenschaftlichen Denkweise*, Info3 Verlag, Frankfurt am Main 2020.

51 Siehe dazu u.a. G. Kühlewind: *Wege zur fühlenden Wahrnehmung – Die Belehrung der Sinne,* überarbeitete Neuausgabe 2002. 1. Auflage unter dem Titel *Die Belehrung der Sinne*, Verlag Freies Geistesleben, Stuttgart 1990.

Meditationssätze oder meditative Bilder stammen von Menschen, aber von solchen, welche die Fähigkeit erworben haben, sich über die Ebene des Alltagsbewusstseins zu erheben. In alten Kulturen, die – wie schon erwähnt – durch den Kult bestimmt waren, waren solche Fähigkeiten weit verbreitet, wenn auch in unterschiedlichem Ausmaß und mit anderer Bedeutung als heute. Logisches Denken war damals viel seltener als heute, träumerisches Hellsehen dafür viel häufiger. Die Bücher des alten und des neuen Testaments, die Reden von Buddha und Bodhidarma oder die Epen von Homer sind zum Beispiel weitgehend meditative Texte.

Früher gab es nicht wenige Menschen, Eingeweihte genannt, die durch eine gegebene Begabung und oft zusätzlich durch die Führung eines anderen Eingeweihten sich in die Lage versetzen konnten, Begriffe höherer Art, wie zum Beispiel den Begriff des Lebens, der Elemente (Erde, Wasser, Luft, Feuer), des Friedens, der Liebe usw. in einer adäquaten, lebendigen und fühlenden – nicht abstrakten – Weise zu erfahren. Sicherlich gab es unter ihnen auch solche, die sogar die Schöpferwesen, von denen die Begriffe höherer Art stammen, erahnen, oder ihnen gar auf eine rein geistige Art begegnen konnten.

Für die Menschen der Gegenwart ist solch ein direkter Zugriff nicht mehr gegeben. Es gibt zwar Menschen mit sogenannten atavistischen Fähigkeiten, die so etwas mehr oder weniger spontan können, die aber oft selbst nicht genau wissen, wie diese Fähigkeiten in ihnen funktionieren. Solche Fähigkeiten gehen oft auf Kosten des gesunden Denkens und können pathologische Züge aufweisen. Der heutige Erwachsene hat im Allgemeinen den direkten Zugriff zur geistigen Welt fast gänzlich verloren, es ist ihm nur sein Denken als dünner Faden geblieben, der ihn mit der geistigen Welt verbindet. Viele glauben, dass sie über ihre Gefühle diese Verbindung herstellen können, das ist aber meist ein Irrtum. Es gibt sehr wenige Menschen, die noch ein solch helles – erkennendes – Fühlen haben, wie es zum Beispiel im Glauben der Urchristen oder einiger christlicher Mystiker, chassidischer Rabbis oder auch Zen-Meister wirkte. Der hellste Punkt in unserem Bewusstsein ist heute in der Regel das Denken – sogar bei solchen Menschen, deren Denken eher konfus erscheint. Diese Entwicklung hat einen guten Grund. Erst diese – weitgehende, aber nicht vollständige – Trennung von der geistigen Welt macht es möglich, dass der Mensch in seinem Geiste frei wird und aus Freiheit und in Freude zu seinen geistigen Quellen zurückkehrt.

Dieser Weg ist allerdings äußerst beschwerlich, weil unser Alltag uns gerade in die umgekehrte Richtung trainiert: Wir werden immer dekonzentrierter, immer einsamer, immer egoistischer. Es bedarf einer inneren Umkehr, um uns dazu zu entschließen, uns aus Freiheit auf den Schulungsweg zu begeben. Das ist heute die einzige zeitgemäße Tat, wodurch der Mensch die Erlösung vollenden könnte. Das ist weitgehend unbekannt und fast niemand tut das, und wenn doch, selten konsequent genug. Genau das war die Tat, der Verdienst von Georg Kühlewind. Er hatte keine atavistischen Fähigkeiten, es wurde ihm keine Hellsichtigkeit geschenkt. Es loderte aber in ihm das Feuer der Sehnsucht nach dem Licht des Logos, und er hat sich entschlossen, den Weg der Umkehr radikal, ohne Kompromisse anzugehen und ein Diener des Logos zu werden. Ein jeder von uns könnte seinem Beispiel folgen.

Meditationssätze oder meditative Bilder drücken solche geistigen Erfahrungen aus, die über der Ebene des Alltagsbewusstseins erlebt werden. Die Ausdrucksform erscheint abstrakt: als Satz oder als Bild (auch mit Sätzen beschrieben). Die Aufgabe ist nicht, solche Sätze und Bilder nachzukauen oder zu enträtseln, sondern sie als Wegweiser zu benutzen, die zum gleichen Erfahrungsbereich führen, aus dem sie stammen. Ungefähr wie Noten, die an sich ungenießbar abstrakt aussehen, aber in den Händen des Könners in schönste Musik umgewandelt werden. Genauso so müssen wir mit Meditationssätzen und meditativen Bildern vorgehen, sie umwandeln in innere und trotzdem universale, mit anderen Menschen teilbare Erfahrungen.

Über die Praxis, die Technik der zeitgemäßen – vom Denken ausgehenden – Meditation wurde schon viel geschrieben. Von Rudolf Steiner allerdings eher knapp.[52] Kühlewind hat in mehreren Büchern sehr ausführliche Beschreibungen zur Meditation gegeben.[53] Sein besonderer Verdienst ist, dass er auf die Hindernisse in den Anfängen ausführlich eingeht. Steiner hat manche dieser Hindernisse – dank seiner einmaligen spirituellen Begabung – aus eigener Erfahrung möglicherweise gar nicht gekannt. Kühlewind hat sie aber gut gekannt und seine Werke können deshalb jenen Menschen sehr helfen, die mit ihren Schwierigkeiten ehrlich kämpfen. Auch der Autor hat über den Übungsweg einiges geschrieben.[54] Deshalb sollen hier nach einer kurzen allgemeinen Beschreibung nur anhand von zwei Beispielen die wichtigsten Züge der Durchführung der Meditation beschrieben werden.

52 In seinem Buch *Wie erlangt man Erkenntnisse der höheren Welten?* steht – worauf Kühlewind hingewiesen hat – beim ersten Auftauchen des Wortes »Meditation« in Klammern: »beschauliches Nachdenken« (Kap. *Innere Ruhe).* Das ist völlig richtig, aber ob das für uns reicht, um daraus eine meditative Praxis abzuleiten, sei dahingestellt.

53 Siehe zum Beispiel G. Kühlewind: *Vom Normalen zum Gesunden.*

54 Siehe zum Beispiel L. Böszörmenyi: *Mondenlicht – Sonnenlicht.*

a) Textmeditation

Textmeditation bedeutet zunächst, über einen besonderen Satz zu meditieren. Wenn das geht, kann man versuchen, auch über längere Texte als eine Einheit zu meditieren. Das wirft sogleich die Frage auf: Woher weiß ich, ob ein Text oder ein Satz meditierbar ist oder nicht. *Vor* der Übung kann man das nur erahnen – mit zunehmender Praxis immer besser. Sicher wissen wir es erst *nach* einer gelungenen Meditation. Alles ist meditierbar, was ich meditieren kann – eine bessere »Definition« gibt es leider nicht. Es gibt kein äußeres Zeichen. Auch von vertrauenswürdigen Quellen können Sätze stammen, die ich nicht meditieren kann. Abgesehen davon, dass mir vielleicht die Fähigkeit dazu fehlt, könnte ein Satz auch falsch übersetzt oder überliefert worden sein. Und außerdem ist kein Autor unfehlbar. Es wäre übrigens schrecklich, wenn jemand unfehlbar wäre. Maschinen sind in ihrem eingeschränkten Bereich unfehlbar. Menschen – Gott sei Dank – nicht. Und umgekehrt kann auch ein nur wenig weise erscheinender Mensch einmal zur Quelle eines Meditationssatzes werden.

Kühlewind hat die Textmeditation in drei Phasen aufgeteilt:

1. Die erste Phase ist das *Nachsinnen.* Wir versuchen so gründlich und konzentriert wie möglich über die Bedeutung des Satzes nachzudenken.[55] Erscheint uns der Satz auch oft im ersten Moment völlig verständlich, wird uns doch bald klar,

55 Daraus folgt übrigens, dass für den Alltagsverstand unverständliche Mantren für eine zeitgemäße Meditation ungeeignet sind, zumindest für den Anfänger.

dass wir so gut wie nichts davon wirklich verstehen. Ein Satz, der uns gar keine Rätsel aufgibt, ist meistens ungeeignet als Meditationssatz (wie zum Beispiel »Rauchen ist verboten«). In der ersten Phase werden alle Worte immer lebendiger, »verbhafter«. Alles wird zum Geschehen. Kein Wort wird im üblichen Sinn verwendet, sondern in einer neuen Bedeutung, die meist viel »großzügiger« ist als die üblichen, schon bekannten Bedeutungen, innerhalb der – mit Kühlewinds Ausdruck – »Bedeutungswolke« eines jeden Wortes. Wenn wir die Meditation mehrmals vom gleichen Satz ausgehend wiederholen, ergeben sich immer wieder ganz neue Bedeutungen.

Ein Kommentar dazu: Manche Leute halten diese Phase für unnötig und möchten so schnell wie möglich »spirituelle Erfahrungen« erleben. Wenn man aber die denkerische Phase verkürzt oder gar weglässt, kommt man meistens nicht zu spirituellen Erfahrungen, sondern nur zu einer erhöhten Fantasietätigkeit und begleitenden seelischen Erfahrungen. Nichts gegen Fantasie, aber darum geht es nicht bei der Meditation. Die Helligkeit, in der die eventuell auftretenden höheren Erfahrungen erscheinen, steht nicht unter, sondern über der Helligkeit des reinen Denkens. Wenn wir nicht einmal das reine Denken erreichen, werden wir garantiert keine reinen höheren Erfahrungen erleben.[56] Krankhafte seelische Erfahrungen sind möglich, aber nicht erstrebenswert. Es kann auch passieren, dass wir diese Phase manchmal langweilig finden.

56 »Unreine höhere« Erfahrungen sind gar keine höheren Erfahrungen. Sie stehen *unter* der Ebene des Alltagsbewusstseins und nicht darüber. Ich spreche hier nicht von der *exakten Fantasie* Goethes.

Insbesondere, wenn wir des Öfteren zu meditieren versuchen, sodass uns in dieser Phase eine Weile nur Dinge einfallen, die wir früher schon selbst gedacht oder bei anderen gelesen oder von anderen gehört haben. Das darf uns nicht entmutigen. Kühlewind hat zur Darstellung dieses Problems einmal folgendes schöne Gleichnis gebracht: An manchen Seeufern kommt man sehr rasch ins tiefe Wasser, wo man gleich schwimmen kann und muss. An manchen Stellen muss man aber relativ lang im seichten Wasser waten, bis man zur Tiefe kommt. Sobald wir konzentriert genug sind, verschwindet alles Bekannte und wir schwimmen im tiefen Wasser der neuen Erkenntnisse.

2. Die zweite Phase ist das *Zusammenziehen* in ein einziges Wort. Je lebendiger und großzügiger die einzelnen Worte werden, desto leichter geschieht es, dass sich plötzlich die ganze, schon sehr lebendige, verbhafte, geschehenshafte Bedeutung des Satzes in einem einzigen Wort des Satzes ausdrückt. Die anderen Worte waren nur Wegweiser, die dann nicht mehr nötig sind. Der Sinn des Satzes hat sich in dieses eine Wort zusammengezogen.
3. Erst die dritte Phase ist dann die wirkliche *Meditation*. In dieser Phase leuchtet das lebendige Licht des letzten übriggebliebenen Wortes so stark, dass auch dieses Wort vollständig verschwindet, genauer gesagt, durchsichtig wird. Man könnte diese Phase auch als die des *Loslassens* bezeichnen. Wir lassen jede Form los, kommen in die – relative – Formlosigkeit. Jetzt tritt der Meditierende in den lebendigen Strom des Denkens ein. Und kommt dabei zu völlig neuen Erkenntnissen, nicht nur inhaltlich, sondern vielmehr im Stil, im »Geschmack« könnte man sagen. Man tritt in eine neue Welt ein, die gleichzeitig völlig unbekannt und doch

vertraut ist.[57] Und das alles in vollem Selbstbewusstsein. Ich weiß von mir, ich erfahre mich selbst, nicht als Schatten, als egoistisches Gefühlswesen, sondern als reines Geisteswesen. Dieses Wesen ist reines Licht – und kann sich trotzdem von anderen Lichtwesen unterscheiden. Nicht durch äußere Merkmale, sondern durch die innere Kraft, die es in der vorherigen Konzentration der Aufmerksamkeit erworben hat.

Nehmen wir für eine Schilderung, wie sich ein solches Nachsinnen und Konzentrieren entwickeln kann, als Beispiel den schon erwähnten Satz von Kühlewind: »Die Aufmerksamkeit sucht sich selbst.«

1. Fangen wir mit dem Nachsinnen an. Verstehe ich den Satz? Ja, es scheint so. Wirklich? Was weiß ich zum Beispiel von meiner Aufmerksamkeit? Kenne ich sie? Hm. Eigentlich gar nicht. Sie fällt immer dann auf, wenn sie gerade weg ist, wenn ich nicht aufgepasst habe. Aufgepasst zwar schon, nur auf etwas anderes als auf das, worauf ich eigentlich achten wollte. Ich hörte jemandem zu, und plötzlich war ich weg: Meine Aufmerksamkeit war weg. Mein Gesprächspartner hat mir zum Beispiel etwas gesagt, was in mir eine Kette von Assoziationen ausgelöst hat. Ich habe vielleicht seine Stimme noch weiter gehört (vielleicht auch nicht), war aber innerlich ganz weit weg. Ich kann also meine Aufmerksamkeit absichtlich einem Thema widmen, sie kann aber auch unabsichtlich gekapert werden. Im Schlaf ist sie dann ganz

57 Ich habe etwas Ähnliches erlebt, als ich meine neugeborenen Kinder zum ersten Mal erblickte. Sie waren mir natürlich unbekannt, aber irgendwie doch vertraut. Aber das ist nur ein Gleichnis; der Eintritt in die Meditation ist anders. Man kann es sich nicht vorstellen. Nur erfahren.

weg. Wo ist sie zum Beispiel zwischen zwei Gedanken? Wie komme ich vom ersten zum zweiten? Was ist dazwischen? Nichts? Es scheint so. Zumindest nichts, womit ich mich auskennen würde. Etwas zwischen zwei Geformtheiten (zwei Gedanken) in einem formfreien Zustand. Welche Eigenschaften hat meine Aufmerksamkeit? Sie nimmt immer die Eigenschaften ihres Themas, ihres Objekts an. Sie selbst kann also keine eigenen Eigenschaften haben, sonst würden diese ihre Umwandlungsfähigkeit beeinträchtigen. Die Aufmerksamkeit verhält sich wie Licht: Sie beleuchtet alles, sie selbst ist aber unsichtbar. Sie nimmt die Form des beleuchteten Gegenstandes an, hat aber selbst keine Form. Alles, was ich je in meinem Bewusstsein hatte, war vorher durch meine Aufmerksamkeit beleuchtet, meine Aufmerksamkeit wurde eins damit. Übrig bleiben erstarrte, »gefrorene« Formen der Aufmerksamkeit. Das sind die Erinnerungen und auch die Emotionen. Die in Erinnerungen erstarrte Aufmerksamkeit kann ich relativ leicht »auftauen«, wieder denken. Die in Emotionen erstarrte Aufmerksamkeitsformen sind hingegen hartnäckig – bis dahin, dass sie in pathologischer Weise zwanghaft Macht über mich ausüben können. Alle psychischen Komplexe sind Formen der erstarrten Aufmerksamkeit. Eine Heilung muss sie auflösen – umformen reicht nicht. Die reine, freie Aufmerksamkeit ist wie Licht. Hat sie »Farben«? Hat meine Aufmerksamkeit eine andere Farbe als die aller anderen? Vielleicht. Es ist jedenfalls sehr paradox: Die Aufmerksamkeit selbst kann keine Eigenschaft haben, darum kann sie alle annehmen, aber es gibt trotzdem individuelle Unterschiede in der Aufmerksamkeit. Eine musikalisch geschulte Aufmerksamkeit nimmt zum Beispiel Musik ganz anders wahr als eine ungeschulte. Vielleicht könnte man es wirklich so sehen: Jeder Mensch färbt auf seine Art das universelle Licht der Aufmerksamkeit. Krank, unfrei wird allerdings die Aufmerksamkeit, wenn sie ihre Durchsichtigkeit einbüßt. Die totale Verdunkelung der Aufmerksamkeit wäre der Tod des Seelenlebens. Die perfekte Aufhellung wäre die Erfüllung des Menschseins. Das wäre die eingelöste Erlösung.

Ich wende mich nun dem nächsten Wort zu: sucht. Was bedeutet *suchen*? Ich kann zum einen etwas Bekanntes suchen. Zum Beispiel verliere ich meinen Schlüssel im Wald. Ich gehe dann den Weg zurück, schaue nur noch auf den Weg, habe kein Interesse an anderem, was nicht meinem Schlüssel ähnlich sieht. Mein Blick ist dann verengt. – Ich kann zum anderen aber auch etwas mir Unbekanntes suchen. Wie den Sinn meines Lebens. Oder, um im Bild zu bleiben, die einzigartige Stimmung des Waldes, in dem ich mich befinde. Dann muss sich mein Blick weiten. Aber wenn ich etwas Unbekanntes suche, woher weiß ich dann, dass ich es gefunden habe? Schon wieder ein Paradoxon. Das ist ähnlich wie bei der Traumdeutung. Woher weiß der Pharao, dass Josephs Deutung seines Traumes richtig ist, die aller anderen Traumdeuter aber falsch waren? Die Antwort ist ziemlich einfach: Er selbst muss die richtige Deutung von vornherein »gewusst« haben, ohne sie sich bewusstmachen zu können. Joseph hilft ihm nur, den Schleier vor seinen Augen wegzuziehen.[58]

58 Im Roman von Thomas Mann *Joseph und seine Brüder* (Kapitel *Joseph hilft als Deuter*) erklärt Joseph seinen zwei hochrangigen Mitgefangenen, die ihre Träume nicht deuten können und der Zeit nachtrauern, wo sie noch eigene Traumdeuter hatten: »Im Grunde aber und von Natur ist jedermann seines Traumes Deuter, und nur

Vielleicht könnte es mit so etwas wie dem Sinn des Lebens ähnlich sein: Wenn ich ihn finde, erkenne ich ihn. Wobei man ihn nicht in der gleichen Art finden kann wie einen Schlüssel. Es geht vielmehr um eine Richtung. Ich weiß manchmal, ob mein Leben in die richtige Richtung läuft oder nicht. Ich finde sie eigentlich, ohne zu suchen. Suchen ist wie eine Frage. Ich weiß, dass mir etwas fehlt. Und wenn ich das finde, was diesen Mangel behebt, erkenne ich es. Woran? Das weiß ich nicht. Eigentlich ist diese ganze Übung, die ich gerade mache, eine solche Suche. Ich gebe die Richtung vor, hoffe aber, zu ganz neuen Erkenntnissen zu kommen, weiß also nicht, was ich suche. Ich kann abgelenkt werden, aber auch den Unterschied erkennen, ob ich gerade einen Gedanken habe, der einen neuen Aspekt in meiner Suche darstellt, oder ob ich nur eine Assoziation habe, die nichts Neues beiträgt. – Warum werde ich überhaupt so oft abgelenkt? Welche Interessen und Hintergedanken mischen sich in die reine Suche ein? Suche ich wirklich nur die Wahrheit, ohne Hintergedanken? Falls ja, dann werde ich irgendwann fündig. Sonst bleibe ich ir-

aus Eleganz läßt er sich mit der Deutung bedienen. Ich will euch das Geheimnis der Träumerei verraten: die Deutung ist früher als der Traum, und wir träumen schon aus der Deutung. Wie käme es auch sonst, daß der Mensch es ganz wohl weiß, wenn der Deuter ihm falsch deutet, und daß er ruft: ›Pack dich, du Stümper! Ich will einen anderen Deuter haben, der mir Wahrheit deutet!‹ Nun denn, versucht es mit mir, und wenn ich stümpere und euch nicht nach dem eigenen Wissen deute, so jagt mich davon mit Schimpf und Schande!« Wonach sich der Mundschenk, dessen Traum seine baldige Begnadung ankündigt, sofort dafür entscheidet, seinen Traum zu erzählen. Der Oberbäcker hingegen, dessen Traum seinen Tod voraussagt, zögert. Was eben auch zeigt: Die beide »wissen« es schon – und doch nicht.

gendwo stecken, wie die älteren Brüder in einer Bergschlucht im Märchen *Das Wasser des Lebens.*[59]

Der nächste Ausdruck im Satz ist: *sich selbst.* Was bedeutet dieser Selbstbezug? Nehmen wir an, ich schäme mich für irgendetwas. Ich habe zum Beispiel jemanden beleidigt, und nachträglich schäme ich mich. Das scheint wieder paradox zu sein: Wie kann ich mich für mich selbst schämen? Derjenige der ich jetzt bin, schämt sich für denjenigen, der ich war, als ich den anderen beleidigt hatte? Vielleicht liegt die Auflösung dieses Paradoxons in dieser Zweistufigkeit des Bewusstseins. Derjenige, der »mich« sagt, ist nicht der gleiche wie der, auf den er dieses »mich« bezieht. Der erste zeigt auf den zweiten – die beiden können also nicht identisch sein. Im Fall der sich selbst suchenden Aufmerksamkeit ist die Lage noch paradoxer. Es geht nicht nur darum, dass sie etwas sucht, was sie nicht kennt. Sie sucht etwas, das gar nicht existiert – bevor es gefunden wird. Die Aufmerksamkeit, die in der Begegnung mit sich selbst ihrer selbst gewahr wird, gibt es vorher nicht. Das ist das Paradoxon des wahren Ich. Man könnte es folgendermaßen verständlicher machen: Mein Alltagsich wird durch mein höheres Ich unbewusst inspiriert, seine eigene Quelle zu suchen. Wenn die beiden zusammenfallen: Dann BIN ICH.

Das sind nur Beispiele, wie ich mir über den Sinn eines Satzes und seiner Worte Gedanken gemacht habe. Klarerweise könn-

59 Siehe dazu mehr in: L. Böszörmenyi: *Das Wasser des Lebens*, in: *Gegenwart* 3-4/1997 – www.itec.aau.at/~laszlo/Antro/Wasser_des_Lebens.pdf

te das je nach Hintergrund mehr oder weniger und auch ganz anderes sein. Wichtig ist, dass das Nachsinnen konzentriert geschieht, aber ohne sich dabei zu verkrampfen – spielerisch, so wie Kinder und Künstler spielen. Sollten wir abgelenkt werden, so kehren wir zum Thema zurück.

2. Für die zweite Phase, das Zusammenziehen, wähle ich nun den Ausdruck »sich selbst« oder vielleicht nur das Wort »sich«. Wer kann »sich« sagen? Wer das sagt, muss jemand sein. Vielleicht ist es gar kein Zufall, dass das Wort *sich* dem Wort *Ich* so ähnlich ist. Solange ich auf etwas anderes zeige, zeige ich nicht auf mich. Wenn ich sage: Ich bin dies oder das, ich bin mal so und mal so, dann zeige ich auf Eigenschaften von mir. Wer ist es aber, der auf diese zeigt? Das bin ja erst recht ich. Solange ich mich irgendwo draußen suche, finde ich mich nicht. Georg hat gerne den Zen-Spruch zitiert: »Er sucht den Ochsen, auf dem er reitet.« Ich kann mich ja gar nicht suchen. Ich kann mich nur finden, wenn der Suchende und der Gesuchte eins werden, wenn das Ich in sich, ohne Stütze besteht. Üblicherweise schlafe ich, wenn meine Aufmerksamkeit leer ist, kein Objekt hat. Wenn die Aufmerksamkeit sich selbst findet, finde ich mich selbst und bleibe dabei wach. Mein wahres Ich ist die Aufmerksamkeit, die in sich selbst besteht, keine Objekte braucht und nichts mehr sucht. Es ist sich selbst begegnet und hat sich damit wie neu erschaffen und tut das fortwährend. Nicht nur für einen unbemerkbaren Augenblick. Wie lange? Lang genug, dass ich es bemerken, erleben kann.

3. Die Konzentriertheit kann hier eine solche Intensität erreichen, dass ich plötzlich aufhöre zu denken – aber ohne aufzuhören, da zu sein, wach zu sein. Ich brauche keine Worte mehr, keine Formulierung. Die Aufmerksamkeit

wird zu einer kontinuierlichen, lebendigen Erfahrung. *Das ist* Meditation. Wie fließendes Wasser, wie ein Strom.[60] Die Intensität der Aufmerksamkeit kann noch weiter steigen. Dann wird sie wie Feuer, sie wird zur vertikalen Feuersäule des Ich. Diese Erfahrung dauert. Ich weiß nicht wie lange, so etwas misst man nicht mit der Uhr. Weil die Erfahrung selbst zeitlos, ewig ist. Und wenn ich sie nach der Rückkehr ins Alltagsbewusstsein beschreiben will, dann sage ich mir vielleicht mit den gleichen Worten, aber mit einem ganz anderen Verständnis: Die Aufmerksamkeit sucht sich selbst.

In kann nicht sagen, wie man in diese Phase des Loslassens eintritt. Wenn ich sage: »Plötzlich höre ich auf zu denken«, dann bedeutet das, dass ich es zulasse, dass die *Kraft* des Denkens in mir, in meiner Seele frei strömt. Rudolf Steiner drückt diese Erfahrung so aus: »Nicht ich denke bloß, sondern es denkt in mir; es spricht das Weltenwerden in mir sich aus; meine Seele bietet bloß den Schauplatz, auf dem sich die Welt als Gedanke auslebt.«[61] Ab diesem Punkt mache ich die Übung nicht mehr allein; ich erhalte Hilfe von oben. Diese Hilfe anzunehmen, das braucht Mut und Vertrauen. Man könnte meinen, man verliere seine Freiheit, wenn das Denken wie von außen getragen wird. Das Gegenteil ist der Fall: *Das* ist der Akt der absoluten Freiheit. Ich werde vom Strom des »Weltenwerdens« nicht mitgerissen wie ein vom Baum gefallenes Blatt, sondern ich lerne, darauf zu gehen. Oder anders: Der Eintritt in diesen von beiden Seiten getragenen Prozess ist eine Einladung zu einem Gespräch. Oder zu einem gemeinsamen Gesang.

60 »Ich empfinde mich denkend eins mit dem Strom des Weltgeschehens.« R. Steiner: *Die Schwelle der geistigen Welt*, GA 17.

61 Ebenda.

b) Bildmeditation

Die oben beschriebene Textmeditation hat zu einer *Imagination*[62] geführt: zu jener der Feuersäule, die Mose in der Nacht leuchtete, »dass er den rechten Weg geführt werde«. Gleich im Voraus: Die glücklichste Art einer Bildmeditation ist es, wenn uns durch eine Textmeditation ein entsprechendes Bild erscheint. Wie zum Beispiel durch die intensive Erfahrung der sich selbst begegnenden Aufmerksamkeit – was gleichbedeutend ist mit der Erfahrung des sich selbst begegnenden Ich – ein Bild der Feuersäule erscheinen kann, als bildhafter Ausdruck der aktuellen Erfahrung. Dann führt uns die Textmeditation direkt in eine Bildmeditation hinüber.

62 Rudolf Steiner nennt oft die drei höheren Bewusstseinsstufen: Imagination, Inspiration, Intuition. Zum Beispiel in *Stufen der höheren Erkenntnis*, GA 12. Der Ausdruck Imagination führt bei manchen Leuten zu Missverständnissen: Sie verwechseln dies mit erhöhter Fantasietätigkeit. Siehe dazu: L. Böszörmenyi: *Imagination oder Einbildung?*, – www.itec.aau.at/~laszlo/Antro/Imagination.pdf, erschienen in verkürzter Form in: *Das Goetheanum* Nr. 30/31 vom 23. Juli 2011. Sowohl Steiner als auch Kühlewind haben das Wort *Intuition* in doppeltem Sinne benutzt: manchmal im obigen Sinne, also für die Bezeichnung der höchsten der drei Stufen, aber auch im üblichen Sinne des intuitiven Denkens. Was wiederum bei manchen Leuten zum Missverständnis geführt hat, Kühlewind hätte die unteren zwei Stufen übersprungen und sei gleich zur Intuition (im Sinne von GA 12) hinaufgesprungen. Das stimmt natürlich nicht, er nannte die Stufe der Imagination aber lieber die Stufe der lebendigen, ewigen Gegenwart – und ähnlich. Es sollte uns klar sein, dass Bezeichnungen von Stufen auf bemerkbare Unterschiede in der Qualität und Intensität der Erfahrung hinweisen. Man könnte auch andere, feinere Unterscheidungen treffen – Hauptsache, sie kommen aus eigener Erfahrung und bleiben keine abstrakten Kategorien.

Es könnte aber sein, dass wir einem Bild begegnen (mit Worten beschrieben wie in der Bibel oder auch gemalt oder bildhauerisch gefertigt), das uns ein Rätsel aufgibt, ähnlich wie ein Meditationssatz. Ähnlich, aber noch unverständlicher. Und der bildhafte Charakter deutet darauf hin, dass uns das gewöhnliche Denken nicht allzu lange wird helfen können.

Wir fangen trotzdem auch hier mit dem Denken an – weil das die hellste Bewusstseinsfunktion des modernen Menschen ist und er sehr leicht ins Fantasieren verfällt, wenn er nicht vom Denken ausgeht. Es geht in der Bildmeditation nicht darum, ein Vorstellungsbild so reich wie möglich auszuschmücken, sondern darum, in die Bewusstseinserfahrung einzutreten, deren Ausdruck das Bild ist. Also ähnlich, wie wir in der Textmeditation zum Sinn des Satzes ohne Worte kommen, kommen wir in der Bildmeditation zum Sinn ohne Bild. Jede Meditation löst die Formen auf und führt zum lebendigen Sinn, der im Ausdruck in eine Form geronnen ist. In der Textmeditation verschwinden letztlich die Worte, in der Bildmeditation das Bild. Die Bildmeditation hat allerdings nur zwei Phasen. Das Nachsinnen ist hier genauso wichtig wie bei der Textmeditation. Das Zusammenziehen in ein Wort (bzw. in einen Teil des Bildes) entfällt meistens, das Bild ist schon – in der Regel – zu Beginn eine Einheit.

Zum Bild der Feuersäule fange ich also an, mich zu fragen: Was ist Feuer? Auch schon das äußerliche Feuer ist sehr rätselhaft. Tiere haben Angst davor oder werden von ihm magisch angezogen und verbrennen in ihm. Der Mensch kann aber mit Feuer umgehen. In der griechischen Mythologie hat Prometheus, der Titan, das Feuer von den Göttern gestohlen und den Menschen geschenkt – wofür er hart bestraft wurde. Was sagt das? Wollten die Götter nicht, dass der Mensch das Feuer erhält? Oder nur nicht so schnell? Eigentlich sind alle Elemente rätselhaft, Erde, Wasser, Luft und Feuer. Woher kommen sie? Wenn sie kein Zufallsprodukt sind, was wiederum sehr schwer anzunehmen wäre, dann sind auch sie göttliche Schöpfungen. Der Mensch könnte ohne diese Elemente nicht leben. Er braucht sie in seiner Umgebung und trägt sie in seinem Körper. Sie alle haben im äußeren Sinne sowohl eine belebende als auch eine zerstörerische Seite. Sie haben ganz unterschiedliche Qualitäten. Als wären sie von unterschiedlichen göttlichen Wesen erschaffen. Kann ich mich mit diesen Qualitäten innerlich, erkennend verbinden? Wenn ich eine Büroklammer betrachte, werde ich – d.h. meine Aufmerksamkeit – kurz zur Büroklammer. Könnte ich auch zu Erde, Wasser, Luft und Feuer werden?

Wie ist Feuer? Erde, Wasser, Luft sind immer da. Sie sind Wohnstätten verschiedener Wesen. Feuer ist nicht immer da. Entweder entsteht es durch einen Blitz oder es muss vom Menschen entfacht werden. Verbrennungsprozesse sind allerdings sowohl in der Tiefe der Erde als auch in den lebendigen Organismen immer da. Die Erde liegt meist still – außer in Vulkanen. Wasser liegt oder fließt parallel zur Erdoberfläche. Feuer aber strebt nach oben. Richtet sich auf, so wie der Mensch. Sucht es vielleicht die Sonne, die Urquelle des Lichtes und der Wärme? Feuer erwärmt und beleuchtet. Wie die Sonne. Wenn ein Mensch der Wahrheit und der Liebe fähig ist, hat er eine innere Quelle, eine innere Sonne. Feuer muss aber genährt werden. Sonst erlischt es. Früchte der Erde, Wasser, Luft ernähren uns, halten uns am Leben. Das Feuer müssen wir nähren. Kann es auch uns ernähren? Die Menschen bereiten ihr Essen seit jeher mit Hilfe des Feuers zu. Kann uns Feuer auch unmittelbar ernähren? Im ungarischen Märchen *Der himmelhohe Baum* verkommt das kleine Fohlen, das Bild der menschlichen Seele, solange es Gras und Heu als Futter bekommt. Sein richtiges Futter ist »brennende Glut«. Feuer als Futter der Seele? »Brennt« aber nicht auch unser Herz, wenn wir begeistert sind? Die Jünger erkennen den auferstandenen Herrn gerade daran: »Und sie sagten zueinander: Brannte nicht unser Herz, als er unterwegs mit uns redete, als er uns die Schriften aufschloss?« (Lk 24, 32). Was ist eine Liebe wert, die nicht brennt? Und Johannes der Täufer sagt vom Herrn selbst, dass er mit Feuer taufen wird: »Ich taufe euch mit Wasser; es kommt aber einer, der stärker ist als ich; mir steht es nicht zu, ihm die Schuhriemen zu lösen. Er wird euch mit heiligem Geist und mit Feuer taufen.« (Lk 3, 16). Mit Feuer und heiligem Geist. Äußert sich der Heilige Geist als Feuer in unserer Seele? Das war gerade die Erfahrung der letzten Textmeditation: Wenn die Aufmerksamkeit kontinuierlich wird, dann wird sie zuerst zum lebendigen, fließenden Wasser. Und wenn sie noch intensiver wird, dann wird sie zur vertikalen Feuersäule, zum Bild des erwachten Ich. Ich wurde zuerst Wasser und dann Feuer.

Es wird langsam klar: Im biblischen Bild geht es nicht um äußere Wolken- bzw. Feuersäulen. Moses ist der erste Mensch, vom dem wir wissen, dass ihm Gott seinen Namen im brennenden Busch so geoffenbart hat: »Ich bin der Ich bin« (2. Mose 3,14). Von diesem Gott darf man sich kein äußeres Bild machen – man kann es gar nicht. Er ist eine innere Erfahrung. Eine Imagination ist eben kein Vorstellungsbild, sondern die bildhafte Beschreibung einer inneren Erfahrung. Die Ich-Erfahrung von Moses wird als Imagination der Wolken- bzw. Feuersäule ausgedrückt. Er wird durch diese geleitet. Nur das höhere Ich leitet uns »auf dem rechten Weg«. Gerade deshalb sind wir heute so unsicher und irren so viel umher. Uns zeigt keine innere Säule den richtigen Weg. Nur der dünne Faden des

Denkens steht uns noch als göttliche Verbindung zur Verfügung. Wenn sich in der Meditation das klare, reine Denken ins kontinuierlich erlebbare »Nicht-Denken« umwandelt[63], dann ist das zuerst eine Erfahrung wie die von fließendem Wasser, und nachher lodert in uns die Feuersäule des Ich auf. In diesem Zustand kennen wir keine Unsicherheit, keine Fragen und keine Zweifel.

Auch hier gilt, dass diese Gedanken nur Beispiele sind. Gedanken, die zu Treppen, zu Brücken zur eigentlichen Meditation werden können, zum Loslassen. Bei der Textmeditation lassen wir das letzte Wort los, der ganze Sinn des Satzes wird zu einer erlebbaren, fühlbaren Erfahrung. Der Sinn wird fühlbar. In der Bildmeditation ist es umgekehrt. Das Bild vermittelt von vornherein ein Gefühl, dessen Bedeutung uns zunächst verborgen bleibt. In der Textmeditation wird der Sinn fühlbar, in der Bildmeditation wird das Gefühl verständlich. Das lebendige und feurige Gefühl, aus dem das Bild stammt, wird zur unmittelbaren Erfahrung: Ich werde zum Feuer. Nach der Rückkehr können wir diese Erfahrung wieder beschreiben wie: Eine Feuersäule leitet mich »auf dem rechten Weg«. Oder einfach: ICH BIN.

63 Siehe G. Kühlewind: *Licht und Freiheit*, 83. und 84. Meditation: »Was wir suchen, ist nicht Denken, sondern Nicht-Denken, also ein Hinwenden zu der reinen Kraft der leer denkenden Aufmerksamkeit. Meditation ist, auch wenn sie die Aufmerksamkeit auf ein Thema richtet, Nicht-Denken. Wenn wir nicht-denken, ist das Denken unbewegt, ruhig, still, es arbeitet kontinuierlich, was dasselbe ist, wie wenn es still steht.«

Meditatives Lesen

Kühlewinds Lesen, besonders der Werke Steiners, aber auch vieler anderer spiritueller Texte – aus der Bibel, von Heraklit, Aristoteles, Platon, Thomas von Aquin und Massimo Scaligero bis hin zum Zen-Buddhismus –, und die Entdeckung der neuen Wege des praktischen Übens befeuerten einander gegenseitig. So wurde ihm klar, dass man sich mit – mit seinen Worten – »anspruchsvollen« Texten, wie die oben genannten, in ganz anderer Weise beschäftigen muss als zum Beispiel mit wissenschaftlichen Texten. Das klare, logische Denken ist eine Grundvoraussetzung, es reicht aber nicht aus. Solche Texte drücken Erfahrungen von Meditationen – auf unterschiedlichen Ebenen – aus. Wenn wir sie mit dem Alltagsverstand lesen – und sei es in seiner besten Art, also mit dem Verstand des Naturwissenschaftlers –, dann verpassen wir gerade das Wesentliche. Wer nicht Noten lesen gelernt hat, kann die Musik aus den Noten nicht herauslesen, da hilft keine Logik. Wer zum Beispiel Steiner lesen will, muss eine spezielle Art des Lesens – das meditative Lesen – entwickeln. Wenn man die vorher beschriebenen Übungen der Konzentration und Meditation einigermaßen beherrscht, kann man lernen, solche Texte meditativ zu lesen. Anstatt sie einfach durchzulesen und mit dem Alltagsverstand auf den Text zu reflektieren, muss man sie ganz langsam, unter Umständen von Satz zu Satz meditierend vertiefen. Auf diese Weise kommt man auf eine völlig andere Ebene des Verständnisses. Kühlewind hat dazu gerne auf ein Bildmotiv aus dem Mittelalter hingewiesen: Man sieht einen lesenden Heiligen, das Buch ist offen in seinen Händen, sein leicht lächelnder Blick ist aber nicht auf das Buch, sondern etwas seitlich gerichtet, bei manchen Darstellungen sind die Augen auch geschlossen – er meditiert über das gerade Gelesene. Man könnte meinen, auf diese Weise lese man extrem langsam. Das stimmt aber nur teilweise. Kühlewind hat durch seine meditative Art das Wesentliche aus den »anspruchsvollen« Texten herausgelesen, deshalb war sein Lesen viel effizienter als die schnelle, oberflächliche Art. Nicht, dass er das angezielt hätte: Es ging ihm nicht um Effizienz, sondern nur um das tiefe Verständnis. Es soll trotzdem erwähnt sein, dass er auf diese Art des Lesens wohl einer der gebildetsten Menschen seines Jahrhunderts wurde – nur so nebenbei.

Als ich in meinen jungen Jahren begonnen hatte, die Bücher von Steiner mit großer Begeisterung zu lesen, habe ich – nachträglich betrachtet – fast nichts davon richtig verstanden. Ich war begeistert von der Perspektive, die dadurch aufleuchtete; ich war stolz, vielleicht auch übermütig, Einblick in Geheimnisse zu erlangen, die den meisten verschlossen bleiben und verwickelte mich immer wieder in bittere und hoffnungslose Diskussionen mit materialistisch denkenden Kollegen und Freunden. Diese Diskussionen endeten fast immer mit meiner – wie ich heute sehe, völlig berechtigten – Niederlage und führten zu großer Müdigkeit und – so komisch das auch klingen mag – zu einem im wortwörtlichen Sinne bitteren Geschmack. Erst viel später habe ich begriffen: Ich hatte mir eingebildet, große, angelesene Weisheiten als meine eigenen anzusehen und war beleidigt, dass die anderen davon nicht beeindruckt wurden. Wie dankbar ich heute diesen damaligen »Gegnern« bin. Sie haben mir geholfen einzusehen: Ich habe mich selbst belogen. Man sollte sich nicht mit fremden Federn schmücken, und noch weniger mit den Weisheiten anderer prahlen. Erst durch die Bekanntschaft mit Kühlewind habe ich allmählich begriffen: Es geht nicht um Wissen, sondern um Können. Wenn ich

Mit Ani und den Töchtern Mari und Anna im Jahre 1954

alle Weisheiten der Welt, die in Büchern stehen, gelesen habe, nützt mir das noch immer nichts. Ich muss mich selbst ändern, ich muss mich dazu befähigen, Weisheit aufzunehmen. Sonst bewirkt die »ausgeliehene« – um nicht zu sagen gestohlene – Weisheit nichts Gutes in mir, im Gegenteil, sie macht mich früher oder später krank. Die großen spirituellen Lehren wurden uns nicht dazu gegeben, um sie zu lernen, sie zu zitieren, uns damit zu zieren – sondern ausschließlich dazu, um uns zu helfen, unseren eigenen Weg zu gehen. Sie sind eine Einladung, ihnen zu folgen, mit ihrer Hilfe in das Quellgebiet unserer geistigen Fähigkeiten – und damit in die gemeinsame geistige Welt – einzutreten. Wer stattdessen die Einladung selbst zerkaut und hinunterschluckt, wie Adam und Eva die Frucht des Baumes der Erkenntnis, hat nichts verstanden und hat sich belogen. Selbstbetrug beruht immer auf Selbstverliebtheit, und das ist das übelste, dümmste und gleichzeitig beliebteste

Mit Ani, Mari, Anna und Sohn István im Jahre 1965

Gift der Welt. Ehrlichkeit oder »Wahrhaftigkeit«, wie Steiner sie verlangt, bedeutet nicht nur, dass ich im Alltag nicht lüge, sondern, dass ich mich selbst – irregeleitet durch Eigenliebe, Selbstsucht, Überheblichkeit usw. – nicht belüge. Ich muss lernen, »die Wahrheit zu tun« – wie es bei Johannes heißt[64] und wie es im Titel des zweiten Buchs von Georg Kühlewind steht. »Die Wahrheit tun« bedeutet, in den lebendigen Prozess der ewigen Wahrheit, der *Aletheia*[65], einzutreten und darin zu verweilen. Dann kann ich Weisheit – vielleicht – adäquat

64 Joh 3, 17: »Wer aber die Wahrheit tut, der kommt zu dem Licht, damit offenbar wird, dass seine Werke in Gott getan sind.«

65 Aletheia: der Ausdruck des Evangelisten Johannes für Wahrheit, für das Nicht-Vergessen des ewigen Zeugen in uns, der von der Wahrheit zeugt. Siehe Kühlewind: *Das Gewahrwerden des Logos – Die Wissenschaft des Evangelisten Johannes*, Kap. *Charis und Aletheia*. Verlag Freies Geistesleben, Stuttgart 1979.

Im Jahre 1964

empfangen. »Die Weisheit lebt im Lichte«[66] – das ist eine der Grundmeditationen von Steiner.

Vom Umgang mit der Anthroposophie

Aus dieser Einstellung ergibt sich ein ganz neuer Umgang mit der Anthroposophie. Kühlewind hat die wichtigsten Züge dieses Umgangs erst in seinem 12. Buch (mit dem obigen Titel) zusammengefasst, hat ihn aber schon wesentlich früher praktiziert und dazu auch vieles publiziert.

Gleich am Anfang des Büchleins *Vom Umgang mit der Anthroposophie* stellt er fest: Studium bedeutet Lesen *und* Üben. Steiner bezeichnet das Studium als die erste Phase eines Schulungswegs. Viele glauben, diese bestehe aus Lesen. Küh-

66 Siehe R. Steiner: *Vorstufen zum Mysterium von Golgatha,* GA 152.

Um das Jahr 1974

lewind sagt ganz dezidiert: und Üben! Er geht auch auf das oft verwendete Argument ein: Um Steiners Werke zu verstehen, brauche man nicht zu üben, es reiche der »gesunde und unvoreingenommene« Menschenverstand. Steiner sagt: »Da muß immer wieder und wieder gesagt werden: Zum Forschen in der geistigen Welt, zum Aufsuchen übersinnlicher Tatsachen und Wesenheiten gehört, daß sich die Seele selbst dazu erziehe. Wenn aber von dem Geistesforscher, der in der richtigen Art in die übersinnlichen Welten eingedrungen ist, seine Beobachtungen richtig geschildert werden mit den Begriffen, welche der gesunde Menschenverstand hat und die einem richtigen Wahrheitsgefühle entsprechen, dann kann das, was der Geistesforscher schildert, von jedem Menschen, der sich nicht befangen machen läßt, auch in der richtigen Weise verstanden werden.«[67]

67 R. Steiner: *Ergebnisse der Geistesforschung, Berlin, 5.12.1912.* GA 62.

Wer würde dabei nicht gerne denken: »Na, einen gesunden und unbefangenen Menschenverstand werde ich wohl haben.« Habe ich das wirklich? Kann ein Menschenverstand gesund genannt werden, der nicht einmal wenige Minuten lang bei einem von ihm gewählten Thema ohne Ablenkung verweilen kann? Kann ein Menschenverstand unbefangen genannt werden, bei dem manche Reizworte immer die gleichen Gedanken und die gleichen Emotionen aufdrängen? Wohl nicht. Heißt das also, dass unser Alltagsverstand krank und befangen ist? Ja, genauso ist es. Darum hat Kühlewind in seinem sechsten Buch (*Vom Normalen zum Gesunden*) den Übungsweg so aufgebaut, dass am Anfang hygienische Maßnahmen stehen. Ein spiritueller Schulungsweg kommt gar nicht in Frage, solange wir es nicht schaffen, unsere kranke, schwache, zerstreute Aufmerksamkeit zumindest halbwegs zu heilen. Inzwischen zeigen übrigens zahlreiche Studien, dass die Konzentrationsdauer des heutigen Erwachsenen im Minutenbereich (wohl eher Sekundenbereich) liegt und immer kürzer wird. Man braucht dazu aber keine Studien zu lesen – es genügt, ein paar Mal die Konzentrationsübung zu machen, um die Schwäche der eigenen Aufmerksamkeit zu erfahren. Man hört es nicht gerne, dass man nicht gesund ist. Das zu erkennen, ist allerdings der erste und unvermeidliche Schritt zu einer Heilung.

In *Vom Umgang mit der Anthroposophie*[68] zeigt Kühlewind mit einer Reihe von Zitaten, dass Steiner das auch so gesehen hat. Hier sei nur ein wenig davon wiedergegeben: »Aber dieser gesunde Menschenverstand, der muß heute erst unter Mühe erworben werden, der ist heute nämlich nicht da …, der

68 G. Kühlewind: *Vom Umgang mit der Anthroposophie*, S. 42-43, Verlag Freies Geistesleben, Stuttgart 1991.

muß erst wiederum erworben werden ...«[69] Und Kühlewinds Kommentar dazu: »Da wird offensichtlich auf Übungswege hingedeutet. Was für Ansprüche in Bezug auf den gesunden Menschenverstand von Steiner gestellt werden, geht aus dem nächsten Text hervor.« Und es folgt wieder ein Steiner-Zitat: »Solange Sie den Glauben hegen, daß dasjenige, was da draußen ist [d.h. was man sieht], ein Äußeres ist, und was da drinnen ist [d.h. im Gehirnschädel], ein Inneres ist, so lange können Sie gar nicht zu dem kommen, was ich immer nenne: durch den gesunden Menschenverstand die geisteswissenschaftlichen Tatsachen einsehen; denn die geisteswissenschaftlichen Tatsachen kann man nur einsehen, wenn man zugrunde legt ein unbefangenes Anschauen.«[70] Anders gesagt: Mit »unbefangenes Anschauen« ist das monistische (also meditative) Erkennen gemeint, das dualistische Bewusstsein kommt »gar nicht dazu«. Es gibt Stellen, aus denen klar wird, dass Steiner das gehirnunabhängige Denken als »gesundes Denken« angesehen hat. Der heutige Erwachsene hat nicht einmal einen Ansatz, wie er »gehirnunabhängig« denken soll – wir haben keine unmittelbare Erfahrung über die Arbeit des Gehirns (außer beim Kopfweh). Wir können das Gehirn nicht direkt und willentlich ein- und ausschalten. Das Denken übrigens auch nicht.[71] Man kann es versuchen: Na, jetzt schalte

69 R. Steiner: *Menschliche und menschheitliche Entwicklungswahrheiten. Das Karma des Materialismus*, 26.6.1917. GA 176.

70 R. Steiner: *Soziales Verständnis aus geisteswissenschaftlicher Erkenntnis*, 18.10.1919. GA 191.

71 In Friedrich Dürrenmatts *Der Besuch der alten Dame* wird sehr humorvoll dargestellt, wie die alte Dame mit ihrem siebten oder achten Ehemann, einem Nobelpreisträger, vor den anderen angibt, indem sie ihn abwechselnd auffordert: »Denke! Denke nicht!«

ich mal mein Gehirn für paar Minütchen aus! Wie denn? Direkt geht das nie. Indirekt aber schon: Die Entwicklung des konzentrierten, gegenwärtigen Denkens führt gerade in diese Richtung. Wenn wir in der Meditation lernen, den Sinn eines Satzes zu erfahren, noch bevor er in Worte geronnen ist, dann wird der Denkprozess noch im lebendigen Zustand erfahren, bevor er im Gehirn angehalten, abgetötet wird.[72]

Es stellt sich die Frage: Wenn das so missverständlich ist, warum weist Steiner des Öfteren darauf hin, dass man seine Werke durch den – wie wir gesehen haben, *nicht* gegebenen – gesunden und unbefangenen Menschenverstand verstehen kann? Mir scheint der Grund klar zu sein. Wie es oben steht: »Wenn aber von dem Geistesforscher, der in der *richtigen* Art in die übersinnlichen Welten eingedrungen ist, seine Beobachtungen *richtig* geschildert werden mit den Begriffen, welche der gesunde Menschenverstand hat und die einem *richtigen* Wahrheitsgefühle entsprechen …«. Übersinnliche Erkenntnisse, die »in der richtigen Art« erworben und geschildert werden, sind nie unverständlich, unlogisch. Sie halten der Prüfung des gesunden Denkens stand – wenn man dieses hat. Darum beansprucht Anthroposophie zurecht die Bezeichnung »Geisteswissenschaft«, mit Betonung auf Wissenschaft. Anthroposophie erfüllt die Kriterien der Wissenschaftlichkeit; ihre Aussagen sind nachvollziehbar und falsifizierbar. Die notwendige gesunde Logik dazu muss aber der Leser schon selbst mitbringen. Aber das ist es ja eben, wie wir schon gesehen haben, womit es »am schlechtesten in der Gegenwart« bestellt ist. Wer eine wissenschaftliche Aussage im Bereich der

72 Siehe dazu mehr in *Mondenlicht – Sonnenlicht* vom Autor. Info3 Verlag, Frankfurt am Main 2020.

Physik oder Mathematik nachvollziehen will, muss dazu die Fähigkeit erwerben. Kenne ich mich in der Physik nicht aus, steht mir weder Ablehnung noch Anerkennung von Albert Einsteins Leistung in der Physik zu. Genauso ist es mit der anthroposophischen Geisteswissenschaft. Habe ich nicht gelernt »auf richtige Weise« – also meditativ – zu lesen, gilt das für Steiner-Texte genauso. Steiner sagt oft, dass die a priori-Ablehnung einer geistigen Welt ein großes Hindernis ist. Das stimmt ja auch. Aber die a priori-Anerkennung reicht nur für einen Beginn. Niemand wird anfangen, Geige spielen zu lernen, der davon überzeugt ist, dass es gar keine Geigen gibt. Aber die Anerkennung der Tatsache, dass es Geigen gibt und sogar Leute, die überraschenderweise himmlische Töne aus diesem mit ein paar Saiten bestückten Holz hervorzaubern können, macht mich selbst noch zu keinem Geiger. Noch nicht einmal zu einem verständigen Musikhörer, auch wenn ich mir das einbilde ...

Kühlewind geht in dem besagten Büchlein auch darauf ein, dass Steiner seine Werke in zwei ganz verschiedenen Stilen verfasst hat. Der eine Stil ist die Sprache der Bewusstseinsprozesse (wie *Wahrheit und Wissenschaft* und *Die Philosophie der Freiheit*), der andere bedient sich einer stark bildhaften Ausdrucksweise (wie *Theosophie* und *Die Geheimwissenschaft im Umriß*). Den Unterschied könnte man ironisch so formulieren: Die Werke im ersten Stil versteht man nicht, die im zweiten Stil missversteht man. Wenn man sie nämlich nicht meditativ liest. Oder noch einmal anders ironisch: Die Werke im ersten Stil führen zu endlosen abstrakten Diskussionen, die im zweiten Stil zu Schwärmerei und Fantasieren. Das klingt negativ – ich will aber nur darauf hinweisen, dass diese Werke für uns heutige Erwachsene zunächst nur sehr begrenzt zugänglich sind.

Wenn wir uns nicht belügen wollen, müssen wir den Übungsweg einschlagen, um Steiners Werke lesen zu können.

Helmut Goldmann (damals Generalsekretär der Anthroposophischen Landesgesellschaft in Österreich) hat einmal gesagt: »Ich habe von Kühlewind Steiner lesen gelernt.« Ich kann dem nur zustimmen. Damit will ich nicht sagen, dass ich das heute kann. Aber ich habe gelernt, wie sich durch eine vertiefte Art des Lesens der oberflächliche Sinn auflöst und sich ein tieferer Sinn aufschließt. Ganz besonders wertvoll sind die – erkannten – Nicht-Verständnisse. Wenn ich bei Steiner etwas finde, was ich gar nicht verstehe, freue ich mich darüber. Da ist etwas! Setz Dich hin, versuche es zu meditieren! Und wenn ich etwas finde, was ich offensichtlich verstehe, dann werde ich misstrauisch und alarmiert. Achtung, Missverständnis droht! Verstehst Du das wirklich? Die Antwort ist meistens: gar nicht. Nicht-Verständnisse können immer in ein Verständnis auf einer anderen Ebene umgewandelt werden. Bei Missverständnissen ist das allerdings viel weniger wahrscheinlich. Sie sind die nicht erkannten Nicht-Verständnisse. Wenn sie sich verfestigen, wird man sie nur schwer wieder los. Genau das ist das, was unserem Denken die Unbefangenheit nimmt. Unserem Fühlen übrigens auch, durch unsere Missverständnisse im Fühlen. Vermutlich ist das der Grund, warum Kühlewind seine Bücher praktisch ausschließlich in der Sprache der Bewusstseinsprozesse geschrieben hat. Ihm war es lieber, so meine starke Vermutung, nicht verstanden als missverstanden zu werden. Man könnte ironisch sagen: Das ist ihm gelungen. Es gibt viele Menschen, die ihn sogar als Vortragenden sehr gut verstehen konnten, aber denen seine Bücher als »zu schwierig« erschienen. Es gibt aber auch solche, die gerade diese Schwierigkeit als Erziehungsmethode zum Meditieren erkannt haben.

Begegnung mit Scaligero

In die Aufbruchszeit von Kühlewind fällt auch seine Bekanntschaft und Freundschaft mit Massimo Scaligero. Nach dem Glück eines wunderbaren Elternhauses und frühen Begegnungen mit hervorragenden Persönlichkeiten wie Kerényi und Bartók wurde ihm auch in seinen mittleren Jahren eine Begegnung mit einer außerordentlichen Persönlichkeit gegeben. Scaligero muss ein sehr origineller, tiefsinniger und hellsichtiger Mensch gewesen sein.[73] Georg hat einmal über ihn erzählt, dass er, nachdem er Steiners Buch *Wie erlangt man Erkenntnisse der höheren Welten?* gelesen hatte, anerkennend gesagt hat: »Ja, das stimmt alles.« »So sollte man solch ein Buch lesen«, fügte Georg an. Man sollte also vorher schon so weit kommen, dass man in einem solchen Buch die eigenen Erfahrungen wiedererkennt. Damals klang mir das völlig unmöglich. Heute erscheint es mir nicht mehr unmöglich – allerdings sehr weit entfernt.

Georg hat Scaligeros geisteswissenschaftliche Bücher gelesen, hat einige seiner Bücher ins Ungarische bzw. ins Deutsche übersetzt, als erstes das *Trattato* (*Traktat über das lebendige Denken*[74]). Damit hat er viele Jahre später eine kleine Bewegung für weitere Übersetzungen ausgelöst. Darüber berichtete die Reihe *Urphänomene* im ersten Band folgendermaßen:

73 Ich habe Scaligero leider nicht kennengelernt. 1979, anlässlich einer Reise nach Rom, hatte ich Georg nach Tipps gefragt, was ich dort unternehmen sollte. »Du könntest Scaligero treffen. Kannst Du Italienisch?« »Nein, nur ein wenig Latein.« »Französisch?« »Schlecht.« »Dann vergessen wir das«, winkte Georg ab. Hätte ich nur ein bisschen fleißiger Latein oder Französisch gelernt!

74 In der Übersetzung von G. F. Schulz ist das Buch 1995 unter dem Titel *Traktat über das lebende Denken* erschienen.

»Zur Entwicklung unserer Initiative ist folgendes mitzuteilen: Anfang 1981 berichtete Georg Kühlewind in einem Seminar im Studienhaus Rüspe über das geistige Wirken von Massimo Scaligero. Danach entstand die Initiative, das Werk Scaligeros im deutschen Sprachraum verfügbar zu machen. Hieraus ergab sich die Zusammenarbeit mit Georg Friedrich Schulz, der bereit war, dem hohen Anspruch einer wirklichkeitsgemäßen Übersetzung gerecht zu werden. So entstanden die Übersetzungen von ›Raum und Zeit‹, ›Die Logik als Widersacher des Menschen‹, ›Traktat über das lebende Denken‹ und ›Das Licht‹.«[75] Später sind noch weitere Übersetzungen entstanden, in mehrere Sprachen, darunter Deutsch und Ungarisch. Mit Karen Swassjan und Georg Friedrich Schulz hat Georg Kühlewind längere Zeit eng zusammengearbeitet. Die Zusammenarbeit mit Karen Swassjan hat später aufgehört.

In Budapest fand sich in den 60er-Jahren ein eigener Kreis zusammen, vorwiegend aus Ungarn und Italienern, die gemeinsam geisteswissenschaftlich gearbeitet haben. Es entstanden auch einige Beziehungen, sogar Ehen in diesem Kreis. Scaligeros Stil, seine vollständig meditative, lebendige Schreibweise hat sicherlich einen großen Einfluss auf Georg gehabt. Ich fühle mich nicht dazu berufen, über diese außergewöhnliche Begegnung kompetent zu berichten. Es gibt aber einen Aspekt, über den ich kurz berichten möchte, weil er mir besonders wichtig und schön erscheint. Georg hat sich irgendwann inhaltlich und methodisch von Scaligero abgewendet. Er war mit einigen seiner Ideen nicht einverstanden, fand sie vermutlich

75 Karen Swassjan und Georg Friedrich Schulz (Hrsg.): *Auftakt. (Urphänomene – Denkschriften für Hinschauende* Nr. 1), Verein zur Förderung der Geisteswissenschaft, 1994.

in gewisser Hinsicht nicht ganz rein, nicht ganz durchleuchtet. Das hat ihre Freundschaft aber nicht beeinträchtigt. Georg hat über Scaligero immer nur sehr liebevoll gesprochen. Sowohl während Scaligeros Lebzeiten als auch nach seinem Tod. Einen anderen Menschen zu lieben, ist etwas ganz anderes, als mit ihm in allem einverstanden zu sein. Die Liebe steht höher oder, wenn man so will, wohnt tiefer in der Seele. Man muss sich von seinen Meistern lösen, aber man muss sich nicht gegen sie wenden. Im Gegenteil: Die Schwächen, die wir an jemandem erkennen, können ihn besonders liebenswürdig machen.

Am letzten Tag des letzten seiner regelmäßigen Seminare in Baruth bei Berlin hat Georg darüber gesprochen, wie man eine Äußerung eines Menschen bis zur Wurzel zurückverfolgen, wie man bis zum Ich »hinaufklettern« kann. Es gebe Menschen, bei denen das besonders leicht gehe. Er zählte dazu drei große persönliche Beispiele auf: Béla Bartók, Karl Kerényi und Massimo Scaligero. Er sprach mit sehr viel Liebe und Verehrung über diese Menschen, die ganz unterschiedliche, sehr ausgeprägte Individualitäten waren. Über Scaligero sagte er:

»Bei Scaligero war es gar nicht das Sprechen, wodurch man so hinaufklettern konnte zu ihm. Wenn er einen Vortrag gehalten hat, das war Schauspiel, das konnte er sehr gut. Aber für mich waren die Gespräche zu zweit so; und eigentlich auch da nicht [durch] das, was er gesagt hat, sondern was mir auch dann, als er gestorben ist, so gefehlt hat. Gestern habe ich über die Unwiederholbarkeit oder das Nie-wieder gesprochen, wenn ein Mensch stirbt. Und bei ihm, was mich bei seinem Tod so berührt hat, das waren gar nicht die Gedanken. Gedankengut, das ist alles in den Büchern drin, und er war viel besser in den Büchern als im Gespräch. Seine Bücher sind ganz großartige eigene geistige Forschungsergebnisse. Aber im Persönlichen, wo zumindest ich ihn so ganz fühlen konnte, das war die Art, *wie* er sprach oder *wie* er blickte. Das Gespräch begann so: Ich kam hinein – Via G. Cadolini 7, Rom. Er macht die Tür auf: ›Oh, Giorgio‹, führt mich hinein, setzt sich in seinen Stuhl hinter seinen Schreibtisch, ich vor ihm. Und jetzt guckt er mich an: So. Ein bisschen von unten. Er greift nach seiner Zigarre, schneidet sorgfältig die Spitze mit einer unnachahmlichen Gebärde, steckt die Zigarre in den Mund und zündet sie an, und jetzt blickt er auf mich und sagt: ›Na, was hast du?‹ So ungefähr. ›Was bringst du heute?‹ Das war alles. Dieser Blick und diese Zigarre. Das fehlt mir. Nicht seine Weisheit. Das ist alles in den dreißig Büchern zu finden. Aber dieser Blick! Es ging weiter. Es war auch fast immer ein kleines Schauspiel dabei, was bei Bartók nie war. Aber das macht nichts, das machte nichts. Das gehörte zu der Sache. Das war eine Äußerung, durch die man bis zu seinen Wurzeln nach oben hingelangen konnte. Wie er etwas, was dann gesagt oder geschrieben wird, wie er das heruntergeholt hat. Das konnte man an seiner Gebärde, wie er seine Zigarre angezündet hat, ebenso sehen. Das war eindeutig. Vielleicht noch eine eindeutigere Sprache, als was erklungen ist ...«

Und etwas später fügte er noch dazu: »Ich kann nicht sagen, wie Scaligero war. Ich kann nur Geschichten erzählen, wie er sich gezeigt hat. Ich kann nur erzählen: Er hatte einen sehr großen Humor und lachte gern, und manchmal kugelte er sich auf dem Fußboden vor Lachen. Ohne seine Würde zu verlieren – was gar nicht so einfach ist. Ich hab' ihn zweimal so gesehen, wie er sich vor Lachen kugelte. Das hat meiner Verehrung keinen Abbruch getan.«[76]

76 G. Kühlewind, *Melodie und Stille*, Verlag Freies Geistesleben, Stuttgart 2009, S. 173 f. (Man beachte, dass es sich um eine Nachschrift von Gesprochenem handelt.)

Übungsgruppen und Reisen

Im kommunistischen Ungarn hat in Budapest ein kleiner, aber sehr feiner anthroposophischer Zweig in der Illegalität gearbeitet. So etwas war zwar nicht explizit verboten, aber von den Machthabern stark »unerwünscht«; deshalb hat man sich in Privatwohnungen getroffen. Es gehörten hervorragende Leute zu diesem Kreis. Trotzdem konnten nur wenige dem feurigen Geist von Georg folgen. So hat er sich von diesem Zweig immer mehr entfernt und seine eigenen Kreise gegründet.

Er hatte einen enormen inneren Aufstieg in völlig neue Erfahrungsbereiche erlebt und wollte diese mit anderen teilen. Er hatte dabei keinerlei persönliche Absichten – außer anderen zu helfen, den Weg der inneren Schulung selbst gehen zu können. Diese Bemerkung ist unnötig für alle, die ihn gut gekannt haben. Da aber diese Art Selbstlosigkeit, wie Kühlewind sie praktiziert hat, vielen Menschen ungewohnt oder ganz unbekannt ist, muss man diese Bemerkung machen. Eigentlich würde man meinen, dass alle Menschen, die spirituellen Bewegungen folgen, selbstlos sein müssten. Das ist aber leider nicht so. Die Egoität und Selbstliebe gehen oft sehr gut getarnte Wege. Es ist kein Zufall, dass Steiner die Begegnung mit unserer Selbstliebe, mit dem Wesen, das uns bis dahin durch unsere egoistische Illusion verschleiert war, als eine der ersten Erfahrungen an der Schwelle der geistigen Welt beschreibt.[77] Wer die schmerzhafte – um nicht zu sagen ekelhafte – Begegnung mit seinem eigenen egoistischen Wesen erlebt und dadurch den Unterschied zwischen Egoität und Selbstlosigkeit in grellem Licht erblickt, sieht auch die wahre Selbstlosigkeit

77 Siehe dazu zum Beispiel R. Steiner: *Die Geheimwissenschaft im Umriß*, GA 13, Kap. *Die Erkenntnis der höheren Welten.*

bei anderen in hellem Licht.[78] Kühlewind war kein ständig lächelnder »Gutmensch«, er war streng und bis zur scheinbaren Unfreundlichkeit ehrlich[79] – aber wahrlich selbstlos.

Ab Herbst 1978 war ich regelmäßiger Teilnehmer an wöchentlichen Treffen bei Georg zu Hause. Es waren 15 bis 20 Leute dabei, aus allen Altersgruppen und Berufen. Die Mehrzahl waren jüngere Leute um die 30 (ich war mit 29 einer der Jüngsten), einige Teilnehmerinnen, wie zum Beispiel Anis Mutter, waren schon recht betagt. In den ersten Jahren haben wir in diesem größeren Kreis noch nicht gemeinsam geübt. Es wurde aber selbstverständlich erwartet, dass die Teilnehmer das zu Hause tun. Täglich. Das haben natürlich nicht alle getan, ich auch nicht. Bei mir hat es Jahre gedauert, bis ich verstanden habe, dass auch ich das tun sollte. In meiner jugendlichen Arroganz war ich davon überzeugt, dass ich so etwas nicht nötig

78 Hier könnte natürlich die Frage an den Autor entstehen: Hast du das selbst erlebt? Ja, das habe ich. Ob das das gleiche ist, was Steiner meint, ist immer schwer zu sagen. Ich glaube, dass es gar nicht so wenig Menschen gibt, die sich selbst (ihr Ego-Wesen) manchmal mehr oder weniger illusionslos betrachten können. Das ist tatsächlich nicht schön und nicht leicht und man kann es nur dann aushalten, wenn man gleichzeitig zumindest den kühlen Wind des höheren Ich erlebt. Es ist die Kraft aus dem höheren Ich, aus dem wahren Selbst, die uns unser egoistisches Wesen ertragen lässt – und dessen Umwandlung in die Wege leitet.

79 Viele, die ihn kannten, können bestätigen, dass ihm Schmeichelei und dergleichen völlig fremd waren. Wer von ihm gelobt werden wollte, konnte lange warten. Und wer ihn gelobt hat, ist bei ihm wie von einer Wand abgeprallt. Sind wir so verlogen, dass eine derart ehrliche, gegen Konventionen verstoßende Haltung als merkwürdig, ja sogar als unfreundlich empfunden wird?

hätte.[80] Ich habe Georg zwar mit großer Begeisterung zugehört, es blieb aber doch eine gewisse Skepsis in mir, ob das alles stimmt, was er erzählt. Erst durch das regelmäßige Üben sind die mir bis dahin unbekannten, von den gewöhnlichen qualitativ unterschiedlichen Bewusstseinserfahrungen langsam zugänglich geworden. Durch die Anwesenheit seiner Person habe ich seine Aussagen zwar nie als nur abstrakt wahrgenommen, aber lebendig geworden sind sie erst dank des Übens.

Georg hat also in diesem Kreis donnerstags ab 20 Uhr ca. zwei Stunden lang aus seiner aktuellen Arbeit berichtet. Mit einer Tiefe und Lebendigkeit, die mir völlig unbekannt war. Als ich mich an diesen Kreis anschloss, hatte ich einige seelische Qualen des Erwachsenwerdens. Ungefähr nach einem Jahr fiel mir wie zufällig auf, dass diese Stimmungen fast vollständig verschwunden waren. Da habe ich erstmals erfahren, dass geistige Arbeit heilt. Ohne darüber ein einziges Wort verlieren zu müssen. Wieso das so ist, darüber noch später (Kapitel *Spirituelle Psychologie*)[81]. Vor dem »großen« Treffen fand um 19 Uhr eine gemeinsame Übung in einem ganz kleinen Kreis mit vier bis fünf Leuten statt.[82] Ich wusste davon anfangs nicht; als ich davon erfuhr, bat ich um Erlaubnis, daran teilzunehmen. Später wurde auch in der größeren Gruppe immer mehr gemeinsam meditiert. Georg gab ein Thema vor (meistens einen Satz,

80 Vielleicht stimmte das damals sogar bis zu einem gewissen Grad. Die Jugend ist oft in einem noch halbwegs gesegneten Zustand – der aber meist schnell vergeht.

81 Siehe dazu: G. Kühlewind: *Das Leben der Seele zwischen Überbewußtsein und Unterbewußtsein – Elemente einer spirituellen Psychologie*, Verlag Freies Geistesleben, Stuttgart 1986.

82 Ani, Georg, Gábor Lack und Ervin Fenyő waren ständige Teilnehmer.

manchmal ein Bild oder eine Zen-Geschichte), und wir vertieften uns 10–20 Minuten lang darein. Anschließend wurde über die Übung berichtet. Nicht immer von allen, aber die meisten Leute haben sich zu Wort gemeldet. Je geübter wir als Gruppe wurden, umso intensiver wurde die Arbeit. Die stillen Phasen wurden immer länger und tiefer, die Worte immer weniger. Unnötiges Geschwätz verschwand von selbst. Wir hätten uns dafür geschämt. Es kam natürlich immer wieder vor, dass bei der Besprechung der Übung manche von uns unfertige, nicht wirklich reife Erfahrungen mit übertriebenem Eifer erzählt haben. Georg hat für so etwas keine Zustimmung signalisiert, hat aber auch niemanden gerügt. Er hat offensichtlich darauf vertraut, dass wir irgendwann selbst darauf kommen werden. Hat aber jemand tatsächlich aus einer tiefen inneren Erfahrung berichtet, dann leuchtete in seinen Augen eine solche Freude auf, dass das mehr Wert hatte als irgendeine äußerliche Bestätigung.

Georg war sehr viel unterwegs, bestand aber darauf, dass wir uns auch ohne ihn treffen und arbeiten. Das stieß bei manchen auf Unmut. Nicht ganz zu Unrecht: Ohne Georg waren wir oft ratlos. Noch schlimmer: Es sind manchmal theoretische, intellektualistische Diskussionen ausgebrochen, die natürlich nicht weiterführten. Trotzdem waren diese Zusammenkünfte sehr wichtig. Sie haben uns einerseits mit den eigenen, beschämenden Schwächen besonders klar konfrontiert, und haben uns andererseits immer selbstständiger gemacht.

Das betrifft ein Kernproblem der ganzen anthroposophischen Bewegung: ihre Fixierung auf Steiner als Respektsperson. Solange Steiner da war, konnte man sich sehr gut auf ihn verlassen – obwohl er selbst sich ausdrücklich dagegen ausgesprochen hatte. Seitdem er nicht mehr da ist, gibt es viele Anthroposophen, die sich in den Fragen des Lebens auf ihn beziehen und in kritischen Situationen alles dafür geben würden, wenn sie nur wüssten, was Steiner jetzt sagen würde. Man sollte aber bedenken: Das ist gerade das Wichtigste bei einem spirituellen Weg, dass man dabei selbstständig – SELBST – wird. Wer auf einem solchen Weg gehen will, muss frei werden. Auch von seinen geliebten Meistern.

Darum hat Georg jeden Versuch, aus ihm eine Art »Guru« zu machen, mit großer Strenge abgelehnt. Der Mensch in der Zeit der Bewusstseinsseele muss sein eigener Meister, sein eigener Guru werden. Wer das nicht verstand, erhielt von Georg eine prompte Abfuhr. Er bemerkte des Öfteren: Es ist ja auch die eigene Entscheidung, wen man als Respektsperson ansieht!

Es gab nicht nur die Gruppe in Budapest. 1977/78 war Georg auf Einladung von Prof. Ernst-August Müller Gastforscher in Göttingen am Max-Planck-Institut für Strömungsforschung.[83] Er brauchte eine solche offizielle Einladung, um längere Zeit im Westen verweilen zu können. Seinem Gastgeber, selbst Anthroposoph, war aber klar, dass der eigentliche Zweck des Aufenthaltes war, als Geisteswissenschaftler ungestört arbeiten zu können. Sozusagen nebenbei hat Georg – mit Hilfe eines Assistenten – durchaus auch in seinem Fach (Chemie) wertvolle Arbeit geleistet, wie es von seinen Gastgebern hervorgehoben und uns von ihm lachend erzählt wurde. Dieses Jahr war aber vor allem wichtig für die vollständige Umstellung seines künftigen Lebens auf die Geisteswissenschaft.

83 Einige Jahre später ist eine studentische Gruppe in Göttingen entstanden. Ich bedanke mich sehr herzlich bei Robert Paul, der seine persönlichen Notizen zur Verfügung gestellt hat, aus denen ich wichtige Details zu Georgs Tätigkeit und auch zu seiner Wirkung auf junge Menschen erfahren durfte.

Er reiste auch sonst sehr viel, vor allem im deutschen Sprachraum, aber auch weltweit, von Georgien über die USA bis Mexiko. Er war viel in Italien (allein schon wegen Scaligero), in Spanien, Rumänien, den Niederlanden, Frankreich und England unterwegs, um nur die vielleicht wichtigsten Beispiele zu nennen. In England hat er auch Owen Barfield[84] getroffen, in Frankreich die fast 90-jährige Simonne Rihouët-Coroze, die früher Generalsekretärin der Anthroposophischen Gesellschaft in Frankreich war und viele Bücher von Rudolf Steiner ins Französische übersetzt hat. Sie hat auch die Bücher *Bewußtseinsstufen* und *Das Gewahrwerden des Logos* von Kühlewind übersetzt; letzteres ist kurz vor ihrem Tod auf Französisch erschienen. Georg bezeichnete ihre Beziehung zueinander als die tiefste Freundschaft seines Lebens. Er sagte von ihr: »Sie weiß alles von mir.«[85] Damit war nicht gemeint, dass sie seine Bücher kannte, sondern dass sie einen Blick hatte, mit dem sie in die Tiefe seiner Seele schauen konnte.

84 Arthur Owen Barfield (1898–1997), englischer Philosoph, Anthroposoph, Sprachwissenschaftler, Rechtsanwalt und Schriftsteller. »Er war sehr Engländer« – hat Kühlewind von ihm erzählt.

85 Kühlewinds Aufsatz *Allerseelen* (erschienen in den *Mitteilungen aus der anthroposophischen Arbeit in Deutschland* Nr. 214, 2000 und später im Buch *de Profundis, Zum Tag der Verstorbenen*, S. 53) ist nach ihrem Tod und zu ihrem Gedenken entstanden. Er sagte darüber: »Der Schmerz nach dem Verlust eines Verstorbenen kann die Fähigkeit hervorrufen, dem geistigen Wesen eines Menschen nach seinem Tod zu begegnen.« Nach dem Tod meiner Mutter hat mich Georg zu sich eingeladen, wo wir in einem sehr kleinen Kreis in dieser Richtung gearbeitet haben. Meine Mutter war in mir schon während ihres einwöchigen Komas vor ihrem Tod mit einer vorher nicht bekannten Intensität anwesend. Diese Zeit war zutiefst traurig und doch gleichzeitig erhebend.

Fast überall, wo Kühlewind Vorträge und Seminare hielt, sind einerseits Übersetzungen seiner Bücher,[86] andererseits Übungsgruppen entstanden. Ich berichte hier nur bespielhaft von einigen Gruppen und Menschen, mit denen ich selbst in irgendeiner Form in Kontakt war oder bin. Es gab zahlreiche weitere Übungsgruppen, die vorwiegend auf der Grundlage von Kühlewinds Werken arbeiteten, wie in Konstanz (Hartwig Volbehr), Mainz (Achim Noschka) und im Ruhrgebiet (Ruth Moering). Es gibt auch heute zahlreiche solcher Gruppen. Hier ist aber nicht Ziel, diese vollständig aufzählen.[87]

In der Schweiz konnte ich Georg mehrmals begleiten.[88] Er hat zum Beispiel in Zürich, wo er sich öfters und länger aufhielt, bei Zweig-Veranstaltungen nicht nur Vorträge gehalten, sondern auch gemeinsame Übungen geleitet. Ganz besonders intensiv waren die Zusammenkünfte in ganz kleinem Kreis im Haus von Traute und Fred Maltry. Ich war gerade in Zürich, als sich dieser Kreis zum ersten Mal zum Üben traf. Anschließend wurde von den Gastgebern ein herrliches Essen serviert, das wir in sehr guter Stimmung genossen haben. Nachher hat sich

86 Kühlewinds Bücher wurden in zirka zehn Sprachen übersetzt. Der Autor selbst hat über zehn Bücher bzw. Notizhefte von ihm ins Ungarische übersetzt.

87 Robert Paul, der selbst eine solche Gruppe ins Leben gerufen hat, hat eine Webseite eingerichtet, wo u.a. aktuell tätige Gruppen, Veranstaltungen und Kontakte zu finden sind. Die Seite wird von ihm gemeinsam mit Annegret Holland betreut und laufend erweitert. Siehe: https://uebungsgruppe-kuehlewind.de.

88 Nach einem Vortrag in einer Ortschaft in der Schweiz, deren Name ich leider vergessen habe, hörte ich eine Dame zu ihren Freunden sagen: »Ab sofort nur noch das!« Ich musste schmunzeln, war aber voll einverstanden.

Georg sehr herzlich bedankt, allerdings hinzugefügt: »Lasst das in der Folge lieber weg. Ich möchte nicht, dass wir die geistige Arbeit mit einem Festessen assoziieren.« Ich, als junger Mann mit gutem Appetit und mit schmaler Geldbörse, war davon nicht gleich begeistert. Aber eigentlich habe ich schon damals verstanden, wie recht er hatte. Für die geistige Arbeit sollte man keine genussvolle Belohnung erwarten.

Einmal durfte ich Georg auch bei einer Reise in die DDR (Leipzig, Dresden, Ost-Berlin) begleiten. Über diese Zeit hat Adelhart Loge aus Dresden sehr schöne Erinnerungen geschrieben.[89] Darin heißt es u.a.: »Wenn Kühlewind nach Dresden kam, versammelte sich eine erwartungsvolle Hörerschar in einer genügend großen Privatwohnung. Manchmal half auch die Christengemeinschaft aus. Sie war die einzige befreundete Institution, die in der DDR offiziell zugelassen war. Das hatte Vorteile, aber auch Nachteile: Jeder Vortrag musste vorher beim ›Rat des Bezirkes‹ angemeldet werden. Mit Aufmerksamkeit registrierten wir solche Besucher, die nicht zu uns gehörten.[90]

89 Siehe: A. Loge: *Anthroposophisch-meditative Praxis hinter dem Eisernen Vorhang,* in: *die Drei* 11/2019. Daraus: »Manuskripte im Ormig-Verfahren aus dieser Zeit sind fast nicht mehr vorhanden. Die Ursache davon ist trivial: Die verwendete Druckfarbe (chemische Bezeichnung: Methylviolett) ist nicht lichtbeständig. Die Manuskripte sind verblichen. Dennoch besitzen wir immer noch ein solches Dokument aus dieser Zeit, als Ormig-Abzüge in der DDR kursierten, weil wir es rechtzeitig digitalisiert hatten. Es ist ein Essay von Georg Kühlewind mit dem Titel ›Üben im Alltag‹.«

90 Das habe ich auch persönlich erfahren. Mich hat man, Gott sei Dank, nicht für einen Spitzel gehalten, im Gegenteil, ich habe später erfahren, dass Leute sich fragten: »Kommt dieser junge Mann von drüben?« Ich kam zwar nicht von »drüben«, also aus Westdeutsch-

Kühlewind ließ sich davon nicht aus der Ruhe bringen. Ich habe ihn in Dresden nur einmal erregt gesehen: Das war, als er uns eines Tages berichten musste, dass sein Pseudonym in Westdeutschland durch einen übereifrigen Veranstalter öffentlich gemacht worden war! ... Aber er machte einfach weiter – und es geschah: nichts, was zu fürchten war!«

Noch interessanter als die Vorträge waren die Gespräche im kleinen Kreis, die er mit einigen Menschen geführt hat. Darunter auch mit Menschen, die zwar die Möglichkeit gehabt hätten, in den Westen zu flüchten, aber aus moralischen Gründen geblieben sind. Aus Rücksicht auf andere. Gemeinsames Üben hat meines Wissens in dieser Zeit noch nicht stattgefunden.

Die Intensität dieser Tage war einmalig. Die Leute waren sehr interessiert und offen. Vielleicht hat die politische Unterdrückung der anthroposophischen Bewegung sowohl in Ungarn als auch in der DDR (und vermutlich auch anderswo) in gewisser Hinsicht sogar gutgetan. Heute leiden die Leute unter der Qual der Wahl zwischen den vielen »spirituellen« Angeboten, von denen manche echt, viel mehr aber nur »möchtegernspirituell« sind. Wir waren damals unendlich dankbar für das wenige, was man erhalten konnte. Damit soll nicht irgendeine Form der politischen Unterdrückung gutgeheißen werden. Aber die Anthroposophie als wahrer, ehrlicher spiritueller Weg ist nicht etwas, das man sozusagen zum Frühstückkaffee serviert bekommen sollte. Der Zugang zu höheren Erkenntnissen ist sehr schwierig, weil der moderne Mensch so unaufmerksam und egoistisch ist. Die politische Unterdrückung hat den Zugang zusätzlich äußerlich erschwert. Es geht natürlich darum,

land, aber immerhin aus Ungarn (mit langen Aufenthalten in der Schweiz) – das galt damals schon als so etwas wie von »drüben«.

die inneren Hürden an der Schwelle zur geistigen Welt zu besiegen. Aber die äußeren Schwierigkeiten passten dazu irgendwie besser als eine verwöhnte Konsumenteneinstellung.[91]

In Berlin und Dresden arbeiten bis heute Übungsgruppen auf der Grundlage von Kühlewinds Werken. In Dresden leitet Manfred Schneider eine solche Gruppe. In Baruth, in der Nähe von Berlin, hat Georg im Anwesen von Barbara und Hanskarl Ganss regelmäßig mehrtägige Seminare gehalten, wo intensiv gemeinsam geübt wurde, mit muskalischer Begleitung durch den Pianisten Ivan Sokolov und früher mit Beiträgen des Malers Lajos Boros. Das letzte solche Treffen 2015 wurde nach Georgs Tod in Buchform herausgegeben (*Melodie und Stille).* Die Gruppe trifft sich bis heute und arbeitet weiter – ohne Leitung. Diesem Prinzip folgen viele Gruppen seit Georgs Tod, was sicherlich in seinem Sinne ist. An sich ist es nicht schlecht, wenn jemand mit Erfahrung eine Übungsgruppe anleitet (ich mache das deshalb regelmäßig), zumindest über einige Zeit. Aber das Ziel ist – wie bei jeder guten Pädagogik –, sich als »Leiter« letztlich überflüssig zu machen.

Auch in Madrid war eine hervorragende Gruppe entstanden. Dort hatte ein von Javier Lantero organisierter Arbeitskreis Georg zu seinem Büchlein *Licht und Freiheit – Ein Leitfa-*

91 Ein guter Freund von mir leitet ein wunderbares Wellness-Hotel in 1700 m Höhe in den österreichischen Alpen, auf dem »Feuerberg«. Er hat in der Nähe des Hotels einen »Pfad der Philosophen« eingerichtet, darin auch einen wunderschön gestalteten meditativen Platz für Kühlewind (siehe: https://uebungsgruppe-kuehlewind.de/kuehlewind-pfad/). Hin und wieder lädt er mich ein, kleine Seminare für interessierte Hotelgäste zu geben. Meistens läuft das auch sehr schön. Aber sobald ein Gast mit der Attitüde eines »Kunden« auftritt, erfriert das Ganze. Auf dem Schulungsweg ist niemand Kunde. Nur Schüler. Vielleicht Diener.

den für die Meditation inspiriert, in dem er sehr kompakt und trotzdem ausführlich den ganzen Übungsweg beschreibt. Es gibt Gruppen, die anhand dieses Buches selbstständig arbeiten (zum Beispiel in Freiburg). Wenn man dieses eine Buch in vollem Ernst durcharbeitet, dann weiß man, worum es geht.

In den letzten 10 bis 15 Jahren seines Lebens war Georg viel in den USA. Er hat oft Friedemann Schwarzkopf in Sacramento (Kalifornien) besucht, mit dem ihn eine tiefe Freundschaft verband. Durch die Arbeiten von Steiner und Kühlewind inspiriert, hat Friedemann Schwarzkopf eine Dissertation zum Thema *Das Gegebene*[92] verfasst. Er hat diesen Begriff durch die ganze Geschichte der Philosophie verfolgt. Einer seiner »Opponenten« bei der Verteidigung wurde Georg. Bei diesem Anlass hat Kühlewind auch einen Vortrag an der Universität gehalten und dabei eine bizarre Erfahrung gemacht. Sein Vortrag war ein großer Erfolg, viele Professoren der Philosophie haben ihm herzlich gratuliert. Nachher hat er zu seinem Gastgeber, dem Vorstand des philosophischen Instituts, gesagt: »Ich verstehe

92 Friedemann Schwarzkopf, *Die Metamorphosen des Gegebenen – Eine Ökologie des Bewusstseins,* Novalis Verlag, Schaffhausen 2002. Das Gegebene ist einer der heikelsten Begriffe der Philosophie. Wenn ich eine voraussetzungslose Erkenntnistheorie aufbauen will, muss ich wissen, was ich als a priori gegeben annehmen darf und was nicht. Wenn man das sehr konsequent nimmt, bleibt ja nichts übrig, weil das Erkennen nichts vorfinden kann, was es nicht schon erkannt hätte. Aus diesem Urwiderspruch der Erkenntnistheorie führt nur Steiners Ansatz in der *Philosophie der Freiheit* heraus – wonach es eine höhere Bewusstseinsstufe gibt, die auf die niedrigere schauen kann. Diese höhere Bewusstseinsstufe ist allerdings kein abstrakter Begriff, sondern muss praktisch erarbeitet werden. Man könnte es auch so formulieren: Es ist nichts gegeben außer der Fähigkeit zum Erkennen, der erkennenden Aufmerksamkeit.

Georg Kühlewind und Laszlo Böszörmenyi (links) Anfang der 80er Jahre in Zürich

es nicht. Ich habe doch eine Menge Sachen gesagt, womit die meisten deiner Kollegen garantiert nicht einverstanden sind. Wieso gratulieren sie mir, anstatt mich anzugreifen?« »Ja, weißt du«, sagte der Kollege, »das sind halt Profis. Die Qualität deines Vortrags hat gestimmt, das haben sie anerkannt. Die Wahrheit interessiert in Wirklichkeit niemanden.«

Georg war auch sehr oft in New York, wo durch seine Leitung eine der besten Meditationsgruppen entstanden ist, die bis heute, 15 Jahre nach seinem Tod regelmäßig und intensiv arbeitet. In den USA wurde auch die Stiftung *Logos Foundation* gegründet, mit der Zielsetzung, Eltern und Pflegeltern auf ihre Aufgaben im richtigen Empfangen der Kinder – insbesondere der neuartigen »Sternkinder« – vorzubereiten. Von den ursprünglichen Zielsetzungen konnte nicht besonders viel realisiert werden. Aber die *Logos Foundation* organisiert – zusammen mit der Anthroposophischen Gesellschaft – bis heute Zusammenkünfte, um gemeinsam zu üben. Dabei treffen sich einmal jährlich in der Nähe von New York zirka zwanzig Leute für ein verlängertes Wochenende. Ohne Leitung.

Es gibt viele Anthroposophen, die das gemeinsame Üben ablehnen. Das sei eine »private Angelegenheit«, heißt es. Manche haben sogar Angst, dadurch beeinflusst, manipuliert zu werden. Wer so etwas sagt, hat garantiert nie wirklich meditiert. In der Meditation tritt man in die geistige Welt ein, zumindest in ihr Vorzimmer. Und eine der ersten Erfahrungen ist, dass dieser Bereich gemeinsam ist – das Gegenteil von »Privatsache«. Wahre Gemeinschaft können heutige Erwachsene nur auf Grundlage gemeinsamer geistiger Arbeit erfahren. Eine Gemeinschaft wird nicht dadurch esoterisch, dass sie sich mit »esoterischen Themen« beschäftigt, sondern dadurch, dass die Menschen einander im Geiste begegnen.[93] Ein jeder, der in einer Gruppe von Menschen regelmäßig meditiert, kennt das. Die Meditation in einer Gruppe kann die Meditation in der Einsamkeit nicht ersetzen, aber unendlich erweitern. Mir ist es oft passiert, dass mir während der gemeinsamen Übung in einer Gruppe Einsichten und Erfahrungen zuteilwurden, von denen ich wusste: Allein hättest du das nicht geschafft. Insbesondere – aber nicht nur – wenn Georg dabei war.

Das Phänomen, dass die individuellen Aufmerksamkeiten sich gegenseitig verstärken, quasi aufaddieren, ist auf eine etwas andere Weise auch im Bereich der Kunst bekannt. Ein geniales

93 Siehe dazu zum Beispiel: G. Kühlewind: *Die Diener des Logos,* Kap. *Geistige Gemeinschaft auf Erden*, Verlag Freies Geistesleben, Stuttgart 1981, und *Wachen in der Nacht* (https://www.itec.aau.at/~laszlo/Antro/Wachen_in_der_Nacht.pdf) vom Autor.

Mit Ani im montenegrinischen Kotor im Jahre 1990

Konzert in einem vollen Konzertsaal ist ein ganz anderes Erlebnis als das gleiche Konzert allein zu Hause, etwa in einer Radioübertragung. Auch ein Kabarett-Programm »schmeckt« ganz anders in einem Theater voller Menschen, mit denen wir gemeinsam lachen, als allein vor dem Radio oder Fernseher. Dieses Phänomen kann auch eine negative Form annehmen, etwa in einer Massenpsychose. Diese Gefahr besteht allerdings in Meditationsgruppen nicht – wenn sie die zeitgemäße, vom Denken ausgehende Art der Meditation ausüben. Die Gefahr, dass man den reinen Weg verlässt und ins Fantasieren fällt, ist natürlich immer gegeben. Das kann auch Gruppen ereilen, die sich ursprünglich der zeitgemäßen Meditation gewidmet ha-

1992 mit Ani in Sacramento bei Friedemann Schwarzkopf und seiner Frau

ben, sich aber durch Ungeduld, Eitelkeiten usw. nach voreiligen, fantastischen »höheren Erfahrungen« sehnen. Dagegen gibt es nur eine einzige Medizin: Ehrlichkeit! Humor und vor allem Selbstironie helfen auch ein bisschen.[94]

94 In einem Roman gibt es folgende Geschichte: Ein Mann freundet sich mit einem Frosch an, der gerne auf seiner Hand Platz nimmt. Einmal, als der Frosch dabei eine stinkende Flüssigkeit aus sich entlässt, kann sich der Mann nicht zurückhalten und sagt zu ihm: »Bist Du aber hässlich!« Der Frosch schaut ihn mit seinen hervorstehenden Augen an und fragt: »Glaubst Du wirklich, dass Du schön bist?« Solch einen ehrlichen Frosch brauchen wir alle immer wieder. Oder einen Spiegel an unserer – seelischen – Wand.

Die Arbeit in den Übungsgruppen hat noch einen wichtigen Aspekt. Schon bei einem Universitätsstudium ist es klar, dass bei den meisten Fächern auch die beste Vorlesung bei den Studenten nur bis zu einem gewissen Grad ankommt. Zum wirklichen Verstehen kommt es erst durch die Übungen.[95] Will man zum Beispiel Computer programmieren lernen, wird man nie wirklich verstehen, worum es geht, solange man nur theoretische Ausführungen über Deklaration von Variablen und Datentypen, über Ausführung von Schleifen und rekursive Funktionen hört. Man muss in einer konkreten Programmiersprache programmieren lernen – dann versteht man es. Das kann noch gesteigert werden: Wenn man in einem höheren Semester auch noch lernt, wie höhere Programmiersprachen mithilfe eines sogenannten Compilers in eine niedrigere Sprache übersetzt werden, erhält man einen noch tieferen Einblick in die Materie. Und auch auf diesem Gebiet kann es noch tiefer gehen.[96]

Wie viel mehr gelten obige Überlegungen für die Geisteswissenschaft! Solange man nur Vorträge hört und geisteswissenschaftliche Mitteilungen liest, macht man sich oft völlig falsche Vorstellungen. Umso mehr, als man über die geistige Welt – wie Kühlewind des Öfteren betont hat – überhaupt keine Vor-

95 An meiner Universität in Klagenfurt haben wir – aufgrund festgestellter Mängel im Wissen der Studenten – die Studienpläne der Informatik so eingerichtet, dass in jedem Teilbereich Vorlesungen und dazugehörige Übungen gemeinsam, mit gleichem Stellenwert angeboten werden. Das hat die Qualität des Studiums deutlich verbessert.

96 Wenn diese Sätze über Programmierung nicht verstanden werden, so war das nicht ganz ohne Absicht – man sollte aber nicht glauben, dass geisteswissenschaftliche Ausführungen leichter zu verstehen sind.

stellungen bilden, sondern Erfahrungen machen sollte. Er hat diese Aussage einmal mit einem besonders eindrücklichen Vergleich untermauert: Vorstellungen über die geistige Welt sind ungefähr so, wie wenn ein dummer Mensch versuchen würde sich vorzustellen, wie es sein könnte, wenn er klug wäre. »Die geistige Welt ist eine Welt der Bedeutungen« – sagte er auch. Diese sich vorzustellen, macht keinen Sinn. Erst durch die Übungen fängt man an zu verstehen, von welchen – bis dahin unbekannten – Qualitäten die Geistesforscher berichten. Das erklärt auch, dass es viele Menschen gab und gibt, welche die Bücher von Kühlewind nicht verstehen konnten – solange sie nicht auch an praktischer Übungsarbeit teilgenommen haben. Auch Steiners Texte werden erst durch meditatives Lesen und die Übungen verständlich.

Die Gruppenarbeit mit Georg war jedenfalls sehr inspirierend und intensiv. Ich kann die einzigartige Stimmung, die oft dabei entstanden ist, nicht mit Worten beschreiben. Ich kann sie aber vielleicht durch eine Anekdote andeuten. Wir saßen einmal – eine relativ kleine und erfahrene Gruppe – bei Georg in Budapest zu Hause und haben intensiv meditiert. Plötzlich erklang das Telefon im Vorzimmer (Georg hatte vergessen, es auszuschalten). »Mannaggia, porca miseria«, »schimpfte« er auf Italienisch (das war eine wiederkehrende lustige Redewendung von ihm), ging hinaus, um auf Deutsch einen Termin zu besprechen. Wir waren einfach still geblieben. Er kehrte ins Zimmer zurück und merkte, dass wir nicht oder zumindest nicht ganz aus der Intensität herausgefallen waren. Er setzte sich wortlos hin und wir haben einfach weitergeübt. Ich habe erst später verstanden, was mit uns passiert war. So wie ein Blitz eine größere Entfernung überbrücken kann, so konnten die starken, gemeinsamen Aufmerksamkeiten diese im Prinzip störende

Episode unbeschadet überbrücken. Das ist natürlich nicht das Ziel einer Übung. Aber ein interessantes Nebenprodukt.

Waldorfkindergarten, Waldorfschule, IDRIART

Der Schulungsweg hat ein weiteres Nebenprodukt, das zumindest bei Georg Kühlewind gut sichtbar wurde: Er war auch in praktischen Angelegenheiten konzentriert und deshalb sehr effizient und effektiv. Noch vor der politischen Wende hatten einige anthroposophische Eltern in Ungarn eine Initiative gestartet, um einen Waldorfkindergarten zu gründen. Das schien vielen – auch mir – zunächst schier unmöglich zu sein. Es ist aber tatsächlich gelungen, die bürokratischen, finanziellen und vor allem die politischen Hürden zu überwinden. Georg hatte die Initiative von Anfang an unterstützt – gemeinsam mit Ani, die sich später besonders im Religionsunterricht engagierte und dazu viele Jahre später ein großartiges Buch geschrieben hat.[97] Georg hat einerseits sehr effizient und sachlich mit den zuständigen Behörden verhandelt, wo übrigens einige Leute viel Verständnis für die Initiative zeigten. Andererseits hat er sehr viel Unterstützung im »Westen« mobilisiert. Das Wichtigste dabei war, dass er Annette Stroteich, eine hervorragende deutsche Kindergärtnerin, gefragt hat, ob sie bereit wäre, den ersten Waldorfkindergarten in Ungarn zu gründen. Annette ist auf seine Einladung hin nach Budapest gereist, wurde durch das Engagement der Menschen überzeugt und hat die Herausforderung

97 Annie Székely-Kühlewind: *Auf der Himmelsleiter – Von der spontanen Religiosität des Kindes.* Verlag Freies Geistesleben, Stuttgart 2015. Übersetzt von Lajos Adamik.

angenommen. Sie hat übrigens auch regelmäßig Georgs Übungsgruppe besucht (wo ich ihr manchmal als flüsternder Dolmetscher dienen konnte). Sie hat später hervorragend Ungarisch gelernt, zugegebenermaßen unter großen Qualen, aber glücklicherweise mit intensivster Hilfe von Ani. 1988 hat sie den ersten Kindergarten in Solymár[98] – mit einer sehr engagierten Elterngruppe im Rücken – gestartet. Ein Jahr später hat sie auch die Kindergärtnerinnen-Weiterbildung in Budapest entwickelt und organisiert.[99] Nach der politischen Wende hat die Waldorfbewegung einen zusätzlichen Aufschwung erhalten und ist bis heute sehr erfolgreich und anerkannt in Ungarn. Bald wurde auch die erste Waldorfschule gegründet. Sowohl Kindergarten als auch Schule wurden von Eltern geradezu gestürmt und sie kämpfen bis heute mit dem Problem viel zu großer Gruppen bzw. Klassen. Aber besonders wichtig war, dass diese Initiative geistig schon längst bestens vorbereitet war, und dabei hatte Kühlewind eine entscheidende Rolle gespielt.

Eine Initiative ganz anderer Art war IDRIART[100], gegründet Anfang der 80er-Jahre durch den slowenischen Violinisten

98 Kleine Ortschaft direkt angrenzend an Budapest. Zuerst provisorisch in einem Gebäude, das die Eltern im Wesentlichen selbst gebaut haben. Dann in einem neuen Gebäude, von Imre Makowecz entworfen.

99 Mich hat sie auch als Dozenten engagiert. »Du machst die Märchen«, sagte sie mir. »Aber Annette, ich habe doch keine Ahnung von Märchen.« »Das ist genau das richtige für mich«, antwortete sie, »ich will keine Dozenten, die eh schon alles wissen.« Sie hat mir dann einige Bücher gegeben und ich habe mich aufs Thema Märchen gestürzt – auch dafür bin ich ihr bis heute zutiefst dankbar.

100 Institute for Development of Intercultural Relations through the Arts.

Miha Pogačnik. Die Grundidee war, anstatt des üblichen, in gewisser Hinsicht seelenlosen Konzertbetriebs[101], ganzwöchige Festivals abzuhalten, bei denen Kunst (vor allem Musik) und Geisteswissenschaft gemeinsam angeboten werden, um einen Rahmen zu bilden, der die Menschen einander näherbringt. Hauptziel war also, Konzerte und Vorträge in den Dienst des menschlichen Zusammenseins zu stellen. Miha hat sehr bald Kühlewind als Partner gewonnen, der vor allem für den geisteswissenschaftlichen Teil zuständig war. IDRIART hatte immer sehr gute Konzerte und eine sehr bunte Rednerschaft[102], sowie Übungsgruppen verschiedener Art. So wurden neben der Erkenntnisgruppe von Georg verschiedene künstlerische Gruppen angeboten, zum Beispiel Malen mit Lajos Boros, Mu-

101 Dazu hat Miha Pogačnik folgende Anekdote erzählt: Ein berühmter Violinist gastierte in den USA und ging morgens auf einen Fischmarkt, um etwas einzukaufen. Als er in die toten Augen der Fische schaute, hat er sich auf die Stirn geschlagen und sich gesagt: »O Gott, heute Abend habe ich Konzert.«

102 Neben bekannten Anthroposophen hatten wir bei den zwei IDRIART-Veranstaltungen in Budapest Redner wie Michael Ende, Otto von Habsburg und – beinahe – Václav Havel. Als wir Václav Havel zum 2. IDRIART-Festival nach Budapest eingeladen hatten, gab es sowohl in Ungarn als auch in der Tschechoslowakei noch kommunistische Herrschaft. Der Besuch von Hável war unsicher, weil er, als leitende Persönlichkeit des demokratischen Widerstands, immer wieder von den tschechoslowakischen Behörden verhaftet wurde. Gerade beim 2. Festival 1991 hatte sich die politische Wende schon ereignet und Václav Havel war inzwischen zum Staatspräsidenten gewählt worden. Er hat in einem freundlichen Brief seinen Auftritt bei IDRIAT abgesagt. Wir wussten, dass sein Auftritt unsicher war – aber niemand hatte daran gedacht, dass er aus einem solchem Grund nicht kommen würde.

Georg Kühlewind auf dem IDRIART-Festival 1989 in Krakau

sikhören mit Miha Pogačnik oder Pantomime mit dem hervorragenden, gehörlosen Pantomimen Yumi, der auch mit einer eigenen Performance auftrat[103].

Besonders wichtig war das erste IDRIART-Festival in Budapest 1984, weil niemand glaubte, dass es möglich sein würde, es in einem kommunistischen Land durchzuführen. Es war an erster Stelle die Überzeugungskraft von Miha Pogačnik und Georg Kühlewind, die alle politischen und andere Hürden

103 Ich möchte kurz über eine ergreifende Nummer von Yumi berichten. Er spielte eine Marionetten-Figur, die sich aufrafft, um die Seile, die sie halten und bewegen, durchzuschneiden. In einem packenden Kampf gelingt es ihr, sich zu befreien. Sie richtet sich siegreich auf – und fällt im nächsten Augenblick kraftlos zu Boden. Ich habe noch nie eine bessere künstlerische Darstellung des Menschen in der Zeit der Bewusstseinsseele gesehen.

überwunden hat. Dieses Festival wurde ein gewaltiges Treffen von westlichen und östlichen Anthroposophen. Die Stimmung kann man nicht einmal annährend schildern, so viel Glück, Hoffnung und guter Wille waren da. Auch die Finanzierung war eine wunderbare Realisierung der Idee der Dreigliederung und der Solidarität. Die meisten westlichen Teilnehmer haben einen Solidarbeitrag geleistet, um die Teilnahme der Menschen aus Osteuropa zu ermöglichen. Und die Organisatoren in Budapest haben alles begeistert unterstützt. Die meisten Teilnehmer aus Osteuropa wurden privat und kostenlos untergebracht.[104] Die ganze Veranstaltung war von einer unglaublichen Aufbruchsstimmung begleitet. Das Fundament kam aber von Georg. Seine nüchterne, weise und liebevolle Anwesenheit hat die ganze Veranstaltung durchleuchtet.

Es sei noch kurz erwähnt, dass der Grundidee von IDRIART folgend ein weiteres Festival entstanden ist, das »Virágzás Napjai«[105], das jeweils zu Pfingsten in Westungarn (Őriszentpéter) stattgefunden hat. Initiator und Organisator war Péter Sülyi. Diese Veranstaltung war viel kleiner, aber auch viel bunter als IDRIART. Neben klassischer Musik gab es immer Ausstellungen, Theateraufführungen, Volksmusik, Jazz, Kinderprogramme, Vorträge verschiedenster Art (geisteswissenschaftlich, politisch, literarisch usw.) sowie manchmal auch Übungsgruppen. Das Festival wurde 25mal durchgeführt und unter Schmerz und Tränen beendet. Manche fahren bis heute zu

104 Bei uns haben zwei Georgierinnen gewohnt, die uns die Kunst der russischen Teezubereitung beigebracht haben. Georg war des Öfteren in Georgien, war vom Land und den Menschen dort sehr angetan. Ganz besonders von deren alter Musik, die ganz andere Harmonien enthält, als wir gewohnt sind.

105 Tage der Blüte.

Pfingsten trotzdem dorthin, um das Erlebnis der Gemeinschaft wiederholt zu erfahren. Ohne Festival, aber im gemeinsamen Üben.

Angriffe und Georgs Umgang damit

Hier ist vielleicht die richtige Stelle, um auch einiges darüber zu sagen, dass Georg durch seinen Aufbruch nicht nur Freunde gewonnen hat.[106] Viele Menschen innerhalb der anthroposophischen Bewegung konnten ihm nicht folgen. Insbesondere jene, die sich selbst gerne als große Weise inszenierten, haben in ihm eine große Gefahr gesehen. Er wurde immer wieder Verleumdungen und sogar Anfeindungen ausgesetzt.[107] Es brachen Diskussionen aus, ob das, was er machte, »wahre Anthroposophie« sei. Es erinnerte mich daran, wie im Kommunismus »offizielle« Diskussionen darüber liefen, ob unser »real existierender Sozialismus« schon der »wahre Sozialismus« sei.[108]

106 Eigentlich gibt es keine richtige Stelle, um über Niederträchtigkeiten zu reden, aber es muss trotzdem kurz getan werden.

107 Besonders intensiv und genussvoll von manchen seiner hochgeschätzten Landsleute. Als Freunde in Wien Georg darauf aufmerksam gemacht hatten, dass manche Anthroposophen aus Budapest fürchterliche Dinge über ihn erzählen, hat er geantwortet: »Bei manchen Leuten müsste ich mir erst Sorgen machen, wenn sie Gutes von mir reden würden.« So witzig dieser Kommentar auch ist, solches Gerede hat ihm doch wehgetan.

108 Hier muss ich eine persönliche Anekdote einfügen. An meiner ersten Arbeitsstelle war ich mit einem Kollegen, Gábor Lack, tief befreundet, von dem ich erst Jahre später erfahren habe, dass er zu Kühlewinds engstem Freundeskreis gehörte. Er war einer der spirituell begabtesten Menschen, die ich kennengelernt habe. Ich

Ich fand das komisch, aber noch viel mehr beschämend, dass sich manche Anthroposophen auf diese Ebene begeben. Wer die Frage stellt: »Ist das wahre Anthroposophie?« – hat von der Anthroposophie nichts verstanden. Steiner war seinerzeit auch ein radikaler Revolutionär des Geistes. Ich behaupte, dass man seine besten Schüler gerade daran erkennen kann, dass sie nicht alles nachplappern, sondern die geistige Arbeit selbstständig weiterführen. Man kann fragen, ob jemand aus wahrer geistiger Erfahrung spricht, oder ob er nur fantasiert. Solch eine Frage halte ich für berechtigt. Aber »wahre Anthroposophie«? Als könnte es dafür äußerliche Zeichen geben! (Etwa die Anzahl der Steiner-Zitate pro Seite? Dafür könnte man eine Software erstellen, die dann »unwahre« Texte automatisch erkennt!)

Georg hat sich an solchen Diskussionen kaum beteiligt. Er selbst hat nie jemanden namentlich öffentlich kritisiert oder gar angegriffen. Übrigens: privat auch kaum, und wenn doch, dann nur kurz, und damit war es auch erledigt. Er hat es nicht genossen, wie die meisten von uns, sich über die Schwäche von anderen auszulassen. Das Notwendige muss aber schon gesagt werden. Nach manchen Kritiken oder Angriffen hat er sich zu Wort gemeldet – nicht um sich zu verteidigen, sondern um seinen Standpunkt klarzustellen. Danach hat er das Ganze abgeschüttelt wie ein Hund das Wasser.

klagte bei ihm darüber, dass die offiziellen Stellen von uns allen erwarten, »Marxisten« zu sein. »Die kapieren nicht, dass Marx selbst das auch nicht war – er hat ja den Marxismus erst begründet.« Mein Freund lachte und sagte: »Wie recht du hast. Der einzige ›Ismus‹, dem du folgen kannst, ist der ›Lacismus‹.« (Laci war mein Spitzname.) Nebenbei bemerkt: Steiner war auch kein Anthroposoph – er hat ja die Anthroposophie erst begründet. Das sollten wir bedenken.

Nach dem Erscheinen seines epochalen Buches *Sternkinder* hat ihn ein deutscher Waldorflehrer in mehreren deutschsprachigen anthroposophischen Organen gleichzeitig angegriffen. Seine Hauptanklagepunkte waren im Wesentlichen, dass dieses Buch nicht auf anthroposophischer Grundlage stehe, zum Beispiel nicht einmal die Reinkarnation erwähne. Das stimmt erstens nicht, Kühlewind beschreibt die »außergewöhnlichen« Sternkinder folgendermaßen: »Sie wissen, dass sie selber und auch alle anderen Menschen geistige Wesen sind. Das Geistige im Menschen wird klar ›gesehen‹, das heißt in seiner Qualität wahrgenommen, und dass es Reinkarnation gibt, ist ihnen selbstverständlich. Oft scheinen sie zu wissen, was für frühere Inkarnationen sie hatten – aber da ihnen die Gedanken und Gemüter von anderen Menschen zugänglich sind, lässt sich (z.B. in einer New-Age-Umgebung) letztlich nicht genau unterscheiden, was eigenes Erleben und was von anderen Menschen übernommene Gedanken sind.«[109] Das Wort Reinkarnation kommt ansonsten im Buch tatsächlich nicht vor. Aber gleich am Anfang spricht Georg von der »himmlischen Intelligenz«, mit der diese Kinder auf die Welt kommen, die sich von unserer Intelligenz dermaßen unterscheidet, dass wir sie deshalb gar nicht als solche erkennen. Wer das versteht, kann das mit dem Begriff der Reinkarnation in Verbindung bringen.

Dass dieser Angreifer Kühlewind nicht verstanden und ihn deshalb kritisiert hat, wäre noch in Ordnung gewesen. So etwas passiert auch in den »besten Familien«. Aber er ist weitergegangen und hat sich zu Aussagen verleiten lassen wie: Wie lange dulden wir es noch, dass Kühlewind in Waldorfschulen auftritt

109 G. Kühlewind: *Sternkinder*, Kap. *Die Sternkinder und die schwierigen Kinder*, S. 72f. Verlag Freies Geistesleben, Stuttgart 2001.

und dort seine falschen Thesen vorträgt?[110] Das erinnerte mich an Sokrates, der mit 70 Jahren angeklagt wurde, dass er »falsche Götter verehrt und die Jugend verdirbt«. Ich habe damals eine Art Verteidigung geschrieben und versucht zu zeigen, wie sehr der Autor dieses Artikels Kühlewind missverstanden hat. Und auch, dass man, um solche Missverständnisse zu vermeiden, versuchen sollte, auf dem Übungsweg selbst zu geistigen Erfahrungen zu kommen.

Ich habe meinen Artikel an einige der Zeitschriften verschickt, denen es wichtig war, die ursprünglichen Angriffe zu veröffentlichen. Von einer dieser Zeitschriften hat mich ein Redakteur angerufen und gemeint, sie würden gerne meinen Artikel veröffentlichen, aber ohne den Bezug auf Sokrates, der gleich am Anfang stand. »Wieso?«, fragte ich. »Naja, dann muss man gleich an den tödlichen Schierling-Saft denken, den Sokrates nach seiner Verurteilung trinken musste. So etwas wollen wir nicht veröffentlichen.« »Ja«, habe ich geantwortet, »genau an den tödlichen Schierling-Saft habe ich auch gedacht. Dieser Herr verlangt in seinem Artikel sozusagen Kühlewinds Kopf. Jetzt reagieren Sie sensibel, das ist sehr löblich. Warum waren Sie nicht ähnlich sensibel, als Sie diesen Angriff veröffentlicht haben?« Damit war die Diskussion beendet, mein Artikel wurde veröffentlicht – aber ohne Sokrates. Und ohne irgendein Echo.

Kühlewind wurde natürlich nicht nur von Anthroposophen angegriffen, seine Tätigkeit galt im kommunistischen Ungarn als »unerwünscht«. Leser, die einige Kenntnis über die kommunistischen Systeme haben, werden sich wundern, wie

110 Aus dem Gedächtnis sinngemäß zitiert, der Wortlaut kann anders gewesen sein.

es möglich war, dass Georg schon vor der politischen Wende am Ende der 80er-Jahre so viel reiste, auch nach Westeuropa. Ungarn war zwar wesentlich liberaler als etwa die DDR,[111] die Reisen in den Westen waren aber stark reglementiert und eingeschränkt. Man brauchte einen Einladungsbrief oder einen beruflichen Grund (etwa die Teilnahme an einer Tagung). Aber auch damit sollte es nicht allzu oft passieren.[112] Einen Einladungsbrief zu bekommen, war für Georg sicherlich kein Problem, aber ich kann mir nicht vorstellen, dass es den ungarischen Behörden nicht aufgefallen ist, dass da jemand »allzu oft« in den Westen reiste. Man hat ihn trotzdem nie ernsthaft belangt.

Einmal hat man bei der Ausreise alle seine Papiere konfisziert, er durfte aber trotzdem ausreisen. Das war kein Spaß; sobald er angekommen war, hat er seine Frau angerufen und in »Blumensprache« mitgeteilt: »Die Kinder sollten sich nicht bei uns treffen!« Ani hat sofort verstanden: Die Gruppe darf sich nicht bei ihr treffen – das Haus wird möglicherweise beobachtet. Wir haben also unser wöchentliches Treffen einfach verlegt – in meine Wohnung. Dass das für mich eine Gefahr sein konnte, habe ich gar nicht bedacht. Nicht weil

111 Ein Bekannter von mir, ein ungarischer Jurist, hat erzählt, dass sie einen Kollegen aus der DDR zu Besuch hatten. Der Kollege war über die lockeren Verhältnisse in Ungarn empört und sagte: »Das ist doch gar kein echter Sozialismus.« »Doch, doch«, antwortete mein Bekannter, »aber mit etwas Schlamperei gemildert.«

112 Laut meinem geliebten Theaterregisseur István Keleti, durch den ich die Anthroposophie kennengelernt hatte, ging diese Einstellung eigentlich noch auf die k.u.k.-Monarchie zurück. Die allmächtige apostolische Kirche war der Auffassung: »Man sollte dem Volk seinen Spaß gönnen, aber nicht allzu oft und nicht allzu genüsslich!«

ich so mutig war, eher weil ich nur naiv war.[113] Georg war aber tatsächlich völlig furchtlos. Nachdem er zurückkam, hat er nach einer Weile die entsprechenden Behörden angerufen und sie gefragt, wann er nun endlich seine Papiere zurückbekomme, er brauche sie ja doch für seine Arbeit. Das war eine so große Frechheit, dass die Dame (Genossin) am Telefon völlig verunsichert wurde und sich quasi entschuldigte: »Ja, es sind sehr viele deutschsprachige Texte dabei, die muss man übersetzen, so etwas dauert.« Daraufhin Georg: »Na, wenn die Übersetzung gut ist, schicken sie die gleich mit.«[114] Und siehe da, er hat seine Unterlagen nach wenigen Tagen zurückerhalten (mit zwei irrtümlich beigemischten fremden Briefen – das war eben die mildernde Schlamperei –, die er natürlich an die Adressaten weitergeleitet hat). Diese Geschichte lässt erahnen, dass es diese Art Unerschrockenheit war, die ihm

113 Manchmal war ich auch als »Kurier« tätig, um Teile von Georgs Büchern ins westliche Ausland zu schmuggeln. Ich arbeitete als Informatiker in einem Forschungsinstitut und durfte (manchmal) an internationalen Tagungen teilnehmen. Meinen eigenen wissenschaftlichen Beitrag musste ich durch eine spezielle Abteilung des Instituts als »vertrauliches Material« verpacken und abstempeln lassen. Ich habe bemerkt, dass diese Verpackung völlig ohne Kontrolle ablief. So konnte ich die Manuskripte von Georgs Büchern einfach unter meinen wissenschaftlichen Beitrag legen und den Stempel »vertraulich« für das ganze Paket erhalten. Bei der Ausreise wurde ich dann – als offensichtlich »wichtiger« Mensch – besonders höflich behandelt. Ich habe mich dabei köstlich amüsiert. Man fühlt sich ja selten wichtig und ein besonderer Genuss ist es, wenn es unverdient ist.

114 Als Georg uns das erzählt hat, haben wir furchtbar gelacht. Wir haben uns den armen Polizeiübersetzer vorgestellt, der versucht, Georgs extrem anspruchsvolle Texte zu übersetzen. Welche Qual!

seine völlig außergewöhnliche Lebensart ermöglichte. Er hat die Grenzen nicht nur in seinem Bewusstsein, sondern auch im äußeren Sinne angstfrei übertreten. Die Reihenfolge war auch richtig: Zuerst hat er die Grenzen in sich selbst überwunden. Dann erscheinen äußere Grenzen auch nicht mehr furchterregend.

Ein anderer Grund, warum Georg mit fast allen Menschen und in fast jeder Situation zurechtkam, war, dass er immer auf den einzelnen Menschen geschaut hat, egal hinter welcher Uniform, Maske oder gesellschaftlichen Rolle sich der andere versteckt hat. Dazu kann folgende schöne Geschichte dienen. Nach der politischen Wende breitete sich in den ehemaligen sogenannten »Ostblockstaaten« in manchen gesellschaftlichen Schichten große Armut aus. Das kommunistische System hatte nach einigen Jahrzehnten der Macht, trotz aller Verlogenheiten und Unrechtmäßigkeiten, doch eine gewisse Stabilität und ein wirtschaftliches Gleichgewicht erreicht. Die wilde kapitalistische Zeit (als »der wilde Osten« verspottet), die nach der Wende hereingebrochen ist, hat Millionen Menschen in unvorstellbare Armut gestürzt. Zu dieser Zeit kamen immer wieder Gruppen von ungarischstämmigen Bäuerinnen aus Siebenbürgen (Rumänien) nach Budapest, um ihre Waren zu verkaufen. Sie haben die wunderschönsten handgefertigten und -bemalten Krüge und Teller, selbstgewobene Textilien, selbstgenähte Kleider, Tücher usw. billig verscherbelt. Auf den großen Umsteigeplätzen in Budapest standen sie und warteten darauf, dass sie angesprochen würden und etwas verkaufen könnten. Das war illegal, aber geduldet und für diese Frauen demütigend und schwer. Die »stolzen Ungarn« haben bis zum letzten Pfennig mit ihnen gefeilscht und alles möglichst billig ergattert. Georg begegnete einmal einer solche Gruppe

Verkäuferinnen, als er vor einer Reise in die Schweiz stand und jemandem ein Geschenk mitnehmen wollte. »Was für wunderbare Teller! Was kostet dieser, gute Frau?« »2000 Forint«, antwortete die Frau. Als sie Georgs Zögern sah, fügte sie gleich hinzu: »Aber wenn es dem Herrn zu teuer ist, gebe ich ihn auch für 1000 her.« »Nein«, sagte Georg, »der ist so schön, der ist zumindest 3000 wert. Ich gebe Ihnen 3000 dafür. Sie werden dafür sicher Verwendung finden.« »Oh ja, unsere Not ist groß ...«, sprudelte die Frau los und erzählte von der schwierigen Lage der ganzen Familie. Aus dem üblichen Käufer-Verkäufer-Verhältnis war eine Begegnung zwischen Menschen geworden, die sich im Gespräch begegneten. Georg hat kaum solche Geschichten von sich selbst erzählt. Eher sprach er über die allgemeine Lehre, dass (fast) jedes Verhältnis zwischen Menschen eine überraschende und sehr menschliche Wende nehmen kann. Einer muss damit allerdings anfangen.

Kühlewind war schon fast 80, als ich ihn während einer gemeinsamen Zugfahrt von Klagenfurt nach Wien gefragt habe: »Wie sehr bekümmert es Dich, dass man Dich immer wieder angreift?« Er hat mich sehr ernst angeschaut und geantwortet: »Überhaupt nicht.« Ich wusste sehr wohl, dass ihn solche Angriffe manchmal sehr geschmerzt, zum Teil auch geärgert haben. Er konnte sich aber darüber vollständig hinwegsetzen. Er hatte Wichtigeres, womit er sich beschäftigen wollte. Gerade das Buch *Sternkinder* enthält radikal neue, zukunftsweisende Erkenntnisse, die teilweise aus Georgs direkten Kontakten mit autistischen Kindern und Jugendlichen entstanden sind. Er hat am zahlreichen Erscheinen dieser besonderen Kinder nicht nur ein pädagogisches Problem, sondern auch einen Rettungsversuch aus der geistigen Welt für uns alle gesehen. Ihr Erscheinen gibt uns vielleicht die letzte »verzweifelte Hoffnung«, wie er sich ausgedrückt hat, dass wir uns besinnen und unser Verhältnis zu diesen Kindern und dann auch zu allen anderen Menschen, zur Welt und zu uns selbst neu ordnen. Über solche Fragen auf einer diskursiven oder gar emotionalen Ebene diskutieren zu wollen, ist fruchtlos.

IV. Erkennen und Moral

1977, als 28-Jähriger, traf ich in Zürich einen Cousin von mir aus Wien. Seine ungarischstämmige Mutter war anthroposophische Ärztin, und er, als ehemaliger Waldorfschüler, kannte sich in Sachen Anthroposophie – im Gegensatz zu mir – recht gut aus. Er erzählte mir von dem geheimnisvollen Ungarn, der unter dem Pseudonym Kühlewind oft im Westen zu hören war. »Kühlewind ist einer der wichtigsten Erkenntnistheoretiker«, sagte er mit bedeutungsvollem Gesichtsausdruck. Etwas verzweifelt versuchte ich, mir darunter etwas vorzustellen – völlig erfolgslos. Ich war TU-Absolvent, hatte also eine wissenschaftlich-technische Ausbildung und einen entsprechenden Brotberuf als Informatiker in einem Forschungsinstitut. Daneben war ich Mitglied eines erstklassigen Laientheaters; Theater, Musik und Kunst waren meine Leidenschaft. Der Leiter dieses Theaters, István Keleti, war Anthroposoph, hatte aber über Anthroposophie nur sehr vorsichtig sprechen können, da diese im kommunistischen Ungarn de facto verboten war. Ich ging damals in Budapest (noch vor meinem einjährigen Aufenthalt in Zürich) regelmäßig in eine protestantische (reformierte) Kirche, wo ich in den Predigten von Kálmán Cseri wahre seelische Nahrung fand. Ich war voller Sehnsucht nach einem schönen, sinnvollen Leben. Aber Erkenntnistheorie? Wozu, um Himmels Willen, sollte das gut sein? Nachdem ich später Georg kennengelernt hatte, hörte ich oft von ihm, wenn er etwa vor einem Vortrag als »Erkenntnistheoretiker« vorgestellt wurde: »Ich bin kein Erkenntnistheoretiker, ich bin Erkenntnispraktiker.«

Heute, mit 72, sehe ich meine jugendliche Skepsis gegenüber einer abstrakten Erkenntnistheorie bestätigt. Diese kann niemandem zum Lebensinhalt werden. Außerdem ist eine widerspruchsfreie abstrakte Erkenntnistheorie – wie sowohl Steiner als auch Kühlewind gezeigt haben – unmöglich. Um das Erkennen selbst zu erkennen, bräuchte man eine andere, eine höhere Art des Erkennens. Wenn man diese nicht hat, dreht sich letztlich jede abstrakte Erkenntnistheorie im Kreis – wofür in der modernen philosophischen Literatur viele Beispiele zu finden sind. Aber eine Erkenntnis*praxis*, die aus dem Alltagsbewusstsein herausführt – die kann zum Lebensinhalt werden. Und nebenbei auch die richtigen Werkzeuge für eine wahre Erkenntnistheorie geben. Diese Erkenntnispraxis ist nichts anderes als der im vorigen Kapitel eingeführte Schulungsweg, der Weg der Konzentration und Meditation.

Erste Publikationen

Die ersten Publikationen Kühlewinds, die ich finden konnte, sind aus dem Jahr 1972, in der Zeitschrift *die Drei*[115]. Sie zeugen schon von der vollen Reife seiner geisteswissenschaftlichen Fähigkeiten, man könnte sagen, »er weiß schon alles« (er war damals 48 Jahre alt). Was sich seit seinem »Aufbruch«, unge-

115 Die Liste seiner Artikel ist über die Webseite der Georg Kühlewind-Stiftung (https://kuehlewind.org/de/) oder direkt auch hier: https://www.itec.aau.at/~laszlo/Antro/GK_Goetheanum/ zu finden. Viele dieser Artikel wurden in eines seiner zu Lebzeiten erschienenen 23 Bücher eingearbeitet. Weitere 4 Bücher wurden auf Grundlage seiner Briefe, handschriftlichen Notizen und Seminare veröffentlicht. Die Liste aller Publikationen befindet sich im Anhang.

fähr 1958, also in diesen ca. 14 Jahren, genau ereignet hat, kann ich leider nur indirekt folgern. Es muss eine Zeit intensivster innerer Arbeit gewesen sein. Er muss in dieser Zeit einen solchen Aufschwung erfahren haben, wie ihn die meisten von uns kaum erahnen können. Seine ganze vorherige Bildung in Literatur, Musik, Psychologie, Philosophie und vor allem Anthroposophie floss ein, bekam nachträglich ihren Sinn und Platz. Auf der anderen Seite ging er völlig neue Wege, die in dieser Weise niemand vorher angetreten hatte. Er wurde ein wahrer Schüler Rudolf Steiners, also kein braver Nachfolger, sondern einer, der das Wesentliche verstanden hat: Ein jeder kann und soll seinen Weg er-finden, erbauen und konsequent gehen. Er kannte Steiners Werk so gut wie wenige, das Wesentliche war für ihn aber, seine eigenen geistigen Erfahrungen zu machen. Wenn man seine ersten Artikel durchliest, vielleicht auch noch die ersten drei Bücher dazunimmt, könnte man meinen: Er hat schon alles erforscht, er könnte hier ruhig stehen bleiben. Aber wer so etwas sagt, hat nichts verstanden. Die Natur des Geistesweges ist, dass man ihn nie mehr verlässt, auch, dass man auf ihm nicht stehenbleibt, sondern immer weiter voranschreitet. Wie sein geliebter Heraklit schreibt, den er schon in seinem ersten Artikel 1972 zitiert[116]: »*Heraklit* spricht: Der Seele Grenzen – gehend – findest du nicht auf, alle Wege durchwandernd – so tiefen Logos hat sie[117]. Er sagt auch: Die Seele hat Logos: der sich selbst vergrößert.[118]« Der sich selbst vergrößernde

116 G. Kühlewind: *Die Grenzen der Seele, Die Drei*, Heft Nr. 4 – April 1972.

117 Vgl. Hermann Diels, *Die Fragmente der Vorsokratiker*. S. 26 (Nr. 45) Rowohlts Klassiker TB 1957.

118 Vgl. ebenda: S. 30 (Nr. 115).

Logos: Das ist der Weg des wahren Geistesschülers. Kühlewind hat in einem Weihnachtsvortrag in Budapest folgendes Gleichnis gegeben: »Wir schwimmen alle in einem reißenden Strom – stromaufwärts. Wer stehenbleibt, wird mitgerissen.« Man kann nicht stehenbleiben. Entweder arbeiten wir lebenslang und konsequent an der inneren Entwicklung, oder aber wir verändern uns »spontan« – aber leider rückwärts. Dafür gibt es heute sehr viele Beispiele. Die »weisen Alten« sind eine absolute Rarität geworden. Das Altern allein macht uns kein bisschen weise. Das war nicht immer so, ist aber heute nicht zu übersehen. »Ewig junge« 80-Jährige, die sich in kulinarischen und sportlichen Exzessen mit Jugendlichen messen wollen, sind eine traurige Parodie dessen, was man ein innerlich jünger Werden nennen könnte. Wer aber an sich arbeitet, wird zwar älter, aber auch immer offener und in diesem Sinne jünger.

Georg Kühlewind hat schon in den 60er-Jahren Vorträge gehalten, aber die Zeit der regelmäßigen Publikationen fing erst in den 70er-Jahren an. Sein Interesse galt in den ersten Zeiten dem Prozess des Erkennens; dabei war alles schon stark mit christlichen Elementen durchwoben. Wie im Kapitel *Moralische Haltung nach dem KZ* schon angesprochen, war ihm von Anfang an die moralische Haltung ebenso wichtig wie das Erkennen. Eigentlich geht es gar nicht anders. Die Ablenkungen, die uns an der Konzentration und Meditation hindern, sind letztlich immer moralischer Natur. Ich werde immer durch meine Egoität, d.h. durch meine Defizite in der vollständigen Hingabe abgelenkt. Die Übungen der Konzentration und Meditation sind auch moralische Übungen – ansonsten machen wir sie völlig falsch. Diese parallele Entwicklung erscheint zunächst paradox: Ohne richtige Erkenntnis kann ich ja nicht wissen, was gut und schlecht ist, kann also nicht moralisch sein, aber ohne moralische Haltung komme ich nie zur richtigen Erkenntnis. Und auch für dieses Paradoxon gilt: Es gibt dafür keine Auflösung auf der spekulativen, dialektischen Ebene.

Die ersten sechs Publikationen (1972-74) tragen folgende Titel (der Reihe nach): 1. *Die Grenzen der Seele* (4/1972); 2. *Vom Geheimnis des Wahrnehmens* (6/1972); 3. *Geisteswissenschaft und Christentum* (10/1972); 4. *Das Licht der Erde – Eine meditative Betrachtung* (2/1973); 5. *Meditation* (4/1974) und 6. *Seelengeste – Geisteshaltung* (12/1974). Allein die Dichte der Publikationsdaten zeigt, dass er zu dieser Zeit auf der Ebene der geistigen Fähigkeiten und Erfahrungen schon voll »ausgerüstet« war, er musste das »nur« niederschreiben. Er spricht in diesen Artikeln schon sehr viele Themen an, die er später in einer Reihe von Büchern vertieft hat.

Es sei hier eine bezeichnende Nebensächlichkeit erwähnt: Kühlewind hat seine Artikel und Bücher lebenslang mit der Hand geschrieben und später, für den Verlag, auf einer mechanischen Schreibmaschine abgetippt. Als ihm jemand empfohlen hatte, er könnte doch mit einem Computer schneller schreiben, hat er geantwortet: »Ich schreibe gerade deshalb mit der Hand, damit es langsam geht.« Ich habe ihn einmal gefragt, warum er sich nicht eine E-Mail-Adresse besorge. »Dann könnte man dich überall erreichen«, habe ich argumentiert. »Und wer hat dir gesagt, dass ich überall erreicht werden möchte?«, war die knappe Antwort. Es muss betont werden: Kühlewind hat durchaus von der Technik Gebrauch gemacht, wo es nötig war. Er hatte ein Telefon, ist viel mit der Bahn gereist, über große Entfernungen, wie in die USA, mit dem Flugzeug. Ein Auto hatte er nie, aber einen Führerschein schon und bei Bedarf ist er auch gefahren. Er war weder extrem technikfreundlich noch -feindlich: Er hat einfach das richtige Maß gehalten. Warum?

Aus Prinzip? Ich glaube nicht. Nur so. Weil er eben ein freier Mensch war, weder von der Technik noch von einer Ablehnung der Technik abhängig. So auch auf anderen Lebensgebieten. In seinen späteren Jahren ist er Vegetarier geworden. War er aber irgendwo eingeladen, wo man das nicht wusste und Fleisch servierte, so hat er auch das gegessen.

Das Menschenbild

1976 erschien Kühlewinds erstes Buch, *Bewußtseinsstufen*[119]. Das Wichtigste in diesem Buch ist vielleicht, dass darin sein Menschenbild klar aufgezeigt wird und auch der Weg, wie man selbst zu einem solchen Bild kommen kann. Er zeichnet darin das Bild eines Wesens, das auf mehreren Stufen des Bewusstseins, mit verschiedenen Graden der Bewusstheit lebt. Das Alltagsbewusstsein grenzt an zwei Bereiche des Unbewussten. Der eine ist das Unterbewusstsein, wo sich die seelischen Gewohnheiten, Geformtheiten befinden, die mehr oder weniger zwanghaft auf das Alltagsbewusstsein wirken. Den anderen Bereich nennt Kühlewind Überbewusstsein, wo sich unsere Fähigkeiten befinden. Wenn ich mich von einer Melodie nicht mehr losreißen kann, dann ist das eine seelische Gewohnheit. Wenn ich selbst neue Melodien erfinden kann, dann ist das eine Fähigkeit. Diese Unterscheidung der zwei verschiedenen »Unbewusstheiten« ist von höchster Bedeutung. Siehe dazu später mehr (im Kapitel *Spirituelle Psychologie*).

119 G. Kühlewind: *Bewußtseinsstufen – Meditationen über die Grenzen der Seele.* Verlag Freies Geistesleben. Stuttgart 1976. Die Kapitel 4, 5 und 8 waren 1972 und 1973 als selbständige Aufsätze in der Zeitschrift *die Drei* erschienen.

Dieses Bild steht in keinerlei Widerspruch zu dem von Steiner, welches er sehr gut kennt. Er nähert sich dem aber anders an. Er beschreibt die Bewusstseinsphänomene von Anfang an so, dass der Leser ihm vom Alltagsbewusstsein ausgehend folgen können soll. Wir haben zunächst nichts zur Verfügung als unser egoistisches und eingeschränktes Alltagsbewusstsein, wir können nur von dort aus beginnen. Wenn wir uns das nicht eingestehen, verfallen wir sehr leicht verschiedensten Illusionen. Den Leser in seinem Alltagsbewusstsein anzusprechen, war auch ein Anliegen von Steiner, aber er scheint oft doch zu viel von seinen Lesern zu erwarten. Kühlewind kannte inzwischen die unglaubliche Vielfalt der Missverständnisse, mit denen nicht wenige Anthroposophen Steiners Werk begegnen, und er war deshalb etwas vorsichtiger im Ausdruck. Er hatte zu dieser Zeit die Fähigkeit, höhere Bewusstseinsstufen zu erfahren, schon weitgehend erarbeitet, seine Erkenntnisse stammten offensichtlich von einer höheren Warte als von der des Alltagsbewusstseins. Er achtete aber besonders darauf, dass die Leser ihm vom Alltagsbewusstsein ausgehend folgen konnten. Ich versuche in den Schilderungen und Zusammenfassungen in diesem Buch ebenfalls, mich ganz besonders an diesen Vorsatz zu halten und einen langsamen Anlauf zu nehmen. Irgendwann muss man aber »springen« – wenn man abheben will. Wie, das kann man nicht sagen, man findet aber Hinweise dazu in den Beschreibungen der Übungen in den Kapiteln über *Die Neuentdeckung der Konzentrationsübungen* und *Meditation.*

a) Die Selbstbesinnung der Bewusstseinsseele

Wenn ich mich frage: »Was machst du hier auf der Erde?«, »Wer bist du?«, »Wie lebst du?«, »Wozu lebst du?«, »Wie denkst du?«, »Wie fühlst du?« und dergleichen, dann ist dabei eines klar: Ich habe ein Selbstbewusstsein, ich weiß von mir selbst. Das klingt selbstverständlich, ist es aber nicht. Pflanzen und Tiere haben auch ein Bewusstsein, aber sie wissen das nicht. Auch kleine Kinder verstehen bis zu einem gewissen Alter solche Fragen nicht. Sie können schon längst sprechen und denken, ohne es zu bemerken, ohne darauf reflektieren zu können. Ein Kind kann viel früher seine Muttersprache fast perfekt sprechen, als es bemerken würde, dass es so etwas wie eine Sprache überhaupt gibt. Sogar ein mehrsprachiges Kind, das zwischen den Sprachen hin- und herspringen kann, weiß nichts von Grammatik, Sprechintention und dergleichen. Es gibt gute Gründe anzunehmen, dass noch im Mittelalter und erst recht davor auch die meisten Erwachsenen sich mit solchen Fragen nicht beschäftigt haben, sie kaum verstanden hätten. Heute aber ist es anders, heute können (die meisten) Erwachsenen auf ihr Bewusstsein reflektieren.[120] Das ist das Hauptmerkmal unserer heutigen Seelenkonstellation, die Rudolf Steiner *Bewusstseinsseele*[121] genannt hat.

Ein weiteres wichtiges Merkmal dieser Seelenkonstellation ist, dass sie teilweise *gegeben* ist, teilweise aber eine *Aufgabe* dar-

120 Das gilt zumindest in der sogenannten »ersten Welt«, also auf jeden Fall in Europa und Nordamerika. In anderen Kulturkreisen hat sich das Bewusstsein der Menschen etwas anders entwickelt. Durch die »Globalisierung« treten diese Unterschiede aber zunehmend in den Hintergrund.

121 Rudolf Steiner beschreibt in mehreren Werken (zum Beispiel *Theosophie* und *Die Geheimwissenschaft im Umriß)* auch den Weg, wie die Entwicklung des Bewusstseins der Menschheit über mehrere Stufen hindurch zu der heutigen Konstellation geführt wurde. Auf diese Stufen gehen wir nicht im Detail ein; sie sind in Steiners Werken ausführlich dargestellt.

stellt. Ich kann auf mein Bewusstsein reflektieren, ich muss es aber nicht. Das liegt in meiner Verantwortung. Ob ich diese Verantwortung wahrnehme, liegt in meiner Freiheit. Das traurige Bild, das wir uns von unserer Zeit machen müssen – wenn wir sie halbwegs illusionsfrei betrachten –, ist ein Zeichen dafür, wie wenig wir diese Aufgabe annehmen. Ohne sich zu großen Worten verleiten lassen zu wollen, muss man ganz nüchtern feststellen: Die Zukunft der Menschheit und der Welt hängen davon ab, ob wir die Verantwortung für unser Bewusstsein wahrnehmen, ob wir unsere Freiheit verwirklichen.

Das nächste Merkmal, das auffallen kann, ist, dass dieser Bereich mit Fragen behaftet ist. Ich kann nicht nur denken, ich weiß auch, dass ich denken kann – aber weiß ich auch, wie ich das tue? Bei genauerem Betrachten: Nein. Denken können bedeutet, dass ich immer wieder (als Kind sehr häufig, später viel seltener) etwas – mir – Neues verstehen kann.[122] Aber wie verstehe ich etwas? Das weiß ich nicht. Ich kann das einfach. Steiner spricht von einem Gefühl für die Wahrheit[123], Kühlewind nennt diese Fähigkeit *Evidenzgefühl*[124]. Ich fühle, ob ein Gedankengang unlogisch bzw. logisch ist. Wenn das jemand nicht kann, dann kann man es ihm auch nicht beibringen.

122 Neu bedeutet hier: Es ist *mir neu*. Ob ein anderer diesen Gedanken schon vorher hatte, ist sekundär. Ein neuer Gedanke, ein neues Gefühl, das ist eine Erfahrung, eine Qualität des Bewusstseins. Ein jeder kennt sie. Allerdings nicht sehr gut, weil sie eben im Erwachsenenalter so rar wird.

123 R. Steiner: *Theosophie;* GA 9, Einleitung: »Denn das *Gefühl* und das *Verständnis* für die Wahrheit liegen in *jedem* Menschen.«

124 G. Kühlewind: *Vom Normalen zum Gesunden*, S. 33: »Was unser Denken in seinem logischen Verlauf führt, ist das helle Fühlen der Evidenz, daß es eben einleuchtet.«

Diese Fähigkeit scheint eine Urbegabung des Menschen zu sein. Die Fähigkeit des Fragenkönnens ist besonders rätselhaft. Ich merke, dass ich etwas nicht verstehe, aber fühle, dass ich es verstehen könnte. Das deutet darauf hin, dass dieses Gefühl oder diese Ahnung irgendwie »höher« steht, »flüssiger« ist als die formulierte Frage. Wenn ich mich frage: »Was ist der Sinn deines Lebens?«, dann weiß ich, dass ich keine Antwort habe, finde aber die Frage nicht sinnlos. Ich ahne sogar, dass eine Antwort zwar möglich ist, aber nicht in der Form von ein paar Sätzen. Ich suche vielmehr eine neue Orientierung des Lebens. Wenn ich so eine Art Ahnung nicht hätte, dann hätte ich keine Frage. Und wenn ich die Antwort schon hätte, auch nicht.

Das nächste Merkmal ist, dass sich mein Bewusstsein anscheinend auf zumindest zwei verschiedenen Ebenen aufhalten kann. Wenn ich mir sage: »Ich kann ja denken«, dann ist es zwar auch Denken, aber der Verständnisblitz, in dem ich das verstanden habe, war nicht auf der gleichen Ebene. Bei näherer Betrachtung wird klar, dass jeder Gedanke zumindest in zwei Schritten entsteht. Bevor ich einen Satz in einer Reihe von Worten zum Ausdruck bringe, muss der Sinn des Satzes schon da sein – aber dieser Sinn ist mir selbst nicht bewusst zugänglich. Wenn ich »etwas« sagen will, muss ich es formulieren. Was denn? Ja »es«, den Sinn. Den habe ich anders als den schon formulierten Satz. Der Sinn muss lebendiger, offener sein, ich könnte ihn mit verschiedenen Worten, auch in verschiedenen Sprachen zum Ausdruck bringen. Warum kann ich diesen Sinn nicht direkt ins Bewusstsein holen? Es ist, als würde ich in der ersten Phase schlafen und erst durch die Formulierung aufwachen. Diese »schlafende« Ebene ist aber die Quelle der erscheinenden Ebene, steht also »höher« oder ist »heller«. Das Licht, das den Sinn des Satzes erhellt, kommt von diesem oberen Licht, das zwar schon eine Richtung angenommen, aber sich noch nicht fixiert hat. Man ahnt, dass diese Leiter nach oben vermutlich noch mehr Stufen hat. Unser Alltagsbewusstsein ist also die unterste Stufe einer geistigen Leiter. Es ist, wie wir bereits gesehen haben, ein Vergangenheitsbewusstsein, ein totes Bewusstsein. Auch wenn ich über die Zukunft nachdenke, mache ich das mit dem gleichen Denken: Diese Zukunft ist also gar keine Zukunft, sondern nur eine verlängerte, projizierte Vergangenheit. Das klingt zunächst hoffnungslos: Das Alltagsbewusstsein besteht aus Vergangenheit, aus seelischen Formen, ist tot. Aber woher weiß ich das? Weil ich diese Vergangenheit aus der Gegenwart, diese tote Welt aus der Lebendigkeit anschaue. Ich werde zwar immer nur der Ergebnisse der lebendigen, der gegenwärtigen Ebene bewusst, aber ich kann mich auf ihr offensichtlich irgendwie bewegen. Wieso ist das so? Warum verschlafe ich meine Gegenwart? Wie könnte ich sie bewusst erleben? Wer die Übungen im vorigen Kapitel nachvollzogen hat, der kennt schon ungefähr die Antwort. Gehen wir trotzdem noch etwas näher darauf ein.

b) Der Widerstand der Egoität: die Hülle

Wir haben gesehen: Der Sinn eines Satzes befestigt sich und wird bewusst in einem Ausdruck durch Worte einer Sprache. Das ist eine Bewegung meiner Aufmerksamkeit: Sie formiert sich aus einer flüssigen, aber unbewussten »Form« zu einem Satz. Nach dieser Befestigung löst sie sich wieder auf und macht sich frei für den nächsten Gedanken. Eigentlich muss sie dieses Spiel, diese Metamorphose auch schon von Wort zu Wort, von Buchstabe zu Buchstabe durchführen. Die flüssige Aufmerksamkeit kann jede Form annehmen und sich aus jeder Form herauslösen. Die Lehrmeister dieser Bewegung sind die Sprache und die sprechende Umgebung. Die irdische Sprache lehrt uns, aus der flüssigen, lebendigen, kontinuierlichen Ideenwelt geformte, in Worte gefasste Ideen herauszuholen, herauszuartikulieren und später auch neue Ideen »hineinzuschreiben«. So funktioniert die Aufmerksamkeit, wenn sie gesund ist. Unsere Aufmerksamkeit ist aber in der Regel nicht gesund. Sie ist schwach, zerstreut und immer wieder gerinnt sie auch ungewollt in Formen, in Gedanken- und insbesondere in Gefühlsformen. Die meisten Gefühle suchen uns ungewollt auf und bleiben so lange, wie sie wollen, und nicht so lange, wie wir wollen. Die meisten Menschen wollen nicht wütend, neidisch usw. sein – und werden es trotzdem. Aber um unsere Autonomie steht es auch beim Denken nicht so großartig – wie es unsere häufigen Ablenkungen während einer Konzentrationsübung gut zeigen. Wann und wie die Erkrankung der Aufmerksamkeit erfolgt ist, wird von Rudolf Steiner ausführlich dargestellt.[125] Die Bibel beschreibt diese Veränderung sehr kompakt als den Sündenfall des Menschen. Wir gehen hier nur auf eine, die heute wichtigste Konsequenz dieser Veränderungen ein.

Während der Phase des Sprechenlernens funktioniert die gesunde »Atmung« der Aufmerksamkeit noch gut – Form aufnehmen, sich aus der Form herauslösen. Aber auch schon in dieser Phase wird sie durch die unaufmerksame Teilanwesenheit der Erwachsenen oft beeinträchtigt. Das Erlernen der Muttersprache ist noch nicht frei, der Wille des Kindes wird von dem der Erwachsenen getragen. Das ist eine sehr große Verantwortung für die Erzieher – der sie sich oft nicht bewusst

125 Siehe dazu zum Beispiel R. Steiner: *Die Welt der Sinne und die Welt des Geistes.* GA 134. Steiner beschreibt in diesen Vorträgen, wie sich die gesunde Verbindung der menschlichen Wesensglieder verändert hat und gewisse, ungesunde Überlappungen entstanden sind.

sind. Wenden sich die Erwachsenen nicht mit voller Aufmerksamkeit den kleinen Kindern zu, dann verwirren sie diese damit – leider oft nachhaltig. Kleine Kinder leben in einer vollständigen Hingabe an die Bewusstseinswelt der Erwachsenen. Sie ahmen nicht nur die Laute – und damit die Bewegung der teilweise unsichtbaren Sprachorgane – nach, sondern auch die Sprechintention, bis in die gefühlsmäßige Intention. Wenn die Eltern nervös sind, werden die Kinder nervös, wenn die Eltern harmonisch sind, werden sie auch harmonisch – zumindest in einem beträchtlichen Ausmaß. Da aber heute kein Erwachsener frei von Egoität, von einem Arsenal auf sich selbst bezogener Gefühle ist, lernen die Kinder das auch. Es entsteht eine Gefühls-Hülle, die wir mehr oder weniger um den Körper herum erleben, mit dem wir uns identifizieren. Die Bibel drückt das bildhaft damit aus, dass Adam sich nach dem Sündenfall vor Gott versteckt, weil er sich seiner Nacktheit schämt. Es ist natürlich völlig absurd, sich vor Gott zu verstecken. Das Bild drückt aus, dass der Mensch nicht mehr mit voller Hingabe bei Gott sein kann, ein Teil seiner Aufmerksamkeit gilt nun seinem Gefühl um den Körper herum, mit dem er sich von da an identifiziert. Beim Kleinkind ist das der Moment, in dem es lernt, *ich* zu sagen. Das ist die größte Intuition des Lebens – die Idee des Ich kann man nicht erklären.[126] Laut Kühlewind ist

126 Ich-Bewusstsein lässt sich auch nicht mit künstlicher Intelligenz nachahmen. Achim Noschka, ein hervorragender deutscher Psychologe und Freund von Georg und mir, hat bei einem Besuch in Budapest erfahren, dass ich an meinem Institut die weltweit bekannte »Eliza«-Software von Joseph Weizenbaum habe – die erste Software, die überraschend intelligent erscheinende Gespräche mit Benutzern führen konnte. Er wollte sie unbedingt testen und hat sie mit einer einzigen Frage bloßgestellt. Er fragte: »Bist du ein Ich,

diese Intuition aber auch unser größtes Missverständnis, weil diese stellvertretende Ich-Erfahrung, die Identifikation mit dem Körper – genauer mit der Gefühlshülle um den Körper – uns unser wahres Ich längerfristig versteckt. Es ist wichtig zu verstehen: Nicht der Körper, sondern unser *Gefühl* des Körpers ist es, aus dem diese Hülle – Kühlewind nannte sie manchmal auch ironisch einen »Bademantel«, den man nie ablegt – gewoben ist. Sie trennt uns von der himmlischen Welt, d.h. von den Quellen unserer geistigen Fähigkeiten – nicht vollständig, aber weitgehend. Würde diese Teil-Verdunkelung der Seele aber nie auftreten, würden wir in voller Einheit mit der himmlischen Welt bleiben – und dann könnte die Idee der Freiheit nicht entstehen. Wenn ein Kind sich von der vollen Hingabe zu den Eltern nicht lösen kann, wird es nie selbständig. Hätte sich die Menschheit nicht von der Hingabe an die Götterwelt gelöst, könnte kein Mensch frei sein. Ist diese Trennung aber einmal da und hat der Mensch auch die Fähigkeit erhalten, diese Lage zu erkennen, dann wäre die nächste Aufgabe des Menschen, diesen Schleier aufzuheben und zu seinem wahren Ich vorzudringen. Das erste Hindernis auf dem Weg zur Freiheit ist die volle Hingabe an die Götterwelt. Das zweite Hindernis besteht in der ständigen Ablenkung unserer Aufmerksamkeit durch die Hülle.[127] Es ist die Hülle, die uns egoistisch macht. Solange sie da ist, bleiben wir Egoisten – und deshalb unfrei. Ein wirk-

Eliza?« Worauf das Programm antwortete: »Warum glaubst du, dass ich ein Du bin?«

127 Nur ein Wortspiel, trotzdem erwähnenswert: Diese Hülle ist sozusagen die Hölle. Die Hölle ist der Bereich der gefangengenommenen Aufmerksamkeitskräfte, des Unterbewusstseins, der Himmel ist der Bereich der freien Aufmerksamkeitskräfte, des Überbewusstseins.

lich freier Mensch kann nur jemand sein, der aus eigener Kraft zu seiner Quelle zurückfindet. Der egoistische Mensch braucht die gefühlsmäßige Reibung der Hülle, muss die Hülle spüren. All die negativen, selbstbezogenen Gefühle wie Neid, Eitelkeit usw., auch solche gesellschaftlich eher als positiv angesehenen Gefühle wie Ehrgeiz, Freude am Erfolg usw. haben den einzigen Zweck, die Hülle zu reiben und uns dadurch eine Bestätigung unseres ansonsten schwachen Ich-Gefühls zu geben. Der freie Mensch braucht das nicht, und deshalb kann er liebevoll handeln. Nur in Freiheit können wir liebevoll sein. Und nur in Liebe können wir frei sein.

Wie wir bei der Beschreibung der Konzentration und der Meditation bereits gesehen haben ist die unmittelbare Erfahrung dieses freien Ich das zentrale Erlebnis dieser Übungen, das »geistige Grunderlebnis«. Und nun sehen wir auch, warum uns das so schwerfällt: Die Hülle zieht unsere Aufmerksamkeit andauernd in die Tiefe, lässt uns nicht »abheben«. Wenn wir diese Lage nicht erkennen wollen, dann flüchten wir in die absurdesten Ersatzhandlungen und Ersatzerklärungen. Das erklärt auch die unglaubliche Anzahl an sogenannten spirituellen Angeboten, die innerhalb kurzer Zeit Erleuchtung und allerlei andere Großartigkeiten versprechen. Die bewusste Auflösung der Hülle – zumindest für die Zeit einer Übung – ist dagegen sehr schwierig und kann nachhaltig nur in voller Ehrlichkeit und Konzentriertheit geschehen. Alles andere ist bloß Täuschung und faule Ausrede.

c) Bewußtseinsstufen

Das erste Buch von Kühlewind ist der schon erwähnte Titel *Bewußtseinsstufen*. Das erste Kapitel ist Rudolf Steiners grundlegendem Werk, der *Philosophie der Freiheit* gewidmet. Ich habe früher schon erwähnt, dass Kühlewind, als er sich von der Anthroposophie lösen wollte, einen bedeutungsvollen Traum hatte, der ihm u.a. klar machte, dass er zu diesem Werk zurückkehren solle, weil er darin etwas Grundsätzliches noch nicht verstanden habe. Und die Entdeckung dieses Unverständnisses, vor allem der Art dieses Unverständnisses, wurde ein Schlüsselerlebnis für ihn. Es war ihm schon früher aufgefallen, dass das Buch einen grundlegenden Widerspruch in sich trägt. In der ersten Hälfte wird überzeugend dargestellt, dass sich das Denken nicht selbst beobachten kann. Warum, das haben wir schon gesehen: Weil es immer zu spät kommt. Was man beobachten kann, ist der schon gedachte Gedanke, nicht aber das Denken selbst, sein Prozess. In der zweiten Hälfte des Buches wird aber immer wieder über die Selbstbeobachtung des Denkens gesprochen. Was bedeutet das? War Steiner ein dermaßen unaufmerksamer Autor? Oder birgt gerade dieser Widerspruch eine Lehre, vielleicht eine der wichtigsten des Buches? Die Antwort sollten wir an dieser Stelle schon ahnen: Der Widerspruch liegt darin, dass diese zweite Art, das sich selbst beobachtende Denken, nicht die gleiche ist wie die erste. Die erste Art ist das gewöhnliche Denken, die zweite aber das meditative. In der Meditation kann sich das Denken in seiner lichtvollen, solaren Art selbst erfahren. Das bedeutet auch, dass man Steiners Texte nicht »horizontal« lesen kann. Der Text fängt auf der Ebene des Alltagsbewusstseins an, aber irgendwann (meist sehr bald) hebt er davon ab. Wenn der Leser dieses Abheben verpasst, dann wird der Text unverständlich, missverständlich und widersprüchlich. Und das gilt übrigens nicht nur für Steiner, sondern für jeden »anspruchsvollen«, sprich meditativen Text. Wenn man meditative Texte liest, aber nicht »mitkommt«, dann macht man sie zur Abstraktion. Wenn wir meditative Texte wie zum Beispiel die Bibel, die Epen von Homer usw. als abstrakte Konstruktionen lesen, verlieren sie ihren eigentlichen Sinn. Wie wenn jemand Musiknoten so lesen würde: kleine schwarze Kugel mit Fahne, große weiße Kugel ohne Fahne usw. Das ist nicht falsch, aber eben keine Musik! Erst wenn wir die Texte von Steiner, von Kühlewind, wenn wir meditative Texte überhaupt in innere Bewegung, in eine unhörbare Musik umwandeln, dann eröffnen sie uns neue Welten, die uns zu unseren geistigen Wurzeln zurückführen. Sie helfen uns, freie und liebevolle Menschen zu werden. Wenn wir sie abstrahieren, analysieren, erklären, an ihnen kauen wie an Kaugummi, dann helfen sie uns nicht und können unseren geistigen Hunger nicht stillen. Es geht nicht darum, die beste Theorie des Lebens zu finden. Es geht darum, zu lernen, unser Leben wirklich lebendig zu machen.

Das Buch *Bewußtseinsstufen* geht über dieses Thema noch weit hinaus. Kühlewind zeichnet neben dem schon behandelten Menschenbild seine ganze Vision über die Aufgabe und die Zukunft des Menschen und der Erde. Besonders spannend, man könnte sagen revolutionär, ist das Kapitel *Die geistige Kommunion des Menschen*. Es besteht nämlich ausschließlich aus Meditationen, eigentlich aus Meditationsgruppen, und macht damit klar: Wenn du das hier mit dem Alltagsbewusstsein lesen willst, dann kannst du es höchstens als ein unverständliches »Prosagedicht« auffassen. Beim meditativen Lesen wird aber klar, dass die Sätze innerhalb einer Gruppe immer mehr »nach oben« führen. Und die Gruppen untereinander auch. Durch die Arbeit an diesem Kapitel können wir lernen, »vertikal« zu lesen, vom Alltagsbewusstsein abzuheben.

Die Reinheit des Strebens

Rudolf Steiners Forderung, wonach die Entwicklung des Menschen in den Erkenntnisfähigkeiten und in der Moralität Hand in Hand gehen muss, wurde schon angesprochen. Wie in *Moralische Haltung nach dem KZ* beschrieben, muss die moralische Entwicklung sogar immer zumindest um einen Schritt voraus sein. Georg Kühlewinds ganzes Leben ist ein wunderbarer Beleg für diese doppelte Art von Entwicklung. Explizit spricht er das in seinem zweiten Buch, *Die Wahrheit tun*[128] an. Dieses Buch gibt einen Überblick über den ganzen Schulungsweg und über die Art des richtigen Studiums. Es enthält auch ein eigenes Kapitel über die Beziehung zwischen Christentum und Anthroposophie. Das Christentum steht im Zentrum einer ganzen Reihe von Kühlewinds Werken; dazu kommen wir noch. *Die Wahrheit tun* enthält auch ein wunderbares Kapitel über das reine Wahrnehmen, ein Aspekt, der später in einem gesonderten Werk ausführlich ausgearbeitet wird.[129] Weiter widmet Kühlewind ein ganzes Kapitel dem Verzeihen. Und nach einer kurzen Einführung in Konzentration und Meditation kommt gleich am Anfang des Buches das vielleicht wichtigste Kapitel: *Über die Reinheit des Strebens.*

Wir haben schon bei der Beschreibung der Meditation gesehen, dass sie im Wesentlichen aus zwei Phasen besteht: Aus

128 G. Kühlewind: *Die Wahrheit tun.* Verlag Freies Geistesleben, Stuttgart 1978. Die Kapitel 2, 8-10 und 15 sind veränderte Aufsätze, die zuerst 1974, 1976 und 1977 in der Zeitschrift *die Drei* erschienen waren.

129 G. Kühlewind: *Wege zur fühlenden Wahrnehmung – Die Belehrung der Sinne.* Verlag Freies Geistesleben. Überarbeitete Neuausgabe 2002. Die 1. Auflage erschien unter dem Titel *Die Belehrung der Sinne,* Stuttgart 1990.

der des Strebens und der des Loslassens. Wer nicht strebt, sich nicht bemüht, kommt nicht voran und hat auch nichts loszulassen. Wer aber nicht irgendwann zu dieser entscheidenden inneren Geste gelangen kann: alles loszulassen, der bleibt an der Schwelle der geistigen Welt haften und kommt nicht hinüber. Die Haltung des Loslassens hat Kühlewind später in folgender Meditation zusammengefasst: »Ich will nichts.« Die gleiche Haltung drückt sich auch im großen Gebet des Herrn, im Vaterunser aus: »Dein Wille geschehe!« Welch ein Widerspruch! Ich will, dass Dein Wille geschieht. Ist das möglich? Mit dem üblichen, bekannten Willen eben nicht. Dazu muss sich der Wille »umkehren«. Er muss jedes Ziel, jede Intention fallen lassen, dabei aber nicht verschwinden, sondern als eine voll konzentrierte, kraftvolle und offene Haltung erscheinen. Ich will – aber ich will nichts. Nichts, was schon da wäre, wovon ich schon eine Vorstellung hätte. Ich will Deinen Willen empfangen und weitergeben. Das ist die richtige Haltung des Gebets. Und auch die der reinen Wahrnehmung. Das ist der magische Punkt, in dem der Meditierende über die Schwelle tritt – oder genauer ausgedrückt, die geistigen Wesen oder zumindest ihre unsichtbaren Äußerungen in sein Bewusstsein hereinlässt. Dies kann nur in der absoluten Reinheit geschehen. Der Herr tritt nur in eine reine Kirche ein. Darum vertreibt er die Taubenhändler aus der Kirche. Sie tun ja nichts Böses, führt Meister Eckhart in seiner ersten *Deutschen Predigt* aus, sie verkaufen ja nur die Tauben für den Kultus. Aber mit Gott kann man nicht »markten«.[130] Alles muss weg, nicht nur das

130 Meister Eckhart: *Erste Deutsche Predigt*: »Warum begann Jesus hinauszuwerfen, die da kauften und verkauften, und hieß die wegräumen, die da Tauben feilhielten? Er meinte damit nichts anderes, als daß er den Tempel ledig haben wollte, recht, als ob er hätte sagen

Schlechte, sondern auch das vermeintlich Gute. Alles – außer der reinen, offenen Kraft des empfangenden, jungfräulichen Willens, des Ich. Kühlewind beschreibt das in *Die Wahrheit tun* mit der folgenden Mediationsreihe:

> Dies ist die Reinheit, die nicht anzustreben ist.
> Dies ist die Reinheit, die man nicht anstreben kann.
> Dies ist die Reinheit, die man sich nicht vorstellen kann.
> Diese Reinheit kann nur aus der Konzentriertheit kommen, aus der Konzentriertheit des Lichtes, in dem keine Finsternis ist: aus der Aufrichtigkeit. Wer auch das noch anstrebt, hat nicht verstanden.[131]

Durch diese Meditationen kann uns auch aufleuchten, was Steiner unter »moralischer Intuition« versteht. Es geht nicht darum, dass man sich an keine gesellschaftlichen Regeln mehr hält und handelt, wie es einem gerade einfällt. Eine wirklich moralische Handlung kann nur aus der vollen Konzentriertheit kommen, mit anderen Worten: aus dem voll aufgewachten Ich. Solange ich »oben« schlafe, kann ich nicht moralisch sein – deshalb ist es besser, ich halte mich vorerst an Regeln. Es kann natürlich vorkommen – und es kommt auch immer wieder vor

wollen: Ich habe das Recht auf diesen Tempel und will allein darin sein und die Herrschaft darin haben… Hierum will Gott diesen Tempel ledig haben, auf daß denn auch nichts weiter darin sei als er allein… Wenn denn Gott in diesen Tempel kommt, so vertreibt er daraus die Unwissenheit, das ist die Finsternis, und offenbart sich selbst mit Licht und mit Wahrheit. Dann sind die Kaufleute fort, wenn die Wahrheit erkannt wird, und die Wahrheit begehrt nicht nach irgendwelchem Kaufhandel.«

131 G. Kühlewind: *Die Wahrheit tun*, S. 35.

–, dass Menschen in einer besonderen Situation wie »über sich selbst hinauswachsen« und hochmoralisch handeln.[132] Man kann aber nie sicher sein, ob man selbst eine solche Prüfung bestehen würde. Wenn ich mich aber zu einem moralischen Menschen erziehen will, der zumindest meistens moralisch handelt, dann muss ich das bewusst erlernen. Es gibt Menschen, die sehr gute, intuitive Denker sind und viele ausgezeichnete Einfälle haben. Die Meditation als tägliche Praxis zu erlangen, ist aber noch etwas anders. In ähnlicher Weise ist die Fähigkeit zur moralischen Handlung nur als Keim gegeben, wir müssen an ihr arbeiten. Viele künstlerische Karrieren scheitern daran, dass ein Kind oder ein Jugendlicher zwar sehr begabt ist, aber nicht die

132 Imre Kertész beschreibt in einem seiner Romane eine solche Geschichte: Ein Teil der Gefangenen in Ausschwitz wird in ein anderes Lager transportiert. Er, als vierzehnjähriger Junge mit einem eitrigen Knie, liegt auf einer aus einem Brett improvisierten Bahre. Niemand weiß, wohin und wie lange die Reise geht. Niemand weiß, ob sie überleben werden. Brotportionen werden verteilt. Da er liegt, wird seine Portion einem anderen mit dem Spitznamen »Herr Lehrer« gegeben, mit dem Hinweis: »Gib es ihm.« Im nächsten Augenblick verschwindet der Herr Lehrer in der Menge. In dem liegenden Jungen heult zuerst sein Hunger auf, dann die sichere Erkenntnis: Ich werde sterben. Im nächsten Augenblick taucht der Herr Lehrer aus der Menge auf, wirft ihm sein Brot in den Schoß. Ihre Blicke treffen sich für einen Augenblick. Der Blick des Lehrers sagt: »Hast Du wirklich geglaubt …?« Dann verschwindet er: Ist er nicht rechtzeitig auf seinem Platz, wird er erschossen. Das ist die Geschichte. Dieser Mensch hätte Grund genug gehabt, das Brot des Jungen zu behalten: »Der ist eh bald tot, ich könnte aber überleben, ich bin auch sehr hungrig, man behandelt uns hier sowieso wie Tiere« usw. Stattdessen handelt er moralisch: frei und aus Liebe. In diesem Moment hat er allein alle Nazis, alle Bosheiten dieser Welt besiegt. Für einen Moment. Bis in die Ewigkeit.

Kraft hat, die Übungen der entsprechenden Kunst regelmäßig durchzuführen. Ich kenne manche Musiker und Schauspieler, die aus diesem Grund weit unter ihren Möglichkeiten geblieben sind. Und ich kenne auch solche, die durchs Üben weit über ihre ursprüngliche Begabung hinausgewachsen sind. Im Erlernen der spirituellen und moralischen Fähigkeiten ist die Lage sehr ähnlich.

Kühlewind hat manchmal – sicher auch etwas ironisch – gesagt: »Selig sind die Unbegabten.« Dieser Spruch ist viel tiefsinniger, als man vielleicht glaubt. Begabung kann uns verwöhnen, wie es viele schiefgelaufene Künstlerkarrieren zeigen. Wenn wir unbegabt sind, kommen wir näher an unsere Grenzen und nehmen vielleicht früher den Kampf auf, um diese Grenzen zu erweitern. Kühlewind selbst war sicherlich weder intellektuell noch moralisch unbegabt. Aber er war kein Hellseher von Vornherein. Er musste alles selbst erarbeiten. Und das allein zeugt schon von einer unglaublich hohen Moralität. Niemand sollte sich wünschen, spirituelle Fähigkeiten als Geschenk zu bekommen. Sie sind nur dann wertvoll, wenn wir frei über sie verfügen. Freiheit kann man aber nicht schenken, nur die Möglichkeit dazu. Meine Freiheit muss ich selbst ausüben, oder ich verzichte eben darauf und bleibe Sklave – meiner Lage und meiner Begabungen.

V. Leuchttürme eines inneren Weges

Stufen der Einweihung

Die inneren Wege der Einweihung werden in den verschiedenen Traditionen in unterschiedliche Stufen eingeteilt. Rudolf Steiner spricht ebenfalls über unterschiedliche Einteilungen, mal über drei, mal über sieben Stufen. Es sollte uns klar sein, dass solche »Stufen« nicht durch feste Grenzen voneinander getrennt sind. Wenn wir uns innerlich entwickeln, dann beteiligt sich daran immer der ganze Mensch, ausgehend von ganz oben, von seinem wahren Ich, bis zu seinem physischen Leib. Es ist aber unterschiedlich, wo genau bei einem gewissen Schritt der Schwerpunkt liegt und wieviel uns davon bewusst wird.

Die Stufen der inneren Entwicklung nannte Kühlewind in einem Seminar in Baruth, das im Buch *Melodie und Stille* aufgezeichnet wurde, die »Stufen der Leerheiten«[133]. Eine seelisch-geistige Funktion ist umso »höher«, je leerer, je reiner, je offener sie ist. Wenn mein Denken voll ist von – teilweise zwanghaften – Assoziationen, dann ist diese Fähigkeit nicht besonders hoch entwickelt, weil sie mir kaum frei zur Verfügung steht. Wenn ich das konzentrierte Denken erlerne und mein Denken zumindest für die Zeit der Übung von Alltagsin-

133 G. Kühlewind: *Melodie und Stille – Kunst, Kontinuität und das leere Bewusstsein*, S. 67. Verlag Freies Geistesleben, Stuttgart 2009.

halten reinige, »leer mache«, dann steigert sich diese Fähigkeit. Ich werde »leer« von alltäglichen Gedanken, mein Denken erlangt zunehmend den Charakter eines fühlenden Erkennens. Wenn ich mich sogar von diesen nicht-alltäglichen Gefühlen »leer mache«, steigt das Bewusstsein noch höher, zu einer Hierarchie der Ebenen der Leere, die man »erkennendes Wollen« nennen könnte. Die Hierarchien der höheren Wesen können wir auch so verstehen: Je höher ein Wesen steht, umso offener, größer und »leerer« ist es. Meister Eckhart drückt das irgendwo so aus: Je höher ein Wesen steht, umso weniger Begriffe hat es. Der Mensch hat sehr viele Begriffe. Die Engel haben schon viel weniger, diese sind aber viel umfassender, lebendiger. Und so geht es weiter hinauf. Letztlich hat Gott nur einen einzigen »Begriff« – der alles umfasst.

Im Kapitel *Die Hierarchien als Stufen der Leerheit* im Buch *Melodie und Stille* sagt Kühlewind:

»Bei unserem letzten Treffen hier haben wir unter anderem auch die Stufen der Leerheit berührt. Wir haben damals gesagt – jetzt will ich auf andere Stufen eingehen –, dass die denkende Aufmerksamkeit leer sein kann; aber das bedeutet nicht, dass auch die fühlende Aufmerksamkeit leer ist; und dass die fühlende leer ist, bedeutet nicht, dass die wollende Aufmerksamkeit leer ist …

Wie einfach – oder wie abgestuft – es vom Wort-Denken zum begrifflichen Denken, vom begrifflichen Denken in das wortlose und nicht begriffliche Denken und in das erkennende Fühlen und so weiter führt, das ist kulturbedingt. Wie wir diese Kontinuität aufteilen, wie Sprossen in die Himmelsleiter hineinkommen, das hängt von der Kultur ab. Das geschieht, weil wir über eine Kontinuität nicht sprechen können. Das ist es. Wenn ich nicht Denken, Fühlen, Wollen sage – ja, was sage ich dann? Ich habe keinen Griff. Das ist das Diskontinuierliche der Sprache und dadurch des Denkens.«[134]

Georg wurde einmal in New York nach einem Vortrag von jemandem wichtigtuerisch gefragt: »Auf welcher Stufe der Einweihung stehen Sie?« Ohne zu zögern, antwortete er mit ernster Miene: »Turtle.« (Schildkröte)[135] »Ah, was ist das?« war die Reaktion. »Wissen Sie das nicht?«[136] Der Fragende hat sich mit einem etwas ratlosen Gesicht entfernt, Georgs Freunde in New York lachen bis heute darüber. Nach einem der jährlich stattfindenden *Georg Kühlewind Memorial Lectures*, die ich halten durfte, hatten seine Freunde im Vorzimmer einen kleinen Tisch (wie einen Altar) mit verschiedenen Schildkröten-Darstellungen aufgestellt. Als Scherz und liebevolle Erinnerung gleichzeitig. Das klingt für manche vielleicht befremdend. Ich finde es aber unglaublich heilsam, dass er seinen Weg ohne jegliche Wichtigtuerei gegangen ist. Es gibt sehr wohl »wahrnehmbare« Stufen des inneren Aufstiegs. Unsere Sorge sollte aber nicht die Benennung, sondern die Reinhaltung solcher Steigerungen sein.

In den 28 Jahren, in denen ich Kühlewind regelmäßig gehört habe, habe ich immer wieder Fortschritte bei ihm wahrgenommen. Ich konnte es teilweise nachvollziehen, wie er zuerst eher im Denken, dann im Fühlen und letztlich im Wollen immer

134 Ebenda, S. 66.

135 In alten orientalischen Kulturen gibt es tatsächlich Tiernamen für Einweihungsstufen und auch Steiner bezieht sich in manchen Werken auf diese, wie zum Beispiel in GA 103; die Stufe »Schildkröte« gibt es aber nirgendwo, die wurde spontan zum Scherz erfunden.

136 Die vollständige Version dieses Gesprächs verdanke ich den Aufzeichnungen von Robert Paul.

reiner, klarer, stärker wurde. Trotzdem verzichte ich hier darauf, seine ständige innere Steigerung in irgendein Schema hineinzupressen und versuche, seine innere Entwicklung entlang besonders stark leuchtender Stationen, besonderer »Leuchttürme« nachzuvollziehen. Diese Leuchttürme wurden in seinen Büchern festgehalten, in manchen Fällen gleich mehrere.

Das Gewahrwerden des Logos

Schon in den ersten Schriften von Kühlewind spielt ein esoterisch erlebtes Christentum eine zentrale Rolle. Sein Weg dorthin ist äußerlich schwer nachvollziehbar. Wie aus dem siebzehnjährigen Jungen – der, aus einer offenen, religionsfreien Familie kommend, zuerst ein überzeugter Atheist wurde, dann dank Kerényis Vorlesungen die griechische Mythologie als eine Realität erlebte und schließlich als »Jude« durch die »Christen« ins KZ geschleppt und fast ermordet wurde – einer der tiefsten Kenner und Versteher des Christentums und etwas später ein ähnlich tiefer Kenner und Versteher des Zen-Buddhismus[137] wurde: Das ist ein Weg, den man sich kaum vorstellen kann. Jede Art von Sektiererei war ihm völlig fremd. Es ging ihm nicht um irgendwelche Konfessionen, Dogmen oder Traditionen. Dadurch, dass er lernte, in der Meditation bis zur Quelle der Weisheit zu kommen, war ihm nichts fremd, was wirklich geistig ist. Er haftete nicht an Worten, Lehren oder Konfessio-

137 Seine Frau hat mir kurz vor ihrem Tod von einem japanischen Zen-Meister erzählt, der gesagt hat: »Kühlewind war der einzige Europäer, der den Buddhismus verstanden hat.« Dass er der einzige war, kann man anzweifeln. Aber er ist auch beim Zen in den Kern der Lehre eingedrungen – dazu später noch einiges.

nen, sondern erkannte den Geist in jeder Ausdrucksform, weil er ihn auch in seiner ursprünglichen »Form« – nämlich formfrei – kannte. Vordergründige Widersprüche schreckten ihn nicht ab, im Gegenteil. Manche Anthroposophen halten gerne Vorträge darüber, wie Steiners Weg – nach seinen eigenen Angaben – zuerst zum Buddha und erst nachher zum Christus führte. Auch bei Steiner ist das nicht so zu verstehen, dass er zuerst »Buddhist« war und dann zum Christentum »konvertierte«, sondern dass er immer tiefer in die geistige Welt eingedrungen ist. Er folgte keiner Konfession und keinem »Ismus«. Genauso wenig Kühlewind. Auch wenn Kühlewind natürlich schon auf Steiner aufbauen konnte und es deshalb in mancher Hinsicht sicherlich leichter hatte. Wichtig finde ich, wie Kühlewind die Bibel und andere »anspruchsvolle« Texte gelesen, meditiert, in sich belebt, durchleuchtet hat. Auf das eigene Tun kommt es an, und das sollten wir von ihm lernen. Zumindest ansatzweise.

a) Der Logos

Der Logos-Begriff taucht schon in Kühlewinds erstem Buch auf (siehe Kap. *Erste Publikationen*), rückt aber in seinem dritten Buch, in *Das Gewahrwerden des Logos* vollständig ins Zentrum. Es folgte eine ganze Reihe von Logos-Büchern – d.h. Bücher, die den Logos oder das Wort oder die Sprache auch im Titel tragen.[138] Aber eigentlich sind alle seine Bücher

138 Vgl. G. Kühlewind: *Die Diener des Logos – Der Mensch als Wort und Gespräch*, 1981; *Das Licht des Wortes – Welt, Sprache, Meditation*, 1984; *Die Logosstruktur der Welt – Sprache als Modell der Wirklichkeit*, 1986; alle erschienen im Verlag Freies Geistesleben, sowie *Der sprechende Mensch – Ein Menschenbild aufgrund des Sprachphänomens*, Vittorio Klostermann, Frankfurt am Main 1991.

Logos-Bücher, stehen im Zeichen des Logos. Meistens sind diese Titel selbst schon Meditationen, aber ganz besonders dieser: *Das Gewahrwerden des Logos.* Es geht nicht nur um den Logos, von dem es heißt (Joh 1,3): »Alles ist durch ihn geworden, und ohne ihn ist auch nicht eines geworden, das geworden ist.« Es geht noch mehr um dessen Gewahrwerden. Johannes wurde dessen gewahr und alle, die sein Evangelium lesen, werden aufgefordert, dessen gewahr zu werden. »Das Gewahrwerden des Logos ist das Gewahrwerden des Logos – in mir« – so beginnt das erste Kapitel des Buches. Darin erfährt die ganze menschliche Entwicklung ihren Sinn: Der Mensch wurde aus dem Paradies (aus der bewusstseinsmäßigen Einheit mit dem Schöpfer) vertrieben, um seinen eigenen Weg zu gehen. Das ist eine Entwicklung nach unten, weg vom Himmel, weg von der geistigen Welt. Und der Wendepunkt ist da, wo der Mensch des Logos in sich selbst gewahr wird. Jetzt kann er sich umdrehen und aus eigener Kraft zurückkehren – wie der verlorene Sohn. Tut er das nicht, so bleibt er dabei zu begehren, »seinen Bauch zu füllen mit Trebern, die die Säue aßen« (Lk15,16). Am Anfang des Kapitels *Das Wort im Urbeginn* des Buches *Das Gewahrwerden des Logos* heißt es:

»Die Welt spricht. Vor allem sagt sie das Sprechen selbst. Oder sagt das Sprechen die Welt? Das Sprechende in den Dingen, in der Welt, und dass es eine Sprache ist, wurde sehr spät bemerkt. Es war das Zeichen: *die Zeiten* sind erfüllt. Die große Geschichte ist zu Ende: das ist das Ende der Zeiten. Es kommt jetzt *die* Zeit. Die Geschichte war die Geschichte des Niedersteigens des Logos. Dass man unter *diesem* Namen von ihm sprach, war das Zeichen. Das Gewahrwerden des Logos ist das Ende der großen Geschichte. Von nun an führt der Mensch die Geschichte weiter – oder nicht. Das Abklingen[139] ist da, der Mensch *weiß* darüber in verschiedenen Formen und Traditionen.

Was bedeutet es, dass er davon weiß? Was bedeutet es, dass man – immer – davon wusste? Man hat auf diesen Zeitpunkt gewartet – auf dieses letzte Geschehen. Es entstehen die Worte der Innerlichkeit – Gewissen, Denken, Bewusstsein usw. – und zentral: die Idee des Logos. Es sind die Ideen des Widders[140] mit dem zurückgewendeten Kopf: auf sich, auf das eigene Bewusstsein, auf sein Vergangenes zunächst, schauend – die weit vorausgreifenden Gebärden der Bewusstseinsseele.

›Der Seele ist der Logos eigen, der aus sich selbst wächst.‹[141] Am Ende des großen Abklingens bildet der Logos in der Seele die lebendige Stelle der Welt, des Neuen, fähig des Urbeginns. – Das Urbeginnen war das Gewahrwerden des Logos selbst.«

Am Ende des großen Abklingens erscheint der Sohn, der Lo-

139 Anm. im Original: »Zum Begriff ›Abklingen‹ siehe ›Die Wahrheit tun‹, Kap. ›Das Ende des siebenten Tages‹.«

140 Anm. im Original: »Der Widder mit dem zurückgewendeten Kopf: Bereits in Babylonischer Zeit findet sich der Widder als Tierkreiszeichen, Symbol der Auferstehung in der Natur und der Schöpferkraft, Attribut der Götter und wichtiges Opfertier. ›Die kosmologische Auferstehungsbedeutung des Tierkreiszeichens behält der Widder im Norden auch in christlicher Umdeutung: Manche Widder-Lämmer an romanischen Tympana sind als umgedeutete Tierkreiszeichen zu verstehen, wobei der zurückgedrehte Kopf des Tieres die entscheidende Wendung des Himmelsumschwungs bedeuten mag ...‹ Aus: ›Lexikon der christlichen Ikonographie‹, hrsg. von E. Kirschbaum SJ u.a., Allgemeine Ikonographie, Band 3/1971, Stichwort ›Lamm‹; Band 4/1972, Stichwort ›Widder‹ (Freiburg).«

141 Vgl. Anm. 118 auf S. 148 in diesem Buch.

gosträger auf der Erde und setzt den Logoskeim, den Logos-Funken in die Seele der Menschen. Der Funke glüht »unter der Asche des Alltagsbewusstseins«, solange wir des Logos nicht gewahr werden. Wenn wir seiner aber gewahr werden, lodert er auf. Es wird aus ihm eine Neuschaffung von Moses Feuersäule. Mose war einer der ersten, von dem wir wissen, dass das ICH in ihm aufloderte. Heute sind wir dazu alle auserwählt. Wir sind alle des Urbeginns, des Neuanfangs fähig. Wir sind mündig geworden. Kühlewind führt den Gedanken im *Diener des Logos* so weiter:

»Das Ich-bin ist heute nicht dort, wo der Mensch ›ich‹ sagt, in dem empfindenden Mittelpunkt seiner Seele. Das Ich-bin ist der Sprechende im Menschen, und nicht diesen empfindet der Mensch als sein Ich, sondern die sich selbst fühlende Seelenhaftigkeit, die am Körper haftet, – in der Sprache der Evangelien: die Psyche. Das heißt das Leben der Seele, für das der Mensch Sorge trägt, das empfindet der Mensch als sein Ich; er versteht sich nicht als den Sprechenden, der auf diese Seelenhaftigkeit hinweist. Wenn wir ›ich‹ sagen, weisen wir dabei im Allgemeinen auf den Körper. ›Amen, Amen, ich sage euch‹, dieser rational überflüssig scheinende Satz war das Mark der Lehre: ›Nimm wahr den, der da spricht‹, er ist nicht das für das Auge sichtbare Wesen.

Darum, dieses Sprechenden gewahr zu werden, geht es vom Anfang bis zum Ende. Der Sprechende, Denkende schaut und achtet auf das Gesprochene, auf das Gedachte, und die Produkte des Sprechens, des Denkens gelangen in das Bewusstsein; in den Gang des Denkens, der durch die Evidenz geführt wird, darf das Alltagsbewusstsein gar nicht hineinreden, die Intuition ist nicht seine Sache. Daher existiert das Alltagsbewusstsein nur an der Peripherie, es hat Grenzen, an denen das Gedachte, das Wahrgenommene, das Vorgestellte erscheint, und anstelle des Seelen-Mittelpunktes lebt das an der Peripherie haftende Ego, das Eigenwesen, das zunächst nicht das Licht in sich aufnimmt (Joh 1,11). ›Er kam in das Eigenwesen, und die Eigenwesen nahmen ihn nicht auf.‹[142] Der Sprechende, Denkende bleibt verborgen außerhalb und oberhalb des Vergangenheitsbewusstseins, auf seine Vergangenheit blickend, denn er ist das wahre Zentrum der Seele, aus dem heraus sie ›Ich‹ sagt.«[143]

Auch der Untertitel des Buches *Das Gewahrwerden des Logos* ist vielsagend: *Die Wissenschaft des Evangelisten Johannes*. Wieso Wissenschaft, könnte man fragen? Religion, ja. Lehren, ja. Aber Wissenschaft? Die Antwort liegt in der Bewusstseinsstruktur des modernen Menschen, des Menschen der Bewusstseinsseele. Die zeitgemäße Religion, die zeitgemäße Wiedervereinigung mit der göttlichen Welt kann nur vom Erkennen ausgehen. Johannes der Täufer ist der Vertreter der alten Menschheit, der sich von der göttlichen Welt noch nicht so weitgehend abgetrennt hat wie wir heute. Johannes der Evangelist ist der Vertreter der neuen Menschheit, der auf dem Erkenntnisweg in die geistige Welt zurückfindet. Das ist keine spekulative, abstrakte Religion, ganz im Gegenteil. Ausgehend vom *gegebenen* Denken und Wahrnehmen kann der moderne Mensch eine solche Intensität der Aufmerksamkeit erreichen, dass sich die denkende Aufmerksamkeit in eine helle, fühlend-erkennende und wollend-erkennende Aufmerksamkeit umwandelt. Das ist keine Fantasie, sondern Erfahrung. Die aber ist *nicht gegeben*, die muss erarbeitet werden. Das kann Jahre, Jahrzehnte dauern. Dann aber ist das eine neue »Religion«, die sicherer ist als die

142 Übersetzung von Kühlewind.

143 G. Kühlewind: *Diener des Logos,* Kapitel *Die Auferstehung.*

heutige Wissenschaft und liebevoller als die spontane Liebe. Und das führt zum nächsten Thema.

b) Aletheia und Charis

In seinem Buch *Das Gewahrwerden des Logos* hat Kühlewind zwei weitere Begriffe des Johannes-Evangeliums ins Zentrum gerückt und ausführlich ausgearbeitet. Den Begriff der Aletheia, der Wahrheit, und den der Charis, in Luthers Übersetzung der Gnade, aber vielleicht besser der Liebe.

Wahrheit bedeutet bei Johannes – wie Kühlewind ausführt – nicht die Feststellung einer Richtigkeit, wie zum Beispiel die Aussage: Dieser Stoff ist zwei Meter lang. In der »Wahrheit zu bleiben« ist eine Fähigkeit, die wir erst erlernen müssen. Die Wahrheit ist demnach ein lebendiger, ewiger Strom – außer Zeit und Raum –, an dem sich der Mensch beteiligen kann, wenn er selbst (in seinem Bewusstsein) zur Wahrheit, zum Strom, zum »Wasser« wird. Wenn wir etwas verstehen, waren wir für einen unbewussten Augenblick in Berührung mit diesem Strom – dann fallen wir zurück, auf die Alltagsebene des Bewusstseins. In der Wahrheit bleiben zu können bedeutet, dass wir uns in diesem Element bewusst, dauerhaft aufhalten können – die erste Ebene der Meditation. »Ich habe deinen Namen offenbart den Menschen, die du mir von der Welt gegeben hast. Sie waren dein, und du hast sie mir gegeben, und sie haben dein Wort behalten.« (Joh 17,6). Jene, die das »Wort behalten«, sich darin aufhalten, erfahren die Wahrheit, die Aletheia, außerhalb von Zeit und Raum. Diese Wahrheit ist eine universelle Urkraft, die es ermöglicht, dass alle Menschen denken und sich auf dieser Ebene verständigen können. Ja, wir streiten auch sehr viel, aber zwei Menschen, die streiten, haben viel mehr gemeinsam, als man meist annimmt. Um zu wissen, worüber wir streiten, müssen wir in fast allen anderen Punkten (gemeinsame Sprache, vergleichbare Interessenlagen usw.) einig sein. Wir kommen schon mit dieser Urfähigkeit auf die Welt, wir sind gleich nach der Geburt »auf Verstehen, auf Bedeutung gestimmt« – wie Kühlewind das später in seinem Buch *Meditationen über Zen-Buddhismus, Thomas von Aquin und Anthroposophie*[144] ausführlich in der Form einer Reihe von Meditationen entwickelt. Wäre das nicht so, könnten wir nie eine erste Sprache lernen. Die Fähigkeit des Verstehens muss schon vorher da sein, die können wir nicht erlernen – womit denn? Welche Sprache wir als Muttersprache erlernen, ist frei: Jedes kleine Kind kann jede Sprache als erste Sprache perfekt lernen. Nichts davon ist ererbt. Nur die Fähigkeit dazu; die kommt mit der Geburt mit. Und sie wird nicht von den Eltern geerbt, sondern aus der geistigen Welt – aus der wir geboren werden – mitgebracht. Die ist die wahre »Ursprache« der Menschheit, die manche moderne Wissenschaftler – an erster Stelle Noam Chomsky – vergeblich gesucht haben. Sie kommt allerdings nicht aus dem Leib, wie die materialistische Naturwissenschaft annimmt. Es sind geistige (himmlische) Kräfte, die anfänglich mit dem Aufbau der menschlichen Leiblichkeit beschäftigt sind, von denen aber relativ früh immer mehr für seelisch-geistige Aktivitäten, insbesondere zum Lernen frei werden. Die Kunst der Pädagogik besteht darin, das Freiwerden dieser Kräfte im Kind rechtzeitig – ja, im Idealfall im Voraus – zu erkennen und in geistig-seelische Fähigkeiten umzuwandeln. Die Pädagogik stützt sich dabei vorwiegend auf mehr oder weniger bekannte Fähigkeiten, wie Sprechen, Musizieren, Andacht er-

144 G. Kühlewind: *Meditationen über Zen-Buddhismus, Thomas von Aquin und Anthroposophie;* Verlag Freies Geistesleben, Stuttgart 1999.

leben usw. Der Erwachsene kann aber ganz neue, unbekannte Fähigkeiten in sich entwickeln. Die Kunst des Schulungswegs besteht für ihn darin, das fortwährende Freiwerden dieser Kräfte in sich selbst zu erkennen und sie in neue, unbekannte geistige Fähigkeiten (wie Meditieren oder »Schaffen aus dem Nichts«) umzuwandeln.

Die andere Urkraft der Schöpfung ist *Charis*, die Liebe. Auch diese Fähigkeit ist in den Kindern von vornherein da, als »die Gestimmtheit zum Guten«[145]. Die Welt wurde aus Liebe erschaffen. Die irdische Liebe, wie wir sie etwa in der Liebe der Eltern zu ihren Kindern oder in der Sexualität kennen, ist nur ein Teil, eine Projektion davon. Dieser Teil ist uns gegeben. Wäre sie dies nicht, dann könnten wir sie nie erfinden. Diese Liebe nennt Johannes die *erste Liebe.* Die *zweite Liebe* ist aber nicht gegeben, die müssen wir hier auf der Erde erlernen. Das ist die Liebe zur Schöpfung, zu dem, was noch nicht da ist. Steiner nennt die Erde »den Planeten der Liebe«[146]. Das bedeutet: Der Sinn der Schöpfung ist, dass der Mensch die schöpferische Liebe – aus Freiheit – in sich entwickelt, sich dadurch in den Reigen der Schöpferwesen einreiht und sich an der Erschaffung der »neuen Erde« und des »neuen Himmels« beteiligt. Als ersten Schritt muss er sich selbst neu erschaffen, er muss die Auferstehung zu einer Wirklichkeit machen. Die Auferstehung ist nicht eine nette Zugabe zum Leben: Sie ist der Sinn des Lebens. Wir kommen deshalb zur Erde, um hier Schöpfer

145 Ebenda.

146 »Unsere Erde hat die Mission, dass die Wesen, die sich auf ihr entwickeln sollen, das Element der Liebe bis zur höchsten Entfaltung auszubilden haben... Die Erde ist der planetarische Zustand für die Entwickelung der Liebe.« R. Steiner: *Das Johannes-Evangelium*, Dritter Vortrag, GA 103.

zu werden. »Das Gute im Überfluß, über die Pflicht hinaus, zu tun: das ist Charis.« – schreibt Kühlewind[147]. Zunächst müssen wir uns selbst als freie geistige Wesen neu erschaffen und dadurch könnten wir auch die ganze gegebene Schöpfung, die Natur erlösen. Das sieht man allerdings unserem Alltagsleben kaum an. Vielmehr vernichten wir gerade die Natur und uns selbst.

Während ich diese Zeilen schreibe, wütet in der ganzen Welt ein gefährliches Virus und eine noch gefährlichere Angst davor. Die Menschen, die sich anmaßen, uns lenken zu können und zu müssen, handeln vorwiegend aus dieser Angst heraus. Es ist natürlich gut, eine Pandemie überwinden zu wollen, das möchte ich auch. Und es ist sicherlich richtig, wenn man alles unternimmt, um Menschenleben zu retten. Wir sollten aber das Leben des Menschen nicht auf die biologische Existenz reduzieren. Der Mensch ist ein Geisteswesen, das schon vor der Geburt existiert und den physischen Tod überdauert. Das irdische Leben dient dazu, dass dieses geistige Wesen hier auf der Erde etwas lernt, was es nur hier lernen kann. Und das ist genau die zweite Liebe, die nicht gegebene, alle Hindernisse überwindende, schöpferische Liebe. Woher kann man das wissen? Zunächst kann man das nur hoffen – und das tun auch sehr viele Menschen. Wissen kann es nur jemand, der die zweite Liebe in sich verwirklicht hat. Hätte man diese Perspektive auch in der breiten Öffentlichkeit vor sich, würde man weniger aus Angst und mehr aus Liebe handeln. Man wäre dann weniger fixiert auf Maßzahlen der Verbreitung des Virus und auf Einschränkungen, die diese reduzieren sollen. Man könnte dann vielleicht die anderen Menschen zu einer erwünschten Solida-

147 G. Kühlewind: *Das Gewahrwerden des Logos*, S. 126.

rität gewinnen. Nun, vielleicht auch nicht. Aber die Angst hat den Menschen noch nie weise gemacht. Tiere benötigen Angst. Menschen benötigen Liebe. Die wichtigste Frage ist nicht, *ob* ich sterbe, sondern *wie* ich sterbe, also wie ich vorher lebe. In der Novelle *Der Tod des Iwan Iljitsch* von Tolstoi, kämpft Iwan Iljitsch mit dem Tod und mit der Frage, warum er sterben muss und wie er sein Leben gelebt hat:

»›Wenn dem aber wirklich so ist und ich das Leben mit dem Bewusstsein verlassen muss, dass ich alles, was mir gegeben wurde, zugrunde gerichtet habe und dass ein Gutmachen unmöglich ist, was dann?‹

Er ... erblickte sich selbst und alles, wodurch er gelebt hatte, und er sah nun klar, dass alles ein entsetzlicher, ungeheurer Betrug gewesen war, der das Leben und den Tod vor ihm verschleiert hatte. Dieses Bewusstsein vergrößerte und verzehnfachte seine physischen Leiden ...

Im selben Augenblick [als er kurz vor seinem Tod seinen Sohn streichelt] schien es Iwan Iljitsch, als würde er herunterstürzen, er erblickte das Licht und nun wurde ihm offenbar, dass sein Leben nicht dasjenige war, was es hätte sein sollen, dass es aber noch möglich war, es gutzumachen ...

›Und der Tod? Wo ist er?‹ Er suchte nach der früheren ihm gewohnten Angst vor dem Tod, er fand sie nicht. ›Wo ist er? Welcher Tod?‹ Die Angst war nicht da, denn auch der Tod war nicht mehr da. Anstelle des Todes war das Licht. ›Das ist es also!‹, sagte er plötzlich laut. ›Welche Wonne!‹«[148]

148 Leo N. Tolstoi: *Der Tod des Iwan Iljitsch*. Übersetzt von Julie Goldbaum.

Natürlich möchte man nicht krank werden, schon gar nicht gleich sterben.[149] Unser ganzes Leben und auch unser Tod würden aber eine ganz andere Perspektive erhalten, wenn wir ihren Sinn gerade darin sehen könnten, das ewige Leben als Erkenntnisfähigkeit zu erlernen: »Das ist aber das ewige Leben, daß sie dich, der du allein wahrer Gott bist, und den du gesandt hast, Jesum Christum, erkennen.« (Joh 17,3) Das ewige Leben ist ein *Erkennen*. Und dieses kann schon zu Lebzeiten, vor dem physischen Tod errungen werden: »Es stehen etliche hier, die werden den Tod nicht schmecken, bis daß sie sehen das Reich Gottes mit seiner Kraft kommen.« (Mk 9,1) Und das sind die Menschen, die es lernen, sich im Strom und Feuer der zwei Urkräfte, Aletheia und Charis, aufzuhalten, die das Wort Christi, den Logos »behalten«.

Wenn man das ernst nehmen könnte, würde alles so anders verlaufen. Können wir aber solche biblischen Sätze heutzutage ernst nehmen? In einem trivialen, äußerlichen Sinn natürlich nicht. Wenn es uns aber gelingt, zu dem tieferen Sinn solcher Sätze durchzudringen – dann haben wir sie schon ernst genommen.

Die Logosstruktur der Welt

Kühlewind hat sich nach der Erkenntnis der zentralen Bedeutung des Logos und dessen Gewahrwerden auch intensiv mit dem Phänomen der Sprache beschäftigt. Besonders in den

149 Otto Schenk, der große österreichische Schauspieler und Regisseur, wurde gefragt: »Haben Sie Angst vor dem Tode, Herr Schenk?« »Nein, habe ich nicht«, hat er nachdenklich geantwortet – und dann schnell hinzugefügt: »Aber es eilt nicht.«

zwei Büchern *Die Logosstruktur der Welt* und *Der sprechende Mensch.*[150] Eine seiner zahlreichen Entdeckungen ist, dass das Sprachverstehen das einzige allgemeine Phänomen ist, wo unsere monistische Erkenntnis noch funktioniert.

Das »normale«, dualistische Alltagsbewusstsein spaltet die Welt in Wahrheit (erscheinend im Denken) und Wirklichkeit (erscheinend in der Wahrnehmung). Im kleinen Kind ist diese Spaltung noch nicht da, es hat eine einheitliche, monistische Erkenntnis, die eher den Charakter des Fühlens als des Denkens trägt. Nach dem Erlernen der Sprache und der Bildung der egoistischen »Hülle« entfernt sich das Denken vom Wahrnehmen und damit auch das Reich der Wahrheit von dem der Wirklichkeit. Das ist übrigens der schon erwähnte Prozess, bei dem sich die Gegenwart und die Vergangenheit des Bewusstseins voneinander entfernen – mit Kühlewinds Ausdruck sich »entmischen«. Unsere Gedanken sind uns immer unmittelbar zugänglich – allerdings erst, wenn sie schon vergangen, schon da sind. Das »Was« der Wahrnehmung ist zwar auch begrifflich, also vergangen, aber in dieser wirkt noch ein lebendiges Element, ein Gefühl, das die unsagbare Qualität einer jeden Wahrnehmung ausmacht. Darum erleben wir sie als real. Hinter jeder Wahrnehmung muss das Denken den Sinn suchen. Im Fall von menschengemachten Gegenständen ist er mal leichter, mal schwieriger zu finden. Im Fall der Natur finden wir den wahren Sinn üblicherweise gar nicht. Die Naturwissenschaft sucht auch einen Sinn (in der stark eingeschränkten Form von Gesetz-

150 Zu dieser Zeit hat Kühlewind intensiv mit dem bedeutenden Sprachwissenschaftler Prof. Hermann Berger zusammengearbeitet, der von ihm sagte: »Endlich habe ich den Menschen gefunden, der mir die richtigen Fragen stellt.«

mäßigkeiten in einer unendlichen Ursache-Wirkung-Kette), obwohl sie gleichzeitig sinngebende Schöpferwesen hinter der Natur ablehnt. Als könnte Sinn, Bedeutung ohne ein Ich-Wesen, das diesen Sinn zum Ausdruck bringen will, entstehen. Eigentlich ist hinter beiden Fähigkeiten – Denken und Wahrnehmen – ein außergewöhnliches (nicht egoistisches, sondern erkennendes) Gefühl wirksam: Das Denken wird durch das Gefühl der Evidenz geleitet (ein sicheres Gefühl sagt mir, ob ein Gedankengang logisch ist oder nicht), das Wahrnehmen wird durch das Gefühl der Wirklichkeit begleitet (ich fühle, dass der Tisch vor mir wirklich da ist). Wir erkennen diese »Gefühle« kaum als solche, weil sie so unterschiedlich von den üblichen Gefühlen (Neid, Eitelkeit usw.) sind. Sie sind aber insofern doch Gefühle, als sie unmittelbare und lebendige Erfahrungen unseres Geistes sind. Allerdings »helle Gefühle«.

Im Sprachverstehen funktioniert unsere Erkenntnis anders als sonst. Dort fallen Sinn und Wirklichkeit, Denken und Wahrnehmen zusammen. Wenn mir jemand einen Satz sagt, dann höre ich nicht nur die wahrnehmbaren Zeichen, sondern verstehe auch zugleich den dahinter liegenden Sinn – wenn ich die Sprache beherrsche. Bei einer mir unbekannten Sprache bleibt die Sinneswahrnehmung ähnlich wie bei der Natur: Ich muss rätseln, was das bedeuten könnte. Die Lage bei der Wahrnehmung der Natur ist aber noch schlimmer, denn bei einer Fremdsprache nehmen wir an, dass wir die gesagten Worte verstehen könnten – wenn wir diese Sprache nur lernen würden. In Bezug auf die Natur wird aber heute nicht einmal mehr angenommen, dass sie ein lesbarer »Text« sein könnte, dessen Sprache wir nur lernen müssten. Wir halten die

Natur für stumm – obwohl wir nur für ihre Sprache taub sind.[151]

Die frühere Menschheit war für die Sprache der Natur noch nicht taub; sie konnte in der Naturwahrnehmung zugleich einen Sinn und auch den Prozess der Entstehung der entsprechenden Seeleninhalte miterleben. Allerdings nicht so scharf und deutlich, wie wir heute unsere Begriffe gestalten, sondern eher wie im Traum. Wenn wir anfangen, im Rahmen des Schulungswegs manche Grundbegriffe zu vertiefen, werden sie sehr bald einerseits viel mächtiger, andererseits aber auch viel weniger klar konturiert. Man versuche sich nur zu überlegen, was solche Begriffe wie *hier, dort, jetzt* usw. bedeuten. Es wird bald klar, dass das alles gar nicht so klar ist.

Die Sprache hat also zwei Seiten: eine erscheinende, wahrnehmbare und eine verborgene, Bedeutung tragende. Wenn ich frage: »Wo ist der Sinn dieses Satzes?«, dann finde ich den Sinn nirgendwo und überall. Er ist nicht in den einzelnen Worten, auch nicht dazwischen, er ist darüber, in meinem Geist. Ich kann aber den Sinn nicht »in einem«, ohne Worte aussprechen. Ich muss ihn zuerst in Worte und Sätze gießen – wie ich das mache, weiß ich normalerweise nicht. Und der Sinn wird mir selbst erst nach der Formulierung bewusst – obwohl er mir in irgendeiner Art schon vorher zugänglich gewesen sein muss, denn ich weiß doch, ob meine Worte diesem verborgenen Sinn entsprechen oder nicht. Habe ich mich nicht gut ausgedrückt,

151 »Deutsch« bedeutet auf Ungarisch »német«, was von dem Wortstamm für stumm (»néma«) herrührt. Die Ungarn haben die Deutschen, oder wohl eher die Österreicher, nicht verstanden und nannten sie deshalb stumm. In diesem Fall lächeln wir darüber, weil wir natürlich wissen, dass das nicht stimmt. Im Falle der Natur meinen wir es aber auch so.

kann ich das korrigieren – ich kenne also den verborgenen Sinn, kann ihn aber ohne Worte nicht bewusst machen. Die Sprachwissenschaft beschäftigt sich fast ausschließlich mit der erscheinenden Seite – und verfehlt damit das Wichtigste.

Diese Doppelseitigkeit ist es gerade, was unser ganzes irdisches Leben, was den Menschen als Erdenwesen charakterisiert. Der Mensch ist ein geistiges Wesen, das sich in einem irdischen Leib äußert. Er inkarniert sich in diesem Leib, er formt ihn, und die Kräfte, die dabei fortlaufend frei werden, können dazu benutzt werden, dass der Mensch lernt, erzogen wird. Dieses Freiwerden der gestaltenden Kräfte unterscheidet den Menschen von allen anderen Wesen auf der Erde wesentlich. Vielleicht könnten wir die »Welt« aber auch als Äußerung von geistigen Wesen betrachten. Laut Rudolf Steiner haben das früher alle Völker so erlebt. Wir »modernen« Menschen haben aber keinen Zugang mehr zu solchen geistigen Wesen. Eben deshalb nicht, weil in uns Wirklichkeit und Wahrheit getrennt, dualistisch erscheinen. Unsere Aufgabe ist es, die monistische Sicht wieder zu erlangen. Und das Vorbild dafür ist das Sprachverstehen, wo wir bis heute monistisch erkennen.

Die Sprache kann damit als »Modell der Wirklichkeit« betrachtet werden. Wir müssten lernen, die Natur zu lesen. Anstatt sie zu messen, zu berechnen, auszunützen und letztlich in einem selbstmörderischen Akt brutal zu vernichten, müssten wir versuchen, sie wie einen Text zu betrachten. Vielleicht noch besser: wie ein Lied. In der Wahrnehmungsmeditation geschieht genau das. Zuerst verschwindet die Trennung von Hier und Dort. Wir merken, dass wir im gegenwärtigen Teil der Wahrnehmung »dort« sind, bei dem, was wir wahrnehmen, und erst in der Benennung, in der Verknüpfung mit einem Begriff zum Alltagsbewusstsein zurückkehren – was wir dann

»hier« nennen. Was draußen ist, ist drinnen, und was drinnen ist, ist draußen. Das ist eine der ersten bewussten monistischen Erfahrungen. Eine ähnliche Erfahrung ist, dass die Trennung der Bereiche der Sinneswahrnehmung auch nicht zwingend ist. Ich kann »mit den Augen hören und mit den Ohren sehen«[152]. Das ist keine Fantasie, sondern eine ganz konkrete Erfahrung der Wahrnehmungsmeditation. Man kann zum Beispiel ein Seherlebnis so intensiv erfahren, dass man sich darinnen erlebt, wie normalerweise im Hören – und nicht in der Hier-dort-Trennung wie im üblichen Sehen. In der weiteren Folge dämmert hinter den Qualitäten der Wahrnehmung das Schöpferwesen auf, aus dessen Wille diese Qualität entsprungen ist.

Wie anders wird alles, wenn man es in dieser Weise betrachtet. »Alles ist durch den Logos geworden, und ohne ihn ist auch nicht eines geworden, das geworden ist.« (Joh 1,3). Das bedeutet erstens einmal, dass mir klar wird, dass der naive Realismus in Bezug auf die Wahrnehmungswelt sinnlos ist. Wenn ich sage: »Die Welt ist da, unabhängig von meinem Bewusstsein«, dann vergesse ich, dass das doch meine Aussage ist. Nichts kommt in mein Bewusstsein außer den Erfahrungen meiner eigenen Aufmerksamkeit. Die Welt ist das, was ich so nenne – und sie ist auch schon in diesem einfachen Sinne aus dem Wort, aus dem Logos entstanden. Das Gebiet, wo der naive Realismus allerdings gültig ist, ist das des Denkens, des Verstehens. Wenn

152 Daito (1282–1337): »Sieht man mit den Ohren / und hört mit den Augen, / hegt man keinen Zweifel. / Wie natürlich die Regentropfen / von den Blättern fallen.« Zitiert in Georg Kühlewind, *Licht und Leere*, S. 84. Verlag Freies Geistesleben, Stuttgart 2011. Im Buch steht nach dem »Zweifel« ein Komma. In der Meditation zeigt sich aber, dass da ein Punkt hingehört. Und genau so ist es auch im ursprünglichen Manuskript.

ich gerade etwas verstanden habe, dann brauche ich keine zusätzliche Deutung; der Inhalt des Verstandenen ist mir unmittelbar zugänglich. Das gilt auch, wenn sich dieser Inhalt später als Irrtum erweist – im Lichte eines neuen Verständnisses. Der Satz aus Joh 1,3 hat aber noch viel tiefere Perspektiven:

Ich kann auf dem Übungsweg tatsächlich erahnen, dass Welt und Mensch aus einer Einheit herausgefallen sind und dass ich zu dieser zurückfinden kann. Die Sprache hat den Menschen durch ihre Doppelseitigkeit zunächst aus dieser Einheit herausgeführt, damit er sich im Spiegel der Wahrnehmungswelt selbst erblicken kann. Die Sprache ist ein pädagogisches Mittel zur Erziehung der Menschheit zur Selbstständigkeit. Im Gegensatz zu der in der Sprachwissenschaft herrschenden Meinung entstanden die Sprachen nicht darum, dass die Menschen einander besser verstehen. Menschen, die einander nicht verstehen, können nie eine gemeinsame Sprache »erfinden«. Die Sprachen sind Geschenke von Schöpferwesen an die Menschen, damit sie lernen, sich darin zu artikulieren und sich von den Göttern und von den anderen Menschen als getrennt zu erleben. In dieser Phase ist also die Sprache mehr trennend als verbindend.

Ist aber dieses – stellvertretende – Selbstbewusstsein einmal erwacht, dann lehrt uns die Sprache etwas ganz anderes. Wenn wir auf ihre verborgene Seite achten, wo die Bedeutungen liegen, dann kann sie uns lehren, sie selbst zu überwinden. Wenn wir lernen, »wortlos« zu denken, also zu meditieren, dann schließen wir die Spaltung, die Wunde zwischen Mensch und »Welt«. Dann verwirklichen wir in uns die Erfahrung des »Ich bin das Licht der Welt«. (Joh 8,12). Dann wird unser Erkennen monistisch, Denken und Wahrnehmen schließen sich zu einer neuen Erkenntnisfähigkeit zusammen. Kühlewind nannte diese neue Fähigkeit »erkennendes Fühlen«. Auf den Namen kommt es aber nicht an. Das ist eine völlig neue Fähigkeit, die lebendig ist wie das Gefühl, verständlich wie die Gedanken und real wie die Wahrnehmungen. Man könnte sie auch »höheres Lesen« oder gar »singendes Sehen« nennen. Sie verbindet die Menschen wieder mit den Göttern und untereinander. Zu einem gemeinsamen »Gesang«, wie Hölderlin in seinem Gedicht *Friedensfeier*[153] sagt.

Die Gesetze der Naturwissenschaft sind nicht falsch. Sie übersehen nur das Wesentliche der Natur. Wir können auch einen Text in einer uns unbekannten Sprache naturwissenschaftlich untersuchen und viele Gesetzmäßigkeiten darin finden. Ein jeder bessere Informatik-Doktorand ist imstande, eine Software zu entwickeln, die Gedichte von Goethe und Rilke rein auf Basis der äußerlichen Unterschiede der Texte mit einer nahezu hundertprozentigen Genauigkeit unterscheiden kann. Aber ein Verstehen ist das natürlich nicht. Und Kreativität auch nicht. Es ist auch nicht schwierig, eine Software zu entwickeln, die im Stil von Goethe oder Rilke Gedichte erzeugen kann, die zumindest beim ersten Lesen als authentisch erscheinen können. Aber die Gedichte von Goethe und Rilke müssen schon vorher da sein, einen neuen Stil kann keine Software »erfinden«. Um die Natur zu lesen und sie vielleicht auch einmal schöpferisch, ohne Gewalt »weiterzuschreiben«, müssen wir die »Umkehr« durchführen, die völlig neue Lehre der Sprache verstehen. Wie in der Liebe die Kleider, so sollte der Mensch in seinem Bewusstsein die Schleier des dualistischen Erkennens ablegen. Erst wer auf die verzichtet, kommt zum wirklichen Schauen.

153 »Viel hat von Morgen an, \ Seit ein Gespräch wir sind und hören voneinander, \ Erfahren der Mensch; bald sind wir aber Gesang.«

Spirituelle Psychologie

Kühlewind behandelt in mehreren Schriften das Thema der allgemeinen Erkrankung des Bewusstseins. Er stellt sich gegen die verbreitete Einstellung, dass alles, was normal ist, zugleich auch als gesund gelten soll. »Wenn alle verschnupft sind, dann ist das zwar normal, aber nicht gesund«, schreibt er. Schon im provokativen Titel des Buches *Vom Normalen zum Gesunden*[154] spricht er dieses Problem an. Alle »normalen« Menschen haben heute eine Aufmerksamkeit, die schwach und zerstreut ist. Gesund könnte ich meine Aufmerksamkeit aber nur nennen, wenn ich völlig autonom über sie verfügen würde. Wenn ich mich längere Zeit ohne Ablenkung einem von mir vorgenommenen Thema widmen könnte. Schon die einfachste Konzentrationsübung kann uns aber davon überzeugen, dass das nicht der Fall ist: Wir werden ständig abgelenkt – letztlich immer durch unseren Egoismus. Deshalb müssen wir die ruhige, konzentrierte Aufmerksamkeit zuerst erlernen. Erst wenn das halbwegs gelingt, können wir uns in einem nächsten Schritt einer erhöhten Erkenntnis widmen, was im Wesentlichen darin besteht, dass wir auch das zur Übung gewählte Thema weglassen können, ohne die Aufmerksamkeit, die Wachheit zu verlieren. Rudolf Steiner charakterisiert eine solche Erfahrung so: »Du stellst nichts vor – aber man wird die innere verstärkte, ermächtigte Tätigkeit gewahr und gelangt am Schluß dazu, an vielem Üben zu lernen, wie man diese Tätigkeit hervorrufen kann, ohne daß man erst eine illusorische Tätigkeit dazu braucht ...«[155] Diese

154 G. Kühlewind: *Vom Normalen Zum Gesunden – Wege zur Befreiung des erkrankten Bewußtseins*, Verlag Freies Geistesleben, Stuttgart 1983.

155 R. Steiner: *Der übersinnliche Mensch, anthroposophisch erfaßt*, Den Haag, 15. November 1923 GA 231.

»Tätigkeit« ist die offene, objektlose Aufmerksamkeit, die »illusorische Tätigkeit« ist die vorangehende Konzentration auf ein Thema. Ob das ursprüngliche, weggelassene Thema eine Vorstellung, ein Gedanke oder eine Wahrnehmung war, ist sekundär. Wir erfüllen aber – eben »normalerweise« – schon das erste Kriterium nicht, wir können nicht einmal bei der »illusorischen Tätigkeit«, d.h. beim gewählten Thema der Übung intensiv dabeibleiben. Solange das aber so ist, bleibt jedes Gerede über »höhere Erkenntnis« gezwungenermaßen hohl. Solange ich meine Aufmerksamkeit nicht zumindest bis zu einem gewissen Grad reinige und heile, bin ich für eine höhere Erkenntnis völlig ungeeignet. Das wäre so, als wollte jemand, der keine ordentliche Tonleiter auf seinem Musikinstrument hinkriegt, gleich Bach oder Mozart spielen. Oder als wollte jemand, der die Schulmathematik kaum beherrscht, gleich Differentialgleichungen lösen. Eines der größten Probleme innerhalb sogenannter spiritueller Bewegungen ist, dass diese nüchterne und ehrliche Einsicht oft fehlt.

Darum ist das Buch *Vom Normalen zum Gesunden* so aufgebaut, dass es mit solchen Übungen anfängt, die eher hygienischer Natur sind, und erst später kommt es zu den Übungen der höheren Erkenntnis. Mit Ursachen und möglicher Heilung von »pathologischen« seelischen Problemen, die vom »normal Kranken« abweichen, hat sich Kühlewind in einem anderen, ein Jahr früher erschienenen Buch (*Das Leben der Seele zwischen Überbewusstsein und Unterbewusstsein*) ausführlich beschäftigt. Bevor ich hier darauf eingehe, muss noch etwas Wichtiges zu *Vom Normalen zum Gesunden* gesagt werden. Kühlewind hat stark darunter gelitten, dass Anthroposophie nicht die (sicherlich sehr zahlreichen) Menschen erreicht, die sie eigentlich dringend benötigen. Deshalb wollte er versuchen, ein Buch zu schreiben, das »die breite Masse« erreicht, das keine Voraussetzungen an den Leser stellt – außer ehrlicher Suche. Das Buch *Vom Normalen zum Gesunden* war ein Versuch in dieser Richtung – und ist als solcher im Wesentlichen gescheitert. Die Intensität der Erfahrungen hat Kühlewind zu einer sehr genauen Schreibweise geleitet. Nicht im Sinne eines Pedanten, sondern im Sinne von jemandem, der weiß, wie leicht man in diesem Bereich missverstanden wird. Einerseits von denen, die von vornherein eine innere Ablehnung aufbringen, aber – noch schlimmer – auch von denen, die zwar die Wichtigkeit des Gelesenen erfassen, aber aus Begeisterung und aus voreiliger Ungeduld in Missverständnisse hineinrutschen. Seine Bücher waren zwar sehr genau auf die bewusstseinsmäßigen Gegebenheiten seiner Zeitgenossen abgestimmt, aber das Streben nach genauem Ausdruck hat seinen Stil für die breite Öffentlichkeit eher schwer verdaulich gemacht. Zu einem Kompromiss, seine Aussagen im Interesse der leichten Verständlichkeit zu »verwässern«, war er nicht bereit. Und die Kunst des leichten (leicht lesbaren) Schreibens über schwierig nachvollziehbare, höhere Erfahrungen hat er vielleicht nicht in ausreichendem Maße beherrscht. Ich kenne allerdings auch niemanden, der wirklich Meister in dieser Kunst wäre. Das ist eine Kunst, die vielleicht erst entstehen müsste.

In jener Zeit, in der das Buch *Vom Normalen zum Gesunden* entstand, entwickelte sich auch eine tiefe Freundschaft zwischen ihm und Michael Ende.[156] Sie haben sogar über ein

156 Michael Ende (1929–1995) war ein vielseitiger Autor, der vor allem durch seine Kinderbücher, wie *Jim Knopf und Lukas der Lokomotivführer*, *Momo* und *Die unendliche Geschichte* berühmt wurde. Diese Bücher sind für eine sehr breite Leserschaft zugänglich und trotzdem von einer außergewöhnlichen Tiefe. Sie sind unterhaltsame Lektüre und gleichzeitig eine Art »Einweihungstexte«.

gemeinsames Buch nachgedacht. In einem solchen Buch hätten die tiefen meditativen Erkenntnisse von Kühlewind mit Hilfe der Schreibkunst von Michael Ende ausgedrückt werden können. Dieses Buch ist – zu meinem großen Bedauern – nicht entstanden. Den Grund weiß ich nicht. Ende hat auch ein Theaterstück schreiben wollen, das die Zuschauer dermaßen erschüttern sollte, dass sie als bessere Menschen herauskommen. Georg hat diese Idee auf seine nüchterne Art kommentiert: »Die Frage ist nur, wie lange diese Besserung dauert? Ich befürchte, ungefähr bis zur Garderobe.« Er wollte damit andeuten: Ein einziges Erlebnis, egal wie erschütternd, reicht für uns heutige Menschen nicht. Wollen wir uns ändern, müssen wir täglich daran arbeiten. Am besten mehrmals pro Tag.

Michael Ende hat sich später von Kühlewind entfernt und dies auch in einem offenen Brief an ihn (an »G.K.«[157]) beschrieben. Der Brief ist sehr interessant, weil er zeigt, wie auch ein solch großherziger und weitsichtiger Mensch wie Ende letztlich das Wesentliche bei Kühlewind nicht verstanden hat. Besonders schmerzhaft war für mich, dass er Georg in diesem Brief als »Welterklärer« tituliert. Das war dieser aber nie. Er hat höhere *Erfahrungen* angestrebt und stand damit der Kunst viel näher, als das Michael Ende – zumindest laut diesem Brief – gesehen hat. Man könnte sagen: Er war Künstler einer unsichtbaren Kunst. Ihre Freundschaft hat das auch gezeigt. Ich habe einmal Georg auf diesen Brief angesprochen. »Ach, ich kenne diese Eseleien von Michael«, winkte er mit einem Lächeln ab. Ich glaube, es hat ihm zwar weh getan, er hat es Ende aber nie übelgenommen, und es hat seine Freundschaft zu ihm

157 M. Ende: *Zettelkasten: Skizzen & Notizen*, Weitbrecht, Stuttgart 1994.

nicht beeinträchtigt. Kühlewind gehörte zu den ganz wenigen Menschen, die nie beleidigt waren. Er hat darüber auch manchmal gesprochen: »Nehmen wir an, jemand sagt mir: ›Du bist ein Dummkopf.‹ Nun gibt es zwei Möglichkeiten. Entweder bin ich das wirklich: Dann muss ich ihm sehr dankbar sein, dass er mich darauf aufmerksam gemacht hat. Bin ich das nicht – na, dann gibt es erst recht keinen Grund beleidigt zu sein. Ich kann ihm vielleicht helfen, seinen Irrtum aufzuklären.«

In seinem Buch *Das Leben der Seele zwischen Überbewußtsein und Unterbewußtsein*[158] hat Kühlewind die Grundlagen zu einer spirituellen Psychologie geschaffen. Dieses Buch ist meines Wissens Grundlage der aktuellen therapeutischen Arbeit von zahlreichen Fachärzten und Psychologen, wie zum Beispiel Hartwig Volbehr, Michael Lipson und des inzwischen verstorbenen Achim Noschka. Kühlewind hatte auch regelmäßige Treffen in Deutschland, in der Schweiz und in den USA mit Kreisen von Psychologen abgehalten.

Wir haben die Struktur des heutigen Bewusstseins, im Zeitalter der Bewusstseinsseele, schon kurz skizziert. Dieses Alltagsbewusstsein grenzt wie erwähnt an zwei Arten von »Unbewusstem«. Das eine ist das Unterbewusstsein, das aus seelischen Formen besteht, die nichts anderes als geformte, gefangene Aufmerksamkeitskräfte sind. Wenn die Aufmerksamkeit frei – also gesund – ist, dann kann sie jede Form annehmen und sich dann auch aus dieser wieder vollständig herauslösen und eine andere annehmen. Als Beispiel können wir dazu wieder das Sprachverständnis verwenden. Wenn mir ein Satz gesagt wird, dann

158 G. Kühlewind: *Das Leben der Seele zwischen Überbewußtsein und Unterbewußtsein – Elemente einer spirituellen Psychologie*, Verlag Freies Geistesleben, Stuttgart 1982.

muss ich mich mit jedem Wort kurz identifizieren, darf aber bei ihm nicht steckenbleiben, sondern muss weiter zum nächsten, ohne aber die früheren Worte vollständig zu vergessen. Die Worte werden von der fließenden Aktivität der denkenden, verstehenden Aufmerksamkeit miteinander verbunden. Es kann aber auch passieren, dass ich bei manchen Worten emotional berührt werde (es beleidigt mich, ruft eine Assoziation hervor usw. – die »klebrige«, egoistische Hülle rührt sich) und deshalb steckenbleibe. Das beeinträchtigt nicht nur das aktuelle Verstehen, sondern führt auch dazu, dass Teile der fließenden Aufmerksamkeit um solche »Kristallisationspunkte« erstarren, zu mehr oder weniger festen Gebilden werden. Im Leben sind es vor allem verschiedene familiäre und andere soziale Verhältnisse, die sich in uns zu solchen festen Gebilden formieren – anstatt von uns gelesen, verstanden, durchleuchtet zu werden. So bilden wir uns im Laufe unseres Lebens ein Riesenarsenal, eine Art »Tiergarten« von halbtoten seelischen Formen. Diese schlagen immer wieder ins Bewusstsein herauf, oft mit zwingendem Charakter, und vermindern gleichzeitig den Anteil unserer freien Aufmerksamkeitskräfte. Je mächtiger dieser Bereich wird, umso zwanghafter wirkt er. Wenn diese zwanghafte Wirkung – die ein jeder kennt – über das »normale« Ausmaß hinausgeht, dann reden wir von einer seelischen Krankheit.

Der andere unbewusste Bereich ist der des Überbewussten. Dies ist das Quellgebiet unserer geistig-seelischen Fähigkeiten wie Sprechen, Denken, Wahrnehmen usw. Je mächtiger der unterbewusste Bereich ist, umso eingeschränkter ist unser Zugang zum überbewussten Teil. Und umgekehrt, je mächtiger der Bereich der freien, kreativen Kräfte ist, desto weniger Komplexe haben wir, umso gesünder sind wir in unserer Seele. Wenn jemand über alle seine geistig-seelischen Fähigkeiten in voller Freiheit verfügen würde, wäre er völlig frei von jeglichem seelischen Zwang – und vollkommen gesund.[159]

Bildhaft könnte man es auch so ausdrücken (wie Kühlewind es manchmal tat), dass unser Alltagsbewusstsein durch einen Abgrund vom Überbewusstsein, von der Quelle, von der geistigen Welt, vom Himmel des Bewusstseins, getrennt ist. In diesem Abgrund wohnen die mehr oder weniger tierischen Gestalten unserer Bewusstseinshölle. Die saugen unsere freien geistigen Kräfte ab. Wenn wir das zulassen.

Aus dieser Betrachtung ergibt sich die Richtung einer nachhaltigen Heilung von seelisch kranken Menschen. Wenn ein Mensch seine innere Autonomie über den »normalen« Grad hinaus verloren hat, braucht er die Hilfe von anderen Menschen, etwa die eines Therapeuten. Es ist von Vornherein klar, dass seelische Erkrankungen keine rationalen Phänomene sind und deshalb auch nicht rational zu heilen sind. Die Suche nach den Ursachen bestimmter Komplexe führt selten zu einer nachhaltigen Heilung. Allein dadurch, dass ich die Ursachen erfahre, warum ich zum Beispiel esssüchtig bin, werde ich mich noch nicht mäßigen können. Es kann auch sein, dass ich aus der Gefangenschaft einer seelischen Form in die einer anderen falle (indem ich zum Beispiel meine Esssucht beherrschen lerne und dafür zum Raucher werde). Für eine nachhaltige Heilung müssen die Formen aufgelöst, befreit, in den kreativen Bereich des Überbewussten überführt werden. Daraus ergibt sich eine Methode der *indirekten* Therapie. Anstatt zu viel an den Symptomen herumzubohren, versucht man die noch mehr oder weniger intakten kreativen Kräfte zu mobilisieren. Mit anderen

159 Von Béla Bartók sagte einmal Kühlewind: »Er war frei von jeglicher seelischen Krankheit.«

Worten: Anstatt sich mit der Vergangenheit zu beschäftigen, versucht man, die Gegenwart zu erleben.[160] Der erste Schritt ist oft, den Patienten überhaupt in seinem Inneren anzusprechen. Wenn das nicht gelingt, hat die Therapie wenig Chance. Wenn das aber möglich ist, dann kann die Aktivierung der noch freien Kräfte anfangen, den Bereich des Überbewussten zu vergrößern und dadurch die gefangenen Kräfte aus dem Unterbewusstsein abzuziehen. Wie Kühlewind später schreibt: »Wenn das Selbst erwacht ist, gibt es keine psychische Erkrankung ...«[161]

Wenn die Stärkung der kreativen Kräfte des Überbewusstseins einmal in Gang kommt, dann ist die Chance auf eine nachhaltige Heilung recht groß. Viel mehr noch: Eine solche Heilung führt direkt weiter zu der Entfaltung neuer kreativer Kräfte, also zu einem geistigen Schulungsweg. Da wir heute alle mehr oder weniger seelisch krank sind, gilt das für uns alle. Manche schaffen das allein, manche mit Hilfe von Freunden, manche benötigen einen Therapeuten. Alle Heilungen in den Evangelien haben einen gemeinsamen Charakter: Der Geheilte verwandelt sich. Wir »normalen« Menschen haben meistens diesen Wunsch an den Arzt: Er soll mich so heilen, dass ich

160 Ein guter Freund von mir hat einmal Georg davon erzählt, wie sehr es ihn quält, dass er in seiner Vergangenheit so vieles falsch gemacht hat. Georg hat ihn angeschaut und lapidar gesagt: »Was kümmert dich das?« Das bedeutet nicht, dass man sich zu seinen früheren Sünden nicht bekennen und sie nicht wiedergutmachen soll. Das bedeutet aber, dass die Heilung nie aus der Vergangenheit, sondern nur aus der Kraft der aktuellen Gegenwart geholt werden kann. Dann kann man die quälenden Fehltritte der eigenen Vergangenheit ertragen und zurechtrücken.

161 G. Kühlewind: *Licht und Leere*, S. 87. Verlag Freies Geistesleben, Stuttgart 2011.

mein altes Leben fortsetzen kann. Christus heilt aber nicht so. Wer von ihm geheilt wird, wird ein neuer Mensch, der ein neues Leben anfängt. Das *ist* die Heilung. Mit den Heilungen in den Evangelien beschäftigt sich das Buch, das als letztes zu Kühlewinds Lebzeiten erschienen ist.[162]

Die Antwort der Engel

a) *»Esoterische« Literatur*

Es gibt zahlreiche Darstellungen über »paranormale« Phänomene, die meist einen mehr oder weniger pathologischen und egoistischen Charakter haben. Die im vorigen Kapitel erwähnte allgemeine Erkrankung des Bewusstseins führt zu einem unglaublich bunten Bestand an Fantasieprodukten unserer Wunschträume und Ängste. Da unsere seelischen Verirrungen die gemeinsame Grundlage haben, dass wir unsere selbstfühlende Hülle reiben und reizen wollen, neigen wir auch immer zu Übertreibungen. Geht es mir heute nicht so gut, dann wird gleich der Weltuntergang heraufbeschworen, geht es mir ganz gut, jubele ich, den Stein der Weisen gefunden zu haben. Sogar die negativen Gefühle übertreiben wir mit einer Art perversem Genuss. Wie wunderbar können wir in unseren seelischen Wunden herumwühlen, um eine erlittene (tatsächliche oder eingebildete) Beleidigung oder Ungerechtigkeit in übernatürliche Größe zu heben – um dabei das erhöhte egoistische Selbstgefühl zu »genießen«. Besonnenheit, Bescheidenheit und Selbstironie sind gegen solche Übertreibungen der Seele

162 G. Kühlewind: *Gesunden im Licht – Die Heilungen in den Evangelien*, Verlag Freies Geistesleben, Stuttgart 2004.

sehr heilsam, seien es die eigenen, seien es die anderer in »esoterischen« Büchern. Das ist einer der Gründe, warum Autoren wie Steiner und Kühlewind sehr viel Wert darauf gelegt haben, ihre Erfahrungen in einem nüchternen und verständlichen (wenn auch nicht leicht verständlichen) Stil darzustellen. Es geht nicht darum, die Sehnsucht der Menschen nach Sensationen zu befriedigen, sondern den suchenden Seelen eine Hilfe zu geben, den Weg ihrer eigenen Entwicklung zu finden.

b) Die Antwort der Engel

Eine solche mächtige Hilfe ertönt auch im Buch von Gitta Mallasz: *Die Antwort der Engel.*[163] Man braucht nur wenige Zeilen zu lesen, um zu sehen: Diese Schilderungen sind weder egoistisch noch pathologisch. Ja, eine »unglaubliche« Geschichte ist es schon. Wie manche, die man nicht selbst erfahren hat und meint, niemals erfahren zu können. In diesem Buch wird geschildert, wie eine kleine Gruppe von Menschen über einige Monate von Engelwesen auf dem Weg ihrer inneren Entwicklung geführt und belehrt wird. Wenn der Leser nur einen Teil dieser Entwicklung innerlich mitmacht, dann wird die Geschichte realer, als es beliebige Alltagserlebnisse sind. Man braucht sie nicht zu glauben. Man kann sie nachvollziehen. Oder anders gesagt: Der Glaube des modernen Menschen beruht auf dem Nachvollzug der Erfahrung höherer Wirklichkeiten. Nicht, indem man an etwas glaubt, was man nicht erfahren kann, sondern indem man lernt, »unglaubliche« Geschehnisse – wenigstens anfänglich – selbst zu erleben.

Es waren vier junge Menschen, die sich in den Jahren des Zweiten Weltkriegs entschieden zusammenzuziehen. Gitta

163 G. Mallasz: *Die Antwort der Engel.* Daimon Verlag, Einsiedeln 1981.

und Hanna waren Grafiker, Lili unterrichtete eine Art Bewegungstherapie für Kinder, und József, Hannas Mann, war Möbeldesigner. Alle waren künstlerisch veranlagt, offen, ohne Vorurteile. Keiner von ihnen war religiös. Gittas Vater war ein hochrangiger Offizier, sie selbst früher eine gefeierte Wettschwimmerin. Nur sie hat den Krieg überlebt. Die anderen drei waren jüdischer Abstammung, wurden deportiert und sind in einem KZ bzw. in der Zwangsarbeit gestorben. Gitta hatte nach dem Krieg jahrelang darauf gewartet, das inzwischen kommunistische Ungarn verlassen zu können, um ihre und Lilis Aufzeichnungen über die Begegnungen mit den Engeln veröffentlichen zu können – in einem kommunistischen Land war das unmöglich. Sie ging (durch eine Scheinehe, die sich, soviel ich weiß, später in wahre gegenseitige Liebe wandelte) nach Frankreich und veröffentlichte die ursprünglich in ungarischer Sprache verfassten Aufzeichnungen zuerst auf Französisch. Inzwischen ist das Buch in vielen Sprachen erschienen, auch in seiner ursprünglichen Sprache Ungarisch.[164]

Diese vier jungen Menschen spürten in den Kriegsjahren das immer stärker werdende Unheil, wussten aber nicht, was sie tun sollten. Sie fassten allerdings zwei wichtige Beschlüsse: Einerseits, nur noch so viele Aufträge anzunehmen, wie zum Überleben unbedingt notwendig waren, andererseits, ihre Eindrücke aufzuzeichnen. Wie symbolisch das ist: Sie haben einerseits einen inneren Freiraum geschaffen, andererseits angefangen, auf sich selbst zu reflektieren – was genau die richtigen

164 Die englische Übersetzerin hatte Gitta treffen wollen, bevor sie mit der Übersetzung begann. Sie dachte dabei, wie sie später zugab: Wenn ich an dieser Frau irgendetwas »Merkwürdiges« finde, dann lasse ich es lieber. Sie hat aber nichts dergleichen gefunden. Gitta war der natürlichste Mensch, den man sich vorstellen kann.

Voraussetzungen für eine geistige Schulung sind. Eine solche Schulung ist unmöglich, solange wir mit äußeren Verpflichtungen vollgestopft sind. Und auch die ehrliche Selbstreflektion ist für einen Schulungsweg nötig. Stattdessen ziehen wir es aber oft vor, in Selbstliebe zu schwelgen. Der Ton des Buches zeigt schnell, dass die Engel für letzteres kein Verständnis haben. Sie sind oft sehr streng, manchmal auch sehr sanft – je nachdem, was die angesprochene Person für ihr Weiterkommen benötigt. Immer aber verbreitet ihre Anwesenheit eine große Bedeutsamkeit und Freude. »Freude ist die Luft der neuen Welt« – so sagt der Engel zu Lili im 28. Gespräch, am 31. Dezember 1943.

Die Gespräche beginnen damit, dass Gitta ihre Aufzeichnungen vorliest. Hanna, die für ihre extrem ehrliche Strenge bekannt ist, bezeichnet das Aufgezeichnete als »oberflächlich«. Gitta weiß, dass Hanna recht hat und fühlt sich ratlos. Und im nächsten Augenblick sagt Hanna: »Ab jetzt spreche nicht mehr ich!« Und nun wird sie regelmäßig zur Vermittlerin der Botschaften der Engel von Gitta, Lili, ihr selbst und später ihrem Mann. Hanna ist kein Medium, das nicht weiß, was sie sagt. Sie »übersetzt« die Mitteilungen der Engel bei voller Bewusstheit, in einer erhöhten Wachheit. Welche Sprache sprechen die Engel? Ich weiß es natürlich aus eigener Erfahrung nicht, aber es muss jene wortlose, universelle Sprache sein, die wir auch in der Meditation erlernen. Kühlewind sagte manchmal, dass wir »musizierende Engel« anders vorstellen müssen, als sie meistens künstlerisch dargestellt werden. Sie singen nicht, spielen nicht ein Instrument: Sie *sind* selbst das Lied, die Musik. So waren diese Engel auch eins mit ihren Mitteilungen, und Hanna hatte die Fähigkeit, an dieser Einheit teilzunehmen. Bewusst.

Man könnte jetzt fragen: Was hat diese Geschichte in einem Buch über Georg Kühlewind zu suchen? Sehr viel mehr, als dass er das Buch von Gitta Mallasz selbst geschätzt hat. Immer wieder habe ich Parallelen zwischen den Aussagen der Engel und denen von Steiner und Kühlewind gefunden. Ich könnte es so sagen: Oft habe ich rätselhafte Aussagen der Engel erst dank meiner Kenntnis des Werks von Kühlewind und Steiner verstanden. Und oft habe ich die Kraft zum Leben aus dem Buch *Die Antwort der Engel geschöpft.*[165] Kühlewind hat es explizit so zum Ausdruck gebracht:

»Der Weg, der Geistesweg des Menschen führt ihn durch in Einsamkeit getane Schritte in die Menschengemeinschaft. Diese ist auf das Gespräch aus der Gegenwärtigkeit und in ihr gegründet. Die Gemeinschaft aber hat, wenn sie sich versteht, eine Zukunftsaufgabe: sie besteht, um die Zukunft zu ermöglichen, um einen dem vorchristlichen und dem traditionell-christlichen gegenüber neuen Kultus zu verwirklichen. Früher opferte man von dem, was der Mensch als natürliche und geistige Gaben *bekommen* hat. In dem neuen Kultus opfert der Mensch, was er selbst *schafft;* sein Opfer ist ein Verzicht auf die zeitliche Gegenwart, auf Gelingen in der Welt der Vergangenheit, damit aus dem Erworbenen und Geschaffenen nur Zukunftskeime hervorgehen. Das ist die neue religiöse Gebärde: eine Verwirklichung der Charis. Und der Mensch kann sich an der christlichen Lehre orientieren, weil sie das Neue als Samen, als Möglichkeit zur Weiterbildung in sich trägt.«[166]

165 Eine der wichtigsten Wendungen meines Lebens verdanke ich dem Entschluss, dem Beispiel der vier jungen Menschen zu folgen und in einer bestimmten Phase meines Lebens auf gewisse Erfolge bzw. Karriereschritte zu verzichten. Seitdem weiß ich, dass solche Art Verzicht sehr heilsam sein kann.

166 G. Kühlewind: *Die Diener des Logos – Der Mensch als Wort und Gespräch*, Kap. *Zeichen der Zeit*. Verlag Freies Geistesleben, Stuttgart 1981.

Solch ein neuer Kultus hat sich in diesen Gesprächen mit den Engeln verwirklicht. Durch Hilfe von oben. Für Menschen direkt am Rande des Todes. Eine Art beschleunigte Hilfe. Ich habe früher immer wieder heftige Sehnsucht danach gehabt, Teil einer ähnlichen Gesprächsrunde zu werden. Dies blieb mir verwehrt – dafür auch das harte Schicksal dieser Gesprächsteilnehmer. Und dafür habe ich bei Kühlewind gelernt, dass auch durch den Weg der Meditation Gemeinschaften entstehen können, die durchaus ähnliche Qualitäten erleben können wie die Teilnehmer der Gespräche mit den Engeln. Die Meditationsgruppen von Kühlewind waren auch eine Verwirklichung eines neuen Kultus. Ob die Meditationsgruppen seiner Schüler ebenfalls dazu werden, das liegt an uns.

c) Besuch bei einer Zeugin

Mir begegnete das Buch von Gitta Mallasz zum ersten Mal in den 80er-Jahren bei einem Besuch bei Georg in Zürich. »Das ist authentisch« – klopfte er darauf. Das interessierte mich, weil ich seine Skepsis gegenüber eingebildeter Spiritualität kannte, und habe mir das Buch sofort besorgt. Es gab noch einen weiteren Grund für mein Interesse: Der Name der Autorin kam mir bekannt vor. Nach einer Weile kam die Erinnerung: In meinem Kinderzimmer hing über dem Bett ein Bild von Gitta Mallasz, meiner Schwester und mir gewidmet. Zurück in Budapest fragte ich meine Mutter, ob sie Gitta Mallasz gekannt habe. »Nur flüchtig«, sagte sie. »Tante Erzsi [Erzsébet Rusznyák, eine liebe, alte Nachbarin und Verwandte] hat sie aber gut gekannt.« Als ich Georg das erzählte, war er sofort entschieden: Wir besuchen sie.

Mit Krawatte und Blumenstrauß ausgerüstet kamen wir zu Tante Erzsi. Solange ihr Mann dabei war (ich erfuhr später, dass er der Engel-Geschichte gegenüber sehr skeptisch war), lief nur eine förmliche Konversation. Ich fühlte etwas verzweifelt: Es muss etwas geschehen, so wird es nichts. Bald darauf ging der Mann hinaus. So blieben wir zu dritt. Georg sprach nun ohne Zögern an, dass wir wegen des Buches von Gitta da waren. Tante Erzsi wurde misstrauisch. »Warum wollen Sie darüber etwas wissen?«, fragte sie. Ich weiß nicht mehr genau, was Georg geantwortet hat, aber auf jeden Fall in einem solchen Ton, dass sie gleich verstand, dass er wahres Interesse hatte und nicht von irgendeiner Sensationslust getrieben war. Und nun geschah etwas Wundervolles: Die kleine, immer lächelnde Tante verwandelte sich; in ihrem lächelnden Blick erschien ein Ernst, den ich vorher nicht gekannt hatte, und sie fing an, über Gitta, Hanna und die damaligen Geschehnisse zu erzählen.

Wie im Buch beschrieben, hatten sich die jungen Leute ab einer bestimmten Zeit entschlossen, Menschen vor den Nazis zu retten. Gitta hatte dank ihres Vaters gute Beziehungen und gründete eine offizielle »Kriegsnäherei«. Tatsächlich wurden dort Kleider für das Militär genäht, aber das eigentliche Ziel war, so viele verfolgte Menschen (vorwiegend Frauen) wie möglich zu retten. Auch Erzsi kam irgendwann dazu; sie bemerkte bald, dass Hanna, Gitta und Lili sich freitags immer in einem Zimmer einschlossen und hinterher eine besondere Feierlichkeit und Güte ausstrahlten. Sie wollte auch dabei sein, drohte, die Tür aufzubrechen, wenn man es ihr nicht erlaube. »Das würde man heute von mir nicht annehmen«, lachte die ca. 80-jährige Dame. »Naja, vielleicht schon«, erwiderte Georg lächelnd. So wurde sie – neben manch anderen – für eine Weile Zeugin dieser Gespräche. Als die »Näherei« dann aufflog und die ungarischen Nazis alle gefangen nehmen wollten, aktivierte Gitta ihren letzten Rettungsplan: Fast alle konnten durch ein dazu vorbereitetes Loch im Zaun fliehen, merkwürdigerweise mit Hilfe von zwei deutschen Nazis im Nachbarhaus, mit denen sich Gitta vorher angefreundet hatte.[167] Die Alten und Kranken blieben – sowie Gitta, Hanna und Lili. Als Gitta gefragt wurde, wie viele bei ihr beschäftigt seien, konnte sie nicht wissen, wie viele geflohen und wie viele geblieben waren. Intuitiv sagte sie eine Zahl – und die hat gestimmt! Das hat ihr vermutlich das Leben gerettet, obwohl sie brutal verprügelt wurde.

Dieser Teil des Geschehens kommt bezeichnenderweise im Buch nicht vor. Gitta war zu dieser Zeit schon von jeder Eitelkeit und Selbstsucht geheilt. Die blonde, blauäugige Hanna wurde gefragt, ob sie überhaupt Jüdin sei – sie antwortete: Ja. Nicht aus Heldentum; sie wollte nicht sterben. Sie wollte und konnte aber nicht mehr lügen. Sie und Lili konnten – nach Berichten von Überlebenden – ihren Mitgefangenen im KZ viel Trost spenden. Bis zu ihrem Tod.[168] Die Engel haben sie nicht vor einem schrecklichen physischen Tod gerettet. Sie haben sie aber zur Erfahrung des ewigen Lebens geführt.

167 Gitta war halb Österreicherin und sprach perfekt Deutsch.

168 Éva Langley-Dános, die mit Hanna und Lili im KZ war und überlebte, beschreibt in ihrem Buch *Zug ins Verderben* (Daimon Verlag, Einsiedeln 2000) den unvorstellbar schrecklichen Tod von Hanna und Lili auf einer fast zweiwöchigen Zugfahrt von Ravensbrück nach Burgau, unter Hunger, Durst, Kälte, Erkrankungen und ständigen Demütigungen. Nach ihrer Darstellung gab es kein Zeichen davon, dass die Engel die Verbindung mit ihnen aufrechterhalten hätten. Ich hoffe insgeheim, dass das doch der Fall war und auch sie Trost erhalten haben. Hannas Leichnam wurde in Bayreuth aus dem Viehwagen in einem Papiersack abtransportiert. Ob sich Hitler gerade zu dieser Zeit bei den Festspielen vergnügte?

Tante Erzsi, die dank der »Näherei« überlebt hatte, konnte nach dem Krieg über diese Erlebnisse mit kaum jemandem sprechen. Gitta war im Ausland, und ihre Familie nahm die Geschichte nicht ernst. Es gab einige Überlebende in Budapest, die diese Erinnerungen pflegten, aber offensichtlich ist das Wesentliche, die Kraft dieser Gespräche, mit der Zeit doch verblasst. Genau diese Kraft wurde aber in unserem Gespräch auf einmal spürbar. Und ich habe plötzlich den eigentlichen Sinn unseres Besuches verstanden: Für Tante Erzsi war es unglaublich wichtig, einen richtigen Zuhörer zu finden; sie blieb danach mit Georg in Kontakt, bis sie bald darauf starb. Noch vom Sterbebett schickte sie Nachrichten an ihn. Ich glaube, genau dieses Gespräch, dieser Kontakt zu jemandem, der das wichtigste Erlebnis ihres Lebens wirklich verstand, hatte gefehlt, um ihr Leben abzurunden. Schon vorher konnte man von Georg über die Bedeutung des richtigen Zuhörens lesen und hören.[169] Auch Michael Ende schreibt darüber in seinem Roman *Momo*. Aber erst durch dieses Gespräch habe ich selbst erfahren, was das wirklich bedeutet.

Wenn es Menschen gelingt, einander in ihrem Wesenskern anzusprechen, dann treten sie gemeinsam in den Erfahrungsbereich des ewigen Lebens ein. »Denn wo zwei oder drei versammelt sind in meinem Namen, da bin ich mitten unter ihnen.« (Mt 18,20). Mitten unter ihnen und auch in jedem in seiner wahren Mitte – davon spricht Kühlewind in seinem Buch *Die Diener des Logos*.

169 Siehe dazu G. Kühlewind: *Vom Normalen zum Gesunden*, Kapitel *Sprechen und Zuhören*.

Christentum, Judentum, Sufismus, Zen, Anthroposophie

Georg Kühlewind war offen für alles, worin das Leben des Geistes erfahrbar ist. Wir haben bereits gesehen, dass er schon früh gelernt hat, sehr tief in die Sprache, in den Geist der Bibel einzutauchen. Ein erster Höhepunkt davon war das Buch *Das Gewahrwerden des Logos*. Ein nächster Höhepunkt sind die direkt nacheinander entstandenen Bücher *Die Erneuerung des Heiligen Geistes* und *Das Reich Gottes*. Wer seine Bücher über die Bibel liest, lernt selbst, die Bibel zu lesen. Der Text der Bibel ist auf der Alltagsebene unverständlich, widersprüchlich und unglaublich. Der Glaube besteht nicht darin, dass wir uns über diesen Umstand hinwegtäuschen, sondern dass wir in einer erhöhten Erkenntnis zu den Quellen kommen, aus denen dieser Text entspringt. Dann lösen sich die Widersprüche und Unverständlichkeiten in einer Erkenntnis auf, die man erkennendes Fühlen und erkennendes Wollen nennen könnte. Diese Art Erkennen ist klar und sicher wie das Verstehen, intensiv wie die unegoistische Liebe und rein wie die schöpferische Freude. Der Glaube der Urchristen war von dieser Art. Der ist aber verloren gegangen. Der moderne Mensch muss diese Fähigkeit neu erarbeiten. Dass er das kann – *das* ist die Erlösung. Wenn er das nicht tut, lehnt er die Erlösung ab.

Vom Heiligen Geist ist auch schon im Alten Testament die Rede. Durch das Opfer Christi wird er aber erneuert. Das Wunder von Pfingsten zeugt davon. Die Menschen unterschiedlicher Sprachen fangen an, einander unmittelbar zu verstehen. Sie finden zur Ursprache der Menschheit zurück. Die Ursprache ist keine Wortsprache, nicht einmal eine Lautsprache, sie besteht aus reinem Verstehen. Wenn wir einander verstehen, wechseln wir immer unsichtbare »Worte« dieser Sprache miteinander. Das geschieht aber im Alltag nur unbemerkbar kurz. Zu Pfingsten wird das gegenseitige wortlose Verstehen zu einem kollektiv erlebten Prozess.[170]

Kühlewind betrachtet das Gleichnis vom Sämann als das zentrale Gleichnis des Neuen Testaments. Wie schon gesagt, bei der Arbeit mit solchen Bildern geht es nicht darum, das Bild innerlich vorzustellen, sondern durch die Meditation zu dessen Sinn zu kommen. Diesen Sinn kann man mit Worten nur mangelhaft ausdrücken. Allein schon deshalb, weil sich bei jeder Meditation neue Bedeutungen eröffnen können. Ein zentrales Element ist auf jeden Fall, dass der Sämann sich selbst sät. Der Logosträger sät den Samen des Logos – sich selbst – auf den Boden unserer Seele. Und er tut das wohlwissend, dass ein Großteil davon verlorengeht, weil wir es meist verschmähen, unsere Seele zum guten Boden zu machen. Wo aber die Saat aufgeht, dort trägt sie vielfache Früchte. »Etliches fiel auf gutes Land und trug Frucht, etliches hundertfältig, etliches sechzigfältig, etliches dreißigfältig.« (Mt 13,8).

Ein weiterer Schritt zur Vertiefung des Christentums führte Kühlewind zu einer Studie des Werks von Thomas von Aquin. Wie er dazu kam, beschreibt er selbst im Vorwort des Buches *Meditationen über Zen-Buddhismus, Thomas von Aquin und Anthroposophie* : »Mitte der siebziger Jahre schenkte mir eine befreundete Dame – Marion Spitta – ihre eigene Ausgabe des *Compendium Theologiae* von Thomas von Aquin. Ich habe die zweisprachige Ausgabe gelesen und fand vieles darin sehr interessant, besonders in Beziehung zu Steiners vier Vorträgen

170 Siehe dazu auch: *Wachen in der Nacht vom Autor.* – https://www.itec.aau.at/~laszlo/Antro/Wachen_in_der_Nacht.pdf

über Thomas. Das *Compendium* zeigte ein ziemlich anderes Bild. Aber die Begeisterung für Thomas' Werk begann erst, als ich von dem befreundeten Professor Norbert Pfennig das erste Buch von Josef Pieper geschenkt erhalten hatte (etwa 1984): *Die Wahrheit der Dinge*. Das Wort ›Wahrheit‹ war eines der zentralen Themen in meinem Buch *Das Gewahrwerden des Logos* (1978), und nun tauchte es im Zusammenhang mit der mittelalterlichen These ›omne ens verum‹ – ›alles Seiende ist wahr‹ –, durch Thomas vielfach bearbeitet, auf. Erst las ich Josef Piepers weitere Werke mit unverminderter Begeisterung, dann aber die des Thomas selbst.« [171] Im zitierten Buch finden wir eine Essenz dessen, was er aus Thomas' Werk herausgeholt hat.

Recht früh hat Kühlewind auch den Zen-Buddhismus kennengelernt. Darüber schreibt er selbst so: »Nach einem Vortrag, den ich in der Schweiz – wahrscheinlich in Zürich – Ende der sechziger Jahre hielt, trat eine holländische Dame an mich heran und fragte, ob ich mit Zen-Buddhismus bekannt sei, meine Art zu reden lege ihr das nahe. Auf meine verneinende Antwort hin schickte sie mir ein Buch von D.T. Suzuki, nämlich *Die Zen-Lehre vom Nichtbewußtsein*. Dieses wirkte auf mich wie ein erfrischender Regen, und in der Tat habe ich manche der eigenen Ansichten und Gedanken in den Lehren der alten Zen-Meister wiedergefunden, besonders aber das Betonen des ›Hier und Jetzt‹ und den ›natürlich‹ gegebenen Zugang zur Geistigkeit ... Es ist ein Gespräch 1984 mit einem Meister in San Francisco sehr wichtig für mich und meine weitere Arbeit geworden. Ich habe ihn gefragt, wie die Zen-Schüler ihren in-

171 G. Kühlewind: *Meditationen über Zen-Buddhismus, Thomas von Aquin und Anthroposophie*, Verlag Freies Geistesleben, Stuttgart 1999.

neren Weg beginnen. ›Wir achten (we pay attention) auf das, was uns am nächsten ist, nämlich auf das Atmen‹, war seine Antwort. Ich hatte daraufhin einen kleinen Geistesblitz und sagte: ›Wenn Sie Ihre Aufmerksamkeit auf das Atmen richten, dann ist diese Aufmerksamkeit ihnen näher als das Atmen.‹ … Bei mir aber war das der Anfang eines Weges, dessen vorläufige Ergebnisse in dem Buch *Aufmerksamkeit und Hingabe* vorliegen und dessen weitere Konsequenzen auch im vorliegenden Buch eine große Rolle spielen.«[172]

Aufmerksamkeit und Hingabe ist 1998 erschienen.[173] Dieser neue Weg zeichnete sich aber schon früher ab, spätestens 1995, im Buch *Die Esoterik des Erkennens und Handelns*.[174] Dieses Buch ist der Auftakt für eine Reihe von Büchern, deren Höhepunkt in *Meditationen über Zen-Buddhismus, Thomas von Aquin und Anthroposophie* und *Der sanfte Wille*[175] erreicht wird. Der staunende Leser kann feststellen, wie diese Bücher in immer höhere Sphären der inneren Erfahrungswelt einführen – und kann erahnen, welchen unglaublichen Höhenflug der Autor dabei durchführt. Sein Stil ändert sich. In seinen früheren Werken bemüht er sich oft darum, alles so genau und ausführlich wie möglich zu erklären, um dem

172 G. Kühlewind: *Meditationen über Zen-Buddhismus …* .

173 G. Kühlewind: *Aufmerksamkeit und Hingabe – Die Wissenschaft des Ich*, Verlag Freies Geistesleben, Stuttgart 1998.

174 G. Kühlewind: *Die Esoterik des Erkennens und Handelns in der Philosophie der Freiheit und der Geheimwissenschaft Rudolf Steiners*, Verlag Freies Geistesleben, Stuttgart 1995.

175 G. Kühlewind: *Der Sanfte Wille – Vom Gedachten zum Denken, vom Gefühlten zum Fühlen, vom Gewollten zum Willen*, Verlag Freies Geistesleben, Stuttgart 2000.

Leser auf seinem Schulungsweg zu helfen. In diesen Büchern ab 1995 wird er immer »wortkarger«. In den früheren Büchern gibt er lange Erklärungen und dann einige Übungen als Beispiele dazu. In den Büchern ab 1995 ist das umgekehrt. Insbesondere in *Meditationen* ..., das vorwiegend aus Meditationssätzen besteht, werden nur die minimal notwendigen Erklärungen mitgegeben. Diese Entwicklung seines Stils entspricht eigentlich genau dem Weg, den wir schon bei der einfachen Konzentrationsübung gehen. Zunächst brauchen wir viel »Drumherum«, viel begleitenden Text: Wozu dient der Gegenstand, wie wird er hergestellt, wie wird er benutzt usw. Je intensiver aber die Konzentration wird, umso weniger Begleittext ist nötig. Und bei der reinen Anschauung der Idee brauchen wir gar keinen Text und auch kein Bild mehr. Noch stärker ist diese Richtung bei der Meditation erlebbar. Die Zeichen (auch die inneren) werden immer weniger, die Intensität der Aufmerksamkeit, des Selbst wird immer mehr. Auf dem Höhepunkt verschwinden alle Inhalte der jeweiligen Bewusstseinsstufe, es bleibt nichts übrig. Dieses Nichts ist aber nicht dunkel, nicht »leer« wie ein Gefäß, sondern erfüllt durch die Qualitäten der höheren Bewusstseinsstufen. So kann das Bewusstsein auf einer Leiter der »Leere«, des Lichtes hinaufsteigen. Vom Licht zu immer höherem Licht. Das Licht der Sonne löscht das Licht einer Kerze aus. Nicht weil die Kerze ausgeblasen wird, sondern weil das höhere Licht stärker ist. So ist dieser veränderte Schreibstil eine Konsequenz seines inneren Weges.

Sein letztes Buch über »das leere Bewusstsein« konnte Kühlewind nicht mehr fertig schreiben. Seine Notizen dazu sind posthum unter dem Titel *Licht und Leere* erschienen. In diesem Buch, das aus Aufzeichnungen besteht, die er für sich selbst gemacht hatte, gibt es überhaupt keine Erklärungen mehr. Dieses Buch kann man nur meditieren – oder es gleich lassen. Diese unvollendete Form ist in gewisser Hinsicht eine Krönung seiner inneren Entwicklung und gleichzeitig seine letzte Anweisung an uns: Macht weiter!

In den *Meditationen* ... werden einige Grundbegriffe betrachtet: die angeborene Gestimmtheit der menschlichen Seele zum Verstehen und zur Güte, das Erkennen und das höhere Erkennen, das höhere Selbst und die Leere als Wirklichkeit. Kühlewind zeigt, wie diese Begrifflichkeiten in den Werken von Thomas von Aquin, von einigen Zen-Meistern, insbesondere von Bodhidarma, und von Rudolf Steiner erscheinen. In sehr unterschiedlichen Ausdrucksformen berichten diese Autoren aus denselben Erfahrungsbereichen. Sie alle tauchen in die geistige Welt ein, gliedern aber ihre Erfahrungen anders und drücken sie auch anders aus. Die geistige Welt ist gemeinsam, unendlich und kontinuierlich. »Sie ist eine Welt von Bedeutungen« – schreibt Kühlewind. Bedeutungen, die der Mensch verstehen, herausgestalten kann. Allerdings nicht nur im Denken, sondern auch im Fühlen und Wollen. In der Meditation erlernen wir die neuen Fähigkeiten des erkennenden Fühlens und Wollens. Das sind neue Erkenntniswerkzeuge, die das monistische Erkennen auf immer höheren Ebenen, d.h. immer lichtvoller, immer verständlicher ermöglichen. Erkennendes Fühlen ist keine Träumerei, sondern eine Fähigkeit, nicht nur im Denken, sondern auch im Fühlen zu erkennen. Zum Beispiel die Art eines Naturphänomens – buddhistisch ausgedrückt: sein So-Sein – zu erfühlen. Diese Art Fühlen ist »objektiv« wie das Fühlen der Evidenz im Denken, ist aber vielfältig, voller Qualitäten. Im erkennenden Wollen können wir andere Wesen bis zu ihrem Wesenskern erblicken und ihren Willen in uns walten lassen. Mit anderen Worten: Das ist die Liebe, die reine Liebe. Die Liebe wirkt von Vornherein in allen Erkenntnisarten, auch im Denken.[176] Aber im erkennenden Wollen leuchtet sie rein, »leer« von allen Inhalten.

Die geistige Welt ist der einzige Bereich, wo menschliche Gemeinschaft tatsächlich entsteht. Über Zeitalter, Kultur, Ausdrucksformen hindurch. Die Begrifflichkeiten, die Kühlewind in diesem Buch betrachtet, sind nicht theoretisch für eine analytische Studie ausgewählt. Das sind konkrete Erfahrungsbereiche des Bewusstseins, in denen er sich selbst erfahrend aufhalten konnte. Deshalb konnte er so unterschiedliche Autoren in einem Buch zusammenschauen. Es geht nicht darum, spirituelle Autoren zu klassifizieren, auch nicht darum, eine Art Toleranz zu zeigen. Kühlewind zeigt gerade durch die Unterschiedlichkeit dieser Autoren (sich selbst einbezogen) die Einheitlichkeit der geistigen Welt. Das Prisma bricht das Licht in verschiedene Farben. Der wahre Kenner erkennt sie alle als Strahlen des einen Lichts. Kühlewind hat eine solche Intensität der geistigen Erfahrungen erreicht, dass er den reinen Geist überall erkennen konnte. Und eventuelle Verunreinigungen auch.

Kühlewind hat sich auch sehr intensiv mit dem Chassi-

176 Vgl. R. Steiner: *Die Philosophie der Freiheit*, GA 4. Kap. VIII, Zusatz zur Neuauflage 1918: »Dieses Untertauchen geschieht mit einer in der Denkbetätigung selbst dahinfließenden Kraft, welche Kraft der Liebe in geistiger Art ist … Wer … zum wesenhaften Denken sich hinwendet, der findet in demselben sowohl Gefühl wie Willen, die letztern auch in den Tiefen ihrer Wirklichkeit; wer von dem Denken sich ab- und nur dem ›bloßen‹ Fühlen und Wollen zuwendet, der verliert aus diesen die wahre Wirklichkeit.«

dismus beschäftigt, mit seiner ursprünglichen Form, wie bei Martin Buber beschrieben.[177] Georg sagte, dass diese Geistesströmung in ihrer ersten Phase dem Christentum viel näherstand als die meisten christlichen Kirchen. Er beschäftigte sich auch mit anderen Schriften von Martin Buber, insbesondere mit *Ich und Du*. Das erste Du für den Menschen ist die Gottheit. Aus diesem Verhältnis heraus kann er seine Lage in Bezug auf andere verstehen. In seinem Buch *Das Gewahrwerden des Logos* bezieht sich Kühlewind auf Martin Bubers *Die fünf Bücher der Weisung*, im Zusammenhang mit den verschiedenen Bedeutungen des Wortes »Ich« bzw. »Ich bin«. Über die Gefangenname Jesu schreibt Kühlewind: »Die Macht des Wortes wird in der Szene der Gefangennahme deutlich (Joh 18,5f.). Auf die Mitteilung der ›Schar‹ und der Diener, daß sie Jesum von Nazareth suchen, spricht Jesus zu ihnen: ›Ich bin (es).‹ ›Judas aber, der ihn verriet, stand auch bei ihnen. Als nun Jesus zu ihnen sagte: Ich bin, wichen sie zurück und fielen zu Boden.‹ Auch hier fehlt im griechischen Text das Wörtchen, das dem es entspricht. Die eingeschobene Bemerkung über Judas deutet an, daß auch er ›zurückwich und zu Boden fiel‹.

Daß das Ich-bin nicht im gewöhnlichen Sinne gebraucht wird, beweist der letzte Satz des Matthäus-Evangeliums: ›Und siehe, ich bin mit euch alle Tage bis zur Vollendung des Äons‹ (Matth. 28,20). Hier steht das »ego eimi« anstelle einer Zukunftsform: Ich werde mit euch sein. Wenn man Jo. 8,58: ›bevor Abraham geworden, ich bin‹ dazunimmt, so sieht man, daß dieses Wort weder in Zukunfts- noch in Vergangenheitsform gesagt werden kann, weil es in dieser einzig vorkommenden

177 M. Buber: *Die Erzählungen der Chassidim.*

Substantiv-Form Vergangenheit, Gegenwart und Zukunft zusammenfaßt und überbrückt.«[178]

Auch mit dem Quäkertum hat sich Kühlewind auseinandergesetzt. Besonders hoch geschätzt hat er ihre Gottesdienste. Die Quäker versammeln sich und sitzen so lange in Stille, bis jemand eine göttliche Inspiration empfängt und aus dieser heraus zu sprechen beginnt. Auch wenn das in der Praxis nicht immer funktioniert, ist das ein sehr schönes Vorbild für künftige meditative Gemeinschaften, für den »neuen Kult«.

Er hat sich auch für den Sufismus, für die esoterische Ausrichtung des Islams interessiert. Er sagt zwar einerseits, dass der Islam in gewisser Hinsicht eine »materialistische« Religion ist, er sei fatalistisch, sein Gott sei unabhängig von der menschlichen Erkenntnis, wie die »Materie« des Materialismus. Er schreibt dazu: »›Allah hat keinen Sohn‹ – das ist eine der wichtigsten, zentralen Glaubenssätze des Korans. Allah ist ein unnahbarer, unerkennbarer und menschen-unfreundlicher Gott, für den Mensch und Menschheit nichts bedeuten; seine Welt ist auch ohne den Menschen vollständig. Er führt, wenn er will, den Menschen in den Irrtum – der vermag nichts gegen diese Führung –, dann bestraft er ihn wegen seines Irrens. Menschliches Erkennen ist nach dem Koran ebenso ohne Wert wie für den Empiristen Bacon …«[179]

Etwas später in demselben Buch bezieht sich Kühlewind aber auf den Sufi-Mystiker Rumi: »Die heutige Erkrankung des Bewußtseins gestaltete der mohammedanische Mystiker Rumi im 13. Jahrhundert in einer mystischen Erzählung höchst plastisch im voraus: ›Jemand klopfte an die Tür des Geliebten – Gottes

178 G. Kühlewind: *Das Gewahrwerden des Logos,* S. 58.

179 Ebd., S. 158.

–, und eine Stimme innen fragte: Wer ist da? Er antwortete: Ich bin es. Und die Stimme sagte: In diesem Hause gibt es kein Ich und Du. Und die Tür blieb verschlossen. Da ging der Gläubige in die Einsamkeit, fastete und betete. Nach einem Jahr kam er wieder und klopfte von neuem an die Tür. Die Stimme fragte wieder: Wer ist da? Und jetzt antwortete der Gläubige: Du bist es. Da öffnete sich die Tür.‹« Und Kühlewind fügt hinzu: »Diese Geschichte könnte in ihrem mystischen Selbstverleugnungscharakter echt und schön empfunden werden, wenn etwa der Glaubende in seinem ›Du bist es‹ sich selbst als sprechende Persönlichkeit einbeziehen würde.«[180]

Der große ungarische Dichter des 20. Jahrhunderts, Attila József, Sohn eines Arbeiters (der die Familie früh verlassen hatte) und einer Waschfrau, hat unter ärmsten Verhältnissen an der Peripherie der prosperierenden Großstadt Budapest gelebt – und trotz allem die kargen, düsteren Schönheiten dieser Gegend entdeckt. Er beschreibt in einem seiner Gedichte, wie eine Pflanze in einem weggeworfenen verrosteten Topf anfängt zu wachsen und zu leben. Es gibt kaum ein treffenderes Bild für den Zustand unserer Seele als dieses. Wer das Leben kennt, erkennt es überall, nicht nur in teuren Blumengeschäften. Wer das Leben des Geistes kennt, erkennt es auch überall. Wie viel Hoffnung dieses Bild doch spenden kann! Auch wenn mir meine eigene Seele in einem düsteren Bild erscheint, kann ich darauf hoffen, dass der Geist in ihr aufleben kann.

180 Ebd., S. 159.

Sternkinder

Schon in früheren Jahren war Kühlewind oft Gast in verschiedenen Camphill-Einrichtungen. Er fand die Idee des Gründers Dr. Karl König, dass sogenannte »behinderte« Menschen mit »normalen« Menschen zusammenleben sollten, grandios. Es ist nämlich keineswegs so, dass nur die »Normalen« den »Behinderten« helfen. Die Hilfe ist gegenseitig. Ohne die Menschen mit »Behinderung« würden die Camphill-Gemeinschaften vermutlich innerhalb kürzester Zeit auseinandergehen, weil der Egoismus der »normalen« Menschen diese Art des engen Zusammenlebens nicht aushalten würde.

Viele »Behinderungen« bestehen zumindest teilweise darin, dass sich das Gefühl der Hülle um den Leib nicht oder nur schwach entwickelt. Menschen mit solchen »Behinderungen« ergreifen die Leiblichkeit anders als »normal«; sie bleiben mit ihrem »Stern« stärker in Verbindung als gewöhnliche Menschen. Dieser Stern ist nicht physischer Art, er ist unsichtbar, wie der Stern von Bethlehem, der die »Weisen vom Morgenland« leitet (Mt 2,1-13), den aber Herodes nicht sehen kann. Dieser Stern ist mit anderen Worten der sich nicht inkarnierende Teil des höheren Ich.

Die Sternkinder inkarnieren sich anders als gewöhnlich. Bei »normalen« Kindern bildet sich die Hülle relativ bald und damit auch das Gefühl des Egoismus. Bei den Sternkindern entwickelt sich das Selbstgefühl (und dessen Grundlage, die Autoperzeption) nicht im gewöhnlichen Ausmaß. Die heutige »normale« Inkarnation ist dadurch gekennzeichnet, dass sich die Wesensglieder des Menschen übereinander schieben – als Folge der Veränderungen, die in der Bibel Sündenfall genannt werden.[181] Deshalb steigen wir tiefer in die Leiblichkeit hinunter, als es gesund wäre. Das ist die »normale« Seelenstruktur des Menschen nach dem Sündenfall, bei dem der Mensch die Frucht vom Baum der Erkenntnis »isst«, verschluckt – für sich behält. Christus hat sich anders inkarniert, in ihm haben sich die Wesensglieder nicht vermischt – darum »ohne Sünde«, wie Paulus sagt[182]. Und die Sternkinder inkarnieren sich ebenfalls anders als die »normalen« Menschen.

Kühlewind hat erkannt, dass die Andersartigkeit der Sternkinder und die wachsende Zahl ihrer Erscheinung auf der Erde uns etwas sagen wollen. Darüber hat er nicht nur vieles gelesen, sondern auch viele solche Kinder und Jugendliche kennengelernt. Er hat mit verschiedenen Heilpädagogen zusammengearbeitet, ganz besonders mit dem kürzlich verstorbenen, großartigen Heilpädagogen Henning Köhler und mit dem hervorragenden ungarischen Heilpädagogen László Jakubinyi, der voller kreativer Ideen in Ostungarn eine große Einrichtung leitet. Kühlewind konnte mit autistischen Menschen adäquat – d.h. wortlos – kommunizieren. Er hat erkannt, dass solche Menschen untereinander wortlos kommunizieren – und deshalb nicht verstehen, warum die anderen sie nicht verstehen. Ihre Aufmerksamkeit ist nicht »gestört«, gerade im Gegenteil. Sie sind viel aufmerksamer als die »normalen« Menschen – nur eben in andere Richtungen. Eine Fliege an der Decke des Klassenzimmers kann die volle Aufmerksamkeit eines autistischen Kindes auf sich ziehen. Heißt das, dass es deshalb nicht aufmerksam ist? Natürlich ist es aufmerksam, nur vielleicht nicht auf die grandiosen Erklärungen des Lehrers. Oft sind die Erwachsenen

181 Vgl. R. Steiner: *Die Welt der Sinne und die Welt des Geistes*. GA 134.

182 Vgl. Hebr 4,15.

Der Siebzigjährige an seinem Schreibtisch

verärgert, weil die autistischen Kinder ihnen nicht antworten. Das tun sie aber, nur eben anders, als wir es gewohnt sind. Wir bilden uns ein, diese Kinder ändern zu müssen. Ja, vielleicht auch. Aber vor allem müssen wir uns selbst ändern.

Autistische Kinder werden oft medikamentös behandelt (mit Ritalin). Damit können manche Symptome unterdrückt werden, aber eine Heilung ist das kaum. Kühlewind, der sich stark gegen eine solche Behandlung gewendet hat, hatte das Medikament selbst eingenommen, um zu sehen, wie es auf das Bewusstsein wirkt. Die Erfahrung war erschütternd: »Man wird, solange das Medikament wirkt, völlig kalt und gefühlslos.«

Autistische Menschen bleiben dem Himmel, dem Quellgebiet des Bewusstseins näher als andere. Ob wir das als Defizit oder Fortschritt betrachten, liegt im Auge des Betrachters. Ob sie es sind, die krank sind, oder wir, ist eine Frage der Einstel-

In den 90er Jahren

lung. So wie in H. G. Wells Erzählung *Das Tal der Blinden*: In einem Tal leben nur Menschen, die blind sind. Einer von ihnen gewinnt seine Sehkraft aber zurück und fängt an zu erzählen, was er sieht. Er erzählt u.a. über die Vögel, welche die anderen nur hören können. Er erzählt, dass sie fliegen können, auf den Bäumen wohnen usw. Er wird sofort als »krank« eingestuft. Die Ärzte betasten sein Gesicht und stellen fest, dass der Grund seiner Krankheit darin liegen muss, dass seine Augen anders sind als »normal« (nämlich offen). Bald wird die Entscheidung getroffen: Er muss operiert werden, um die Krankheit seiner Augen zu heilen.

Alle Kinder sind in ihren frühen Jahren in ihrem Bewusstsein völlig offen und können sich mit den Erwachsenen ihrer Umgebung im Bewusstsein direkt, ohne Worte verbinden – sonst könnten sie nicht sprechen lernen, wie wir schon gesehen haben.

Diese »neuen« (oft auch »schwierig« genannten) Kinder bleiben aber viel länger offen und stellen uns damit vor eine besondere Herausforderung. Wenn wir sie verstehen wollen, müssen wir uns ändern. Das bedeutet aber, dass ihre »Probleme« eine Botschaft sind. Sie kommen mit einer besonderen Mission auf die Erde. Sie wollen uns helfen, aufzuwachen. Vielleicht der letzte Rettungsversuch von oben, die Menschheit zur Besinnung zu bringen. Wenn immer mehr Kinder in einer Schulklasse »abnormal« sind, dann muss irgendwann doch die Erkenntnis entstehen: Vielleicht sind unsere Vorstellungen darüber, wie ein Kind, wie ein Mensch sein soll, nicht richtig. Vielleicht müssen wir unser Menschenbild grundsätzlich revidieren und erneuern.

»Tut Buße und lasse sich ein jeglicher taufen auf den Namen Jesu Christi zur Vergebung der Sünden, so werdet ihr empfangen die Gabe des Heiligen Geistes.« (Apg 2,38). »Tut Buße« bedeutet in der genaueren Übersetzung von Kühlewind: »Ändert Euren Sinn!« Das ist der Ruf, der heute mehrfach ertönt. »Du mußt dein Leben ändern« – schreibt Rilke in seinem Gedicht *Archaischer Torso Apollos.* Auf die Bibel haben wir nicht gehört, auf den Dichter auch nicht. Vielleicht hören wir auf unsere Kinder. Wenn wir die Sternkinder verstehen würden, könnten sie unsere Rettung sein. »Meine letzte, verzweifelte Hoffnung« – sagte Kühlewind über sie.

Viele Werke von Kühlewind wurden nicht verstanden, aber – wie schon erwähnt – ganz besonders das Buch *Sternkinder.*[183] Sowohl vonseiten der »Mainstream«-Heilpädagogik als auch von manchen Vertretern der anthroposophischen Pädagogik wurde es missverstanden und zum Teil sehr unwürdig kriti-

183 G. Kühlewind: *Sternkinder – Kinder, die uns besondere Aufgaben stellen.* Verlag Freies Geistesleben, Stuttgart 2001.

Im letzten Lebensjahr

siert. »Was mischt sich da jemand ein, der gar kein Pädagoge ist«, gehörte noch zu den sanfteren Ablehnungen. Er hat sich eingemischt, weil er sowohl den Autisten als auch ihren Mitmenschen helfen wollte. Das war ihm sehr wichtig. Er hat kurz vor seinem Tod gesagt: »Wenn mein Leben überhaupt einen Sinn gehabt hat, dann war es dieser.« Die durch Jahrzehnte erworbenen höheren Erkenntnisfähigkeiten dienten in diesem Bereich dazu, dass er unmittelbar mit Menschen kommunizieren konnte, die sich im äußerlichen Sinne kaum ausdrücken können. Er hat einmal den Vergleich angestellt: Stellt Euch vor, ein genialer Pianist kommt auf die Bühne – aber das Klavier ist beschädigt. Was ihm fehlt, ist nicht die musikalische Inspiration, sondern der Weg zum Ausdruck. Kühlewind hat die Inspiration der Sternkinder unmittelbar erfassen können und damit auch ihre Mission verstanden und weitergegeben, »übersetzt«. Was daran manche Menschen als abwegig erachten, kann ich nicht verstehen.

Auf seinem letzten Seminar in Baruth/Mark im Jahre 2005

Als Beispiel für ein – fast – wortloses Gespräch mit einem Autisten soll die folgende Geschichte dienen, die der schon erwähnte Heilpädagoge László Jakubinyi bei einer Tagung 2011 in Budapest, im Gedenken an Georg Kühlewind, erzählt hatte: Georg war in eine heilpädagogische Einrichtung eingeladen, um einen Vortrag zum Thema »Sternkinder« zu halten. Er hatte vor dem Vortrag noch etwas Zeit und wollte einen kleinen Spaziergang machen. Er erkundigte sich bei den Gastgebern, wo man am besten spazieren gehen könnte. Es wurden ihm verschiedene schöne Wege empfohlen. »In diese Richtung solltest Du aber eher nicht gehen, da ist nur unsere Wäscherei, die von einem jungen Autisten betrieben wird.« Wer Georg kannte, sagte László Jakubinyi schmunzelnd, der wusste, dass er selbstverständlich den nicht empfohlenen Weg nehmen wird. Er erreichte die Wäscherei, sprach den jungen Autisten an und stellte sich ihm vor. »Waschmaschine« – antwortete der junge Mann. Georg fing an, ihm von seiner Reise, seinen Erleb-

Georg Kühlewind (6. März 1924 – 15. Januar 2006)

nissen zu erzählen. »Waschmaschine« – antwortete der junge Mann. Dann schwiegen sie lange zusammen. »Weißt du«, sagte Georg endlich, »ich muss jetzt einen Vortrag halten. Aber wenn du Lust hast, könnten wir uns nachher dort auf dieser Bank treffen und unser Gespräch fortsetzen.« »Waschmaschine« – antwortete der junge Mann. Georg hielt den Vortrag, ging nachher zur Bank – und der junge Mann wartete schon auf ihn.

Schlusswort

Georg Kühlewind war der freieste Mensch, den ich je kannte. Er wurde als junger Mann in ein KZ deportiert und fast ermordet, er hat in den Jahrzehnten danach die politische Unterdrückung in einem osteuropäischen kommunistischen Land erlebt. Das alles hat ihn nicht im Geringsten daran gehindert, das Wesen der Freiheit, wie es von Rudolf Steiner in *Die Philosophie der Freiheit* dargestellt wird, zu erkennen und die innere, geistige Freiheit durch den Übungsweg zu verwirklichen. »Wenn der Mensch einmal beginnt, Meditationen zu machen, so vollzieht er damit die einzige wirklich völlig freie Handlung in diesem menschlichen Leben. ... Es ist dieses Meditieren eine urfreie Handlung.«[184] Georg Kühlewind hat diese urfreie Handlung tagtäglich praktiziert.

Diese geistige Freiheit ist die Voraussetzung für – mit Steiners Ausdruck – die »moralische Intuition«, für Intuitionen für die Zukunft. Kühlewind war kein Fantast. Er hat die Niedrigkeiten der menschlichen Seele gekannt und hat sich keinen Illusionen hingegeben. Er hat aber sowohl innerlich als auch im praktischen Leben intensiv daran gearbeitet, eine ganz neue, unvorstellbare, unvorhersehbare, durch Wahrheit und Liebe – Aletheia und Charis – geprägte Zukunft vorzubereiten. Er hat-

184 R. Steiner: *Die geistig-seelischen Grundkräfte der Erziehungskunst*, GA 305, S. 79. Siehe dazu auch: L. Böszörmenyi: *Über die Meditation – Im Gedenken an Georg Kühlewind*, erschienen unter dem Titel: *Vom Quellgebiet des Geistes*, in: *Das Goetheanum* Nr. 38/2006 – www.itec.aau.at/~laszlo/Antro/Uebungsweg.pdf

te vor Jahrzehnten seine Freunde in einem Brief eingeladen, regelmäßig für die Zukunft zu meditieren, vor allem anhand der letzten zwei (21. und 22.) Kapitel der Offenbarung des Johannes.[185] Am Bild des himmlischen Jerusalem, an solchen Sätzen wie »Siehe, ich mache alles neu!« (Offb 21,5). Die wahre Zukunft ist nicht berechenbar, ist wissenschaftlich nicht prognostizierbar, sie kann nur von Menschen gestaltet werden, die sich besinnen, umkehren und sich als Schöpferwesen erkennen und realisieren.

Kühlewind hatte keine besondere spirituelle Begabung, er hat sich den Weg zu höheren Bewusstseinsstufen – ausgehend an erster Stelle vom Werk Rudolf Steiners – selbst erarbeitet. Deshalb waren ihm die Hindernisse auf dem Schulungsweg gut bekannt und deshalb konnte er den Übungsweg ausführlich, genau und für den heutigen Menschen zugeschnitten beschreiben. Ein jeder von uns könnte sich mit der Hilfe seiner Werke auf den Übungsweg, den Weg der Freiheit, der Moral und der Neuschöpfung begeben. Dieser Weg ist nicht leicht und verspricht keine äußeren Vorteile. Er schreibt dazu:

»Eine ununterbrochene Serie von Mißerfolgen hindurch wurde die Lehre des Logos in immer neuen Formen, die den Entwicklungsstadien des Menschen entsprachen, fortgerettet durch diejenigen, die ihn von Anfang an gesehen haben: durch die Diener des Logos ...

Aus den Erzählungen in den Evangelien geht hervor, daß Jesus von Anfang an wußte, wie sein Schicksal auf Erden enden werde. Er mußte es wissen, weil das Mark, das Zentrum, das Keimhafte dieses Schicksals die Auferstehung war ... Was

185 G. Kühlewind: *De profundis. Briefe an die Freunde*. Erschienen 2013 posthum.

geschehen ist – ›es mußte geschehen‹ –, war in den Augen der Welt, war für ›diese Welt‹ ein Mißlingen, ein Besiegtwerden. In seinen Auswirkungen aber war es die extreme Verwirklichung der moralischen Lehre: In der Welt der Vergangenheit auf alles, auf das Leben, auf Erfolg, auf weltliches Königtum zu verzichten bedeutet, daß die Idee, die Lehre, in deren Namen dies geschieht, als moralische Kraft weiterlebt und in der Zukunft Wirklichkeit wird – genauer: aus *dem*, aus dem Verzicht, wird die Zukunft. ...

Die Diener des Logos, die Ihn von Anfang an gesehen haben und Ihn auch heute sehen und für Ihn leben, haben in dieser Welt nichts zu erwarten: weder Erfolg noch Anerkennung noch irgendeinen Lohn; es darf in ihnen nicht das Gefühl der Auserwähltheit entstehen. Denn niemand außer ihnen selbst hat sie auserwählt, auch nicht eine Vorstellung von Heldentum: denn es ist keines, nur Dienst; es ist Gesetz, daß als stärkere zukunftbauende Kraft wirkt, was in der Vergangenheitswelt nicht ›gelingt‹. Daher wartet auf die Diener des Logos nichts ›Gutes‹, keine Erwiderung, keine ›Belohnung‹, nur Feindseligkeit, Verfolgung, Schwierigkeiten. Alles ›Gute‹, das eine ›Befriedigung‹ bewirkte, würde das wirkliche Ergebnis vermindern. Das Erlernen der ›ergebnislosen‹, ›sinnlosen‹ Taten, das in jeder geistigen Schulung gelehrt wird, bekommt hier seinen wahren Sinn. Es gibt auch keinen jenseitigen Lohn; wer hieran glauben kann mit aktivem schöpferischen Glauben wie an die Auferstehung, hat nichts anderes mehr notwendig.

Auch die Geisteswissenschaft kann sich, wenn sie bleiben will, als was sie ursprünglich gemeint war, nicht anders verbreiten – mutatis mutandis[186] – als einst das Christentum; denn sie

186 Lat.: Mit den nötigen Abänderungen.

ist nichts anderes. Für die Diener des Logos gibt es keine ›Triebfeder‹, keinen Beweggrund, keinen Lohn oder sonst ›Gutes‹; der einzige Antrieb ist, *daß ich es will.*«[187]

Wenn wir in der Vertiefung die Begriffe Herrscher und Diener einander gegenüberstellen, wird uns bald klar: Dienen kann nur jemand, der auch herrschen kann. Wer seine geistige Freiheit vollständig verwirklicht und dadurch in seinem eigenen Bewusstsein herrschen kann, der kann erst richtig dienen. Wer zum Dienst gezwungen wird, ist nicht Diener, sondern Sklave. Die »Diener des Logos« dienen aus Freiheit und Liebe.

Rudolf Steiner charakterisiert in seinen Leitsätzen den Erzengel Michael mit folgenden Worten: »Michael ist in allem ernst, denn Ernst als Offenbarung eines Wesens ist der Spiegel des Kosmos aus diesem Wesen; Lächeln ist der Ausdruck dessen, was, von einem Wesen ausgehend, in die Welt hineinstrahlt.«[188] Beim Lesen dieser Sätze hat mich ein sehr starkes Gefühl ergriffen: Ich kenne doch diesen Blick. Diesen Blick des tiefsten Ernstes, in dem trotzdem fast immer ein kaum sichtbares Lächeln wahrzunehmen ist. Dieser Blick des heiteren Ernstes war der Blick des alten Georg Kühlewind. Er wurde durch seinen Weg ein wahrer Diener des Logos.

187 G: Kühlewind: *Die Diener des Logos – Der Mensch als Wort und Gespräch.* Kap. *Zeichen der Zeit*, S. 137, 140–142. Verlag Freies Geistesleben, Stuttgart 1981.

188 R. Steiner: *Anthroposophische Leitsätze. Der Erkenntnisweg der Anthroposophie – Das Michael-Mysterium.* GA 26. S. 116, Rudolf Steiner Verlag, Dornach 1982.

Danksagungen

Ich bedanke mich ganz herzlich bei der Familie Székely dafür, dass sie das Tagebuch des jungen György Székely sowie die Sammlung der Familienfotos zur Verfügung gestellt hat, ganz besonders bei Gábor Szentes für die sorgfältige Digitalisierung der zahlreichen Bilder.

Ich bedanke mich bei Anna Székely und Dr. Ervin Fenyő für ihre Kommentare.

Ich bedanke mich bei Dr. Ervin Fenyő für die Redaktion der ungarischen Version des Tagebuchs.

Ich bedanke mich bei Dr. Hartwig Volbehr und Dr. Robert Paul für die Bereitstellung ihrer persönlichen Aufzeichnungen über Georg Kühlewind.

Ich bedanke mich bei Annegret Holland für ihre Kommentare, die sorgfältigen und einfühlsamen Korrekturen sowie die Auswahl der Bilder.

Ich bedanke mich bei allen, deren Liebe zu Georg und zur Wahrheit mir für diese Arbeit die Kraft gegeben hat.

Anhänge

Das Tagebuch von György Székely, 22. März 1944 – 12. Mai 1944[1]

22.III.1944

Wir fühlen uns seit drei Tagen in Gottes Hand.[2] Die Deutschen sind am Sonntag einmarschiert[3], heute ist Mittwoch. Man hat viele Menschen verschleppt, z.T. von der Straße, z.T. die Reichsten aus ihren Wohnungen als Geiseln.[4] In den kommenden Stunden oder Minuten kann ich an der Reihe sein. Ich bin vollkommen bereit. Ich bin in einer Welt wie außerhalb der Zeit, in der so einfache Sachen wie Arbeit oder Tod ihre Bedeutung verloren haben. Ich gehe seit gestern Abend nicht auf die

1 Ich bedanke mich sehr herzlich bei der Familie Székely. Sie hat dieses einmalige Dokument zur Verfügung gestellt und die Erlaubnis zur Publikation erteilt. Bei Ervin Fenyő bedanke ich mich für die sorgfältige Redaktion des Tagebuches. Der Großteil der Fußnoten sind Übersetzungen seiner wertvollen Kommentare. Einige Namen konnten wir nicht identifizieren; diese blieben unkommentiert. Übersetzung des Tagebuchs: Laszlo Böszörmenyi; Korrektur: Annegret Holland.

2 Hinweis auf den Roman mit gleichlautendem Titel (*Isten tenyerén*) des ungarischen Schriftstellers Béla Balázs (1884–1949), u.a. Autor des Librettos für die Oper *Herzog Blaubarts Burg* von Béla Bartók.

3 Hitler hatte am 18. März 1944 Admiral Horthy, das ungarische Staatsoberhaupt, nach Klessheim (Österreich) zu einer Besprechung einbestellt. Noch in der gleichen Nacht besetzten die deutschen Truppen Ungarn.

4 Die Besatzer fingen unverzüglich damit an, linksgerichtete und oppositionelle Politiker zu verhaften.

Straße. Angeblich werden junge Männer in meinem Alter aufgefordert, sich auszuweisen und nachher ins Internierungslager nach Kistarcsa[5] gebracht. Die Stadt ist sowieso voll von Schreckensnachrichten. Hier ist ein Mädchen im Alter von 11 Jahren verschwunden, dort ein erwachsener Mann. Regierung gibt es noch keine. Das Schicksal von Horthy[6] und Kállay[7] und den

5 Ortschaft in der Nähe von Budapest. Hier hatten die von Adolf Eichmann geführten SS-Truppen – mit Hilfe der ungarischen Polizei – Juden, Romas und andere von den Nazis verachtete Menschen eingesammelt, bevor sie in ein KZ (vorwiegend nach Auschwitz) gebracht wurden. Zwischen dem 15. Mai und dem 11. Juli hat man 437.402 Menschen deportiert.

6 Miklós Horthy (1868–1957) war vom 1. März 1920 bis 16. Oktober 1944 Staatsoberhaupt von Ungarn. Seine Außenpolitik wurde durch die Revision des Friedens von Versailles bestimmt. Er erhob Anspruch auf Gebiete, die früher zu Ungarn gehörten, insbesondere auf Siebenbürgen. Das machte ihn zum Verbündeten der Deutschen. Er versuchte, militärisch unabhängig zu sein, was nach dem zweiten Wiener Schiedsspruch (»Wiener Diktat«) nicht mehr haltbar war. Nach der Besetzung von Ungarn am 19. März 1944 blieb er noch eine Weile an der Macht und versuchte im Herbst erfolgslos, aus dem Krieg auszutreten. Am 15. Oktober 1944 kamen die ungarischen Nazis (»Pfeilkreuzler«) an die Macht und Horthy musste zurücktreten. Horthy ist 1957 in Exil im Portugal gestorben. Seine Politik ist bis heute umstritten.

7 Ministerpräsident Miklós Kállay (1887–1967) wurde – auf Anweisung von Hitler – mit seiner Regierung von Horthy entlassen. Zum neuen Ministerpräsidenten wurde Döme Sztójay, früher ungarischer Botschafter in Berlin, ernannt. Kállay versuchte immer wieder, den deutschen Einfluss auf Ungarn zurückzudrängen. Seine zweischneidige Politik wurde im Volksmund nach einer gleichnamigen Tanzform »Kállay-kettős« (Doppeltanz) genannt.

anderen ist unbekannt.[8] Man hört, man hat sie festgenommen, auch, dass sie Kállay nicht finden können. Rassay[9], Chorin[10] und andere werden als Geiseln festgehalten. Peyer[11] und Anna Kéthly[12] auch; wiederum andere meinen, sie haben sich nur ver-

8 Horthy konnte nach der Verhandlung in Klessheim in die Burg von Buda zurückkehren. Kállay flüchtete am 19. März in die türkische Botschaft, wo er sich bis zum 20. November aufhielt. Er wurde dann nach Mauthausen deportiert.

9 Károly Rassay (1886–1958), christdemokratischer Politiker, Nationalratsabgeordneter, hatte sich für die Rechte der Juden eingesetzt und sie zum Widerstand ermutigt. Er wurde nach Mauthausen deportiert.

10 Ferenc Chorin (1879–1964) war der Schwiegersohn von Baron Manfréd Weisz (einer der reichsten Industriellen jüdischer Abstammung). Chorin war Präsident der Fabrikantenvereinigung, ab 1927 Mitglied des Oberhauses des Parlaments. Nach der deutschen Besetzung musste er sein Vermögen den Deutschen überlassen, dafür durfte er das Land verlassen. Er starb 1964 in New York.

11 Károly Peyer (1881–1956), führender sozialdemokratischer Politiker. 1922-1944 Nationalratsabgeordneter, ab 1931 Fraktionsführer der Sozialdemokraten. Er wurde am 19. März 1944 nach Mauthausen deportiert. Nach dem Krieg wurde er von den Kommunisten verfolgt. Er starb am 25. Oktober 1956 in New York an einem Herzinfarkt, während er den Nachrichten über die Revolution in Ungarn zuhörte.

12 Anna Kéthly (1889–1976), Präsidentin der Ungarischen Sozialdemokratischen Partei. Sie wurde nach dem 19. März 1944 von den Deutschen gesucht, konnte sich aber in einem kleinen Dorf verstecken.

steckt. Goldberger[13] und einer der Barone Weisz[14] sind angeblich per Flugzeug geflüchtet. Die *Népszava*[15] wurde beschlagnahmt, die Redaktion soll verwüstet worden sein. Die größten jüdischen Steuerzahler sollen verschleppt worden sein. Das Volk in der Stadt ist still. Es gibt keine Demonstrationen. Die Universitäten sind geschlossen. Die Aufnahmebüros haben die Deutschen enteignet. Auf Csepel[16] gab es gestern noch keinen einzigen Deutschen. Die Arbeiter murren still. Wir haben auch Angst vor Äußerungen gegen die Deutschen, die Retorsionen wären furchtbar. Bombardierung durch die Angelsachsen[17] ist sehr wahrscheinlich. Eigentlich wäre das eine Erleichterung. Gestern Abend konnte man viele verdächtige Gestalten am

13 Leo Goldberger (1878–1945), Textilfabrikant. Er wurde von der Gestapo am 19. März 1944 verhaftet und nach Mauthausen deportiert. Er starb an Dysenterie am 5. Mai 1945, am Tag der Befreiung des Lagers.

14 Baron Móric Kornfeld (1882–1967), eine der politisch und gesellschaftlich einflussreichsten Persönlichkeiten aus der Familie des um 1922 verstorbenen Manfréd Weisz. Er wurde von der Gestapo verhaftet und nach Mauthausen deportiert. Vorher hatte er sich mit seinem Schwager Ferenc Chorin in der Abtei von Zirc versteckt. Sie konnten sich letztlich durch die Übergabe ihres Vermögens an die Deutschen ins Ausland retten.

15 Tageszeitung. Sie durfte nach dem 19. März nicht mehr erscheinen. Die Redaktion flüchtete aus Budapest nach Ostungarn (Debrecen). Die nächste Ausgabe erschien am 26. Januar 1945. Nach 5 Ausgaben wurden sie am 30. Januar wieder zum Schweigen gebracht.

16 Halbinsel an der Donau, damals das industrielle Zentrum von Budapest.

17 Damals übliche Bezeichnung für die Verbündeten England und die USA.

großen Ring sehen, ich weiß nicht, ob das Pfeilkreuzler[18] oder Kommunisten waren. Die Leute sind nicht begeistert von den Deutschen. In der VIII. Klasse eines Gymnasiums für Buben wurde 28:12 gegen die Deutschen gestimmt. Von den 28 sind 7 Juden … Gestern haben deutsche Soldaten zwei Nonnen auf dem Mussolini[19] Platz verhöhnt. Die Stimmung der Masse war stark gegen die Deutschen: »Ihr werdet auch noch hängen …«

Die Deutschen haben mit der jüdischen Kultusgemeinde verhandelt.[20] Angeblich sehr freundlich. Sie haben aber in Wien auch so angefangen. Es ist sehr deprimierend zu wissen, dass sie eine eigene Organisation für die Juden haben.[21] Die Russen nähern sich schnell. Auf den Straßen sieht man oft Polizeiautos mit Sirenen. Alle haben Angst, angezeigt zu werden. Die werden sicherlich keine langen Untersuchungen machen.

Also Hausarrest. Hoffentlich nicht lange. Ich habe meine Lektüren beendet. *Die Lehrjahre von Wilhelm Meister* und *Pythagoras und Orpheus* von Kerényi waren die letzten. Ich kann mich nicht dazu entschließen, etwas Neues anzufangen – vielleicht kann ich es nicht mehr zu Ende lesen. Ich lese den Roman *In Gottes Hand* von Béla Balázs, vielleicht wegen des Titels. Das muss ich nicht beenden, weil ich es schon gelesen habe. Eigentlich bin ich der Auffassung, man sollte

18 Die ungarischen Nazis.

19 Heute »Nyugati tér« (Westbahnhof Platz)

20 Auf Anweisung der Deutschen wurde am 21. März 1944 der Judenrat gegründet, um die Juden zu vertreten.

21 Damit ist das Sonderkommando von Eichmann gemeint. Dieses hatte die Deportierung der jüdischen Bevölkerung auf dem Lande organisiert und durchgeführt.

alles weitermachen wie bisher, aber die Vorsicht gebietet etwas anderes. So habe ich mich dem Schreiben hingegeben. Ich verstehe nicht viel davon, es macht mir trotzdem Freude. Und es beruhigt mich auch, dass ich die Ereignisse einigermaßen geordnet ein zweites Mal anschauen kann.

Ich habe von verschiedenen Plänen gehört. Christliche Papiere, Klosterorden[22] usw. Ich mag solche Sachen nicht besonders. Man sollte vor seinem Schicksal nicht flüchten. Entweder – oder. Ich kann mich aber noch nicht entscheiden. Obwohl das gut wäre. All das sind natürlich nur theoretische Sachen. In Wirklichkeit gibt es keine Möglichkeit zur Flucht. Obwohl, wenn es um Ani[23] ginge, würde ich keine Sekunde zögern.

Laut englischem Radio ist Tito[24] schon mit dem ungarischen Widerstand in Kontakt getreten und er organisiert. Nachmittag 3 Uhr. Großer Schneesturm.

Wie schwierig es ist, irgendetwas ernst zu nehmen. Ich weiß, dass Gefahr droht, sogar mehrere Gefahren, und trotzdem – wie ruhig ich hier kritzle. Manchmal sehe ich schon die Sachen aus der Zukunft als Vergangenheit, auch dieses Tagebuch. Dass ich zum Beispiel einige Teile meiner Familie vorlesen werde. Und so weiter. Oder ich denke manchmal, das wird nur noch Gedenken

22 Christliche Papiere haben für verfolgte Juden – für eine Weile, leider nicht lange – einen gewissen Schutz bedeutet. Manche Kirchen sind damit großzügig umgegangen, anderen waren ihre »Prinzipien« wichtiger, als das Leben von anderen zu retten. Auch einige christliche Orden waren hilfsbereit und haben vor allem junge Verfolgte versteckt.

23 Anikó Biczó, später Anikó Székely, Ehefrau von Georg Kühlewind (György Székely).

24 Josip Broz Tito (1892–1080), Leiter des jugoslawischen Widerstands, von 1945–1980 Staatschef Jugoslawiens.

sein, wenn überhaupt: Das hat er geschrieben, einen Tag, zwei Tage vor seinem Tod. Und das kann tatsächlich noch so werden. Merkwürdiges, irreales Gefühl. Wie ein Traum. Und eine Art Doppelheit: Das eine bin ich, meine Gedanken, das andere das durch die Deutschen besetzte Budapest. Manchmal denke ich auch, macht ja nichts, wenn wir sterben, die Deutschen können diesen Krieg nicht gewinnen. Die Russen nähern sich, in ein paar Wochen sind sie in Budapest. Ich kann mich aber für die Niederlage Deutschlands nicht begeistern. Ist nicht meine Angelegenheit. Ja, ich würde mich an die Partisanen anschließen, aber das wäre nur eine relative Wahl: das kleinere Übel von beiden. Oder doch?[25] Ani, mein kleines Töchterchen!

Die Regierung hat sich gebildet. Jetzt warten wir auf die allgemeine Mobilmachung. Ich werde sicherlich auch einberufen. Ich muss mich vorbereiten. Ich habe Angst, aber nicht zu sehr. Bin eher in Sorge um andere. Man munkelt, Ádám[26] und Szentgyörgyi[27] wurden verhaftet. Szentgyörgyi! Anscheinend gibt es keinen Halt mehr.[28]

25 Gemeint ist vermutlich: sich doch an die Partisanen anzuschließen.

26 Prof. Dr. Lajos Ádám (1879–1946) Chirurg, der am 21. März 1944 verhaftet wurde.

27 Prof. Dr. Albert Szentgyörgyi (1893–1986), Entdecker der C-Vitamine, Nobelpreisträger. Während des Krieges hatte er sich am Winderstand beteiligt. Im Auftrag der demokratischen Kräfte und mit stiller Unterstützung des Ministerpräsidenten Kállay hatte er mit den Angelsachsen verhandelt. Sie wollten erreichen, dass das Land am Ende des Krieges durch die Alliierten – statt durch die Sowjetunion – befreit wird. Deshalb musste er sich nach der deutschen Besetzung verstecken.

28 Ádám und Szentgyörgyi waren extrem hoch angesehene Leute: Ihre Verfolgung war eine wahre Schreckensmeldung.

Der gestrige Tag erscheint so lang, dass ich mich an vorgestern gar nicht erinnere. Nachrichten: Die Regierung hat ihr Amt nur unter der Bedingung angenommen, dass die Deutschen das Land in 4 Tagen verlassen. Sie benehmen sich nicht danach. Die Türkei hat ein Ultimatum an Deutschland gerichtet, dass, falls es seine Truppen aus Ungarn und Rumänien nicht abzieht, sie die Angelsachsen durch die Dardanellen durchlassen und selbst auch den Krieg erklären werden. (Wenig wahrscheinlich.) Angeblich sind während des gestrigen Luftalarms im Süden russische Fallschirmjäger abgesprungen. Dass es russische Flieger waren, ist sicher. Die *Újság* und *Magyar Nemzet* sind nicht erschienen, in *Mai Nap*[29] werden die Namen der Redakteure nicht veröffentlicht. Es wird den anderen Zeitungen ähnlich ergehen. Die Russen nähern sich, ich glaube, eine Landung am Balkan steht vor der Tür. Es wäre uns unangenehm, aber ich würde es trotzdem wünschen.

Noch immer Hausarrest, obwohl in diese Richtung keine neuen Schreckensnachrichten zu vernehmen sind. Morgen zeige ich mein Gesicht der Sonne. Wir haben mit Erzsi[30] *Capitaly*[31] gespielt, es war spannend, im Kleinen das gleiche zu erfahren wie im Leben. Ich warte auf Tante Joli,[32] vielleicht kommt sie. Vici[33] ist gestern noch zur Stunde gegangen.

29 *Újság, Magyar Nemzet, Mai Nap:* Tageszeitungen.

30 Erzsi (Kosename für Erzsébet: Elisabeth): Georgs um 6 Jahre jüngere Schwester

31 Ungarischer Begriff für das Brettspiel *Monopoly.*

32 Georgs geliebte Klavierlehrerin, die ihm anscheinend zu Hause Klavierunterricht gegeben hatte.

33 Vermutlich eine Schülerin von Tante Joli.

Zsófi[34] unterrichtet heute nicht, es gibt offensichtlich Schwierigkeiten. Ich habe Klavier gespielt und den Teppich gesaugt, wir rollen ihn zusammen und bringen ihn in den Keller hinunter. Vater musste sich bis jetzt noch kein einziges Mal ausweisen, Gott sei Dank, obwohl er ziemlich viel unterwegs ist.[35] Ich gehe also morgen hinaus. Wenn nichts dazwischenkommt. Ich habe Angst, dass Radio und Telefon abmontiert werden. Na, und vor der allgemeinen Mobilmachung. Denn die ist wahrscheinlich.

Ich habe an Romer[36] gedacht und daran, was in Szeged[37] los sein könnte. Die Verhaftung von Szentgyörgyi ist ein sehr schlechtes Zeichen. Er ist allerdings nicht der einzige Nobelpreisträger, der dieses Schicksal teilt. Der Neffe meiner Mutter wurde in der Slowakei aufgenommen. Heute früh kam ein Telegramm von Béla. Aber heute ist die Stimmung schon besser als gestern. Es tut mir leid, dass ich jetzt kein Tier habe. Die arme Helene[38] wusste, wann es gut ist zu sterben. Ich könnte mich sowieso nicht mehr lange um sie kümmern. Sie ist vielleicht schon in Rumänien, treibt im Wasser nach unten, unde negant redire quemquam.[39]

34 Vermutlich eine Musiklehrerin.

35 Georgs Vater war als Kinderarzt viel unterwegs.

36 Vermutlich ein Bekannter in Szeged.

37 Stadt in Südungarn.

38 Meerschweinchen.

39 »[Jene finstere Straße,] die man ewiglich nicht zurücke wandert«. (Aus dem Gedicht von Catullus, Übersetzung: Eduard Mörike)

Don., 23.III.1944

Catullus' Gedicht *Passer*[40] ist kein Hohn. An einem Tier kann man das Wesen des Todes noch besser fühlen als an einem Menschen. Ich lese in der *Geistigen Überlieferung* den Briefwechsel zwischen Ernest Grassi und W.F. Otto, über die Individualität, über das Schaffen, über das »Gemeinsame«.[41] Ich möchte etwas physische Arbeit machen, das Lesen geht immer weniger. In der jüdischen Schule läuft der Unterricht.[42] Erzsi geht vielleicht morgen. Ich mache mir schreckliche Sorgen wegen Ani. Gehen wir am Samstag zu Ági?[43] Es wäre schon früher sehr gut gewesen, jetzt aber ganz besonders. Ich rufe am Abend Misi Hermann an. Ich sehne mich die ganze Zeit nach einem Dorf, nach Landleben. Wenn wir das überleben, ziehen wir aufs Land, oder? Wenn .... Das Ganze ist so wie eine Krankheit. Und ich habe es irgendwie geahnt. Erstens habe ich schon lange vorher prophezeit, dass ich mein 21. Jahr nicht er-

40 Kondolenzgedicht *Sperling* von Catullus: »Weint, ihr Grazien und ihr Amoretten, / Und was Artiges auf der Welt lebt! meines / Mädchens Sperling ist tot, des Mädchens Liebling ...« Übersetzung: Eduard Mörike).

41 Ernesto Grassi (1902–1991), italienischer Philosoph, und Walter Friedrich Otto (1874–1958), deutscher Altphilologe. Otto hatte großen Einfluss auf Karl Kerényi, der über ihn mehrere Artikel verfasst hat.

42 In den Zeitungen wurde am 31. März das Ende des Schuljahrs erkündet.

43 Ágnes Kellner, Freundin von Ani, die später Georg mit der Anthroposophie bekannt gemacht hat. Sie war bis zu seinem Tod Mitglied von Georgs Mediationsgruppe und hat mehrere Bücher von Rudolf Steiner ins Ungarische übersetzt.

lebe. Außerdem, wenn es mir gelungen ist, die Welt aus voller Tiefe zu erfühlen, hatte ich das Gefühl, dass es so nicht weitergehen kann. Eine Katastrophe wartet auf uns. Das Radio hat übrigens gestern stark gegen Juden gehetzt.[44] Heute habe ich es nicht angehört. Die Zeitung *Mai Nap* tut das nicht, ist voll von jüdischen Werbungen. Es gibt immer weniger Menschen auf den Straßen, auffallend weniger als zu normalen Zeiten. Es muss ihnen ähnlich ergehen wie mir. Wie unangenehm, dass man nicht in die Berge gehen kann. Das würde echt guttun. Wie ich aber höre, wird in der Peripherie ganz besonders kontrolliert. Mein Herz tut sehr, sehr weh wegen der Großeltern. Über siebzig alles zu verlassen, Heim, Gut, alles – und dann noch diese Besetzung!

Übrigens, die Rumänen verlangen angeblich Siebenbürgen ...[45] Andererseits sind die deutschen Truppen auch schon dort eingedrungen. Ich verstehe nicht, warum die Angelsachsen nicht in Dalmatien landen. Die Deutschen sind ja schon mit Tito überfordert!

Denken, denken. Als wäre auch das verhindert. Anscheinend geht es ohne Zukunft nicht. Denn das ist das, was fehlt.

Noch immer keine Demonstrationen. Obwohl nichts einfacher wäre, als 20-30 Menschen auf einen LKW zu laden und die ganze Stadt durchzubrüllen. Aber sie spüren es anscheinend, dass es unmöglich ist, Stimmung zu machen. Die deutschen Besatzer sind ganz jung, viele davon »krüppli«[46], wie Vater sagt. Man könnte leicht mit ihnen fertig werden. Héjjas organisiert

44 Dazu hat sich im Ungarischen ein eigenes Verb gebildet: »zu judeln«.

45 Unlesbare Zeit- oder Ortsbezeichnung.

46 Krüppel.

angeblich die Zerlumpte Garde.[47] Er akzeptiert angeblich sogar auch Juden und Kommunisten. Wenn es eine Gelegenheit gibt, werde ich meine Haut nicht schonen. Gäbe es nur endlich irgendeinen Widerstand. Es ist schwer zu erklären, dass Csatay, Reményi-Schneller und Szász in der Regierung mitmachen.[48] Vor allem Csatay.[49] Bedeutet vielleicht etwas Gutes. Ich vermute keine Schweinerei seitens Csatay.

Abends 9 Uhr. Das Radio kündigt Luftalarm an. Kolozs, Szamos, Beszterce.[50] Anscheinend russische Maschinen. Eine gute Nachricht: Kállay ist nicht in Gefangenschaft und organisiert den Widerstand. Mitteilung des englischen Radios. Wenn das wahr ist, dann … Angeblich gibt es gar keine Verkehrsver-

47 Iván Héjjas (1890–1950) gründete die »Zerlumpte Garde«. Nach der Niederschlagung der kurzen kommunistischen (»roten«) Herrschaft in den Jahren 1919/20 beteiligte er sich an berüchtigt blutigen Racheaktionen (»weißer Terror«). Horthy verlieh ihm später den Titel eines Staatssekretärs. Nach dem Krieg flüchtete er nach Spanien, wo ihm der Diktator Franco politisches Asyl gewährte. Er wurde 1947 in Abwesenheit zum Tode verurteilt. Wie verzweifelt musste die Lage gewesen sein, dass sich der junge Georg überlegte, sich einem solchen Menschen anzuschließen – dessen Gräueltaten er damals allerdings vermutlich nicht oder nur in verfälschter Form kannte.

48 Mitglieder der Sztójay-Regierung, die nach der deutschen Besetzung eingesetzt wurde.

49 Lajos Csatay (1886–1944) war Minister sowohl in der Kállay- als auch in der Sztójay-Regierung. Er wollte mehrmals zurücktreten, wurde aber von Horthy immer wieder zum Bleiben überredet. Bis zum 19. Oktober, Horthys misslungenem Versuch, aus dem Krieg auszutreten. Dann wurde er von der Gestapo verhaftet. Am 16. November beging er zusammen mit seiner Frau Selbstmord,

50 Verschiedene Ortschaften.

bindung von Tiszánúl[51], ab Szolnok[52]. Vielleicht wird es dort etwas Widerstand geben. Gäbe es den nur!

Der abendliche Luftalarm wurde irgendwie regelmäßig. Ich ziehe dabei immer meine Schneestiefel an, bereite meinen Pullover und meine Dokumente vor. Und wir lauschen dem Radio. Na, nur manche. Denn mein Vater und ich z.B. kümmern uns nicht besonders darum. Wir wünschen uns, dass es Bombardierungen gäbe, die Leute sollten sehen, was uns die Deutschen beschert haben.

Die Katastrophe, über die ich schon geschrieben habe: Alle Linien des Lebens konvergierten zu einer Katastrophe, so hatte ich das Gefühl. (Störflüge, Maros[53].) Man kann sich die Zukunft der Schulen, der Ämter, der kapitalistischen Betriebe irgendwie nicht vorstellen; einfach die Zukunft der Menschen nicht. Es gab solche und solche Menschen, die irgendwie jeweils ihre Linien hatten, die in einem Punkt zusammengelaufen sind. Man kann das Leben mit Parallelen darstellen, sagen wir: Linie der Wirtschaft, der Liebe, des Intellekts, der Familie, des Sozialen usw. Wenn eine der Linien von der Geraden abweicht, ist das ein Zeichen dafür, dass man auf dem falschen Weg ist. Wenn die Linien divergieren, löst sich die Individualität auf, das Ich verschwindet in der Allgemeinheit. »Schwindet hin«, würde Vörösmarty[54] sagen. Wenn sie konvergieren, entstehen Schnittpunkte, über die kein Weiterkommen ist, der Mensch bleibt hängen, wird einseitig, von einer Monomanie besessen, denkt nur auf eine

51 Ein Gebiet von Ungarn, östlich vom Fluss Theiss.

52 Eine Stadt im Gebiet oben.

53 Fluss in Ostungarn.

54 Mihály Vörösmarty (1800–1855), ungarischer Dichter.

Art, wird beschränkt, versteht die anderen nicht. (Luftalarm, rührt euch Beszterce, Maros, Szamos.)

Die russischen Maschinen sind anscheinend zu Titos Truppen geflogen. Oder vielleicht schon zu einheimischen Widerstandsgruppen? Glaube ich kaum.

Eigentlich empfinde ich jetzt zum ersten Mal, dass ich Ungar bin. Zum ersten Mal, abgesehen von der Kindheit. Ein schrecklich unglückliches kleines Land ist es. (Luftalarm, rühr dich Kolozs.) Kállay: Wie die Engländer versucht haben, gegen ihn aufzuwiegeln, und jetzt wiegelt er gegen die Deutschen auf, also an Seite der Engländer. Das englische Radio hat schon oft solche Böcke geschossen. Sie haben die Lage völlig verkannt. Haben sie denn so schlechte Quellen für ihre Nachrichten? Luftalarm zu Ende.

Ich lege mich hin. Meine Mutter sagte, solange man schläft, ist das die eigene Zeit. Recht hat sie. Wer wach ist, kann sich nur aufregen und grübeln. Ade Welt, gute Nacht, gute und schöne Träume! Mein Mädchen, schlafe gut, erfrischende Träume sollen Dich auf ihren Flügeln tragen, und wache zu schönem Morgengruß auf!

Englisches Radio: Die Botschaft der Schweiz in Ungarn hat die neue Regierung nicht anerkannt, der schwedische Botschafter auch nicht, nur deren Militärattaché. Die Deutschen dementieren, dass sie auch die Slowakei besetzt hätten. Laut Engländern gab es kleinere bewaffnete Auseinandersetzungen in Ungarn.

Ági, wie war es mit dem Töten eines Menschen? Was denkst Du, wie ein deutscher Gestapo-Mensch dazu steht? Oder Hitler? Und ich? Würde ich denn nicht töten? Ich glaube schon, dass ich sehr wohl töten würde. Wenn ich mich an den Widerstand anschließen könnte? Ich glaube, ja. Gute Nacht.

Freitag, 24.III.1944

Seitdem die Deutschen da sind, ist es kalt; jetzt schneit es wieder. Kaum messen wir mehr als 5 Grad. Das Radio hetzt wieder gegen Juden. Sie erheben falsche Beschuldigungen, wonach Juden Zuckermarken gefälscht haben sollen. In der Nacht habe ich durchs Fenster geguckt, ich habe Marsch-Geräusche gehört. Lange Militärkolonnen marschierten in der Dunkelheit auf der Straße. Deutsche oder Ungarn? Ich weiß es nicht. Vielleicht Juden. Sie marschierten in Stille, man hörte nur Kommandos. Manchmal sind sie stehen geblieben; dann haben sich die, die hinten waren, gestaut, solange die Vorderen nicht wieder losgegangen sind, dann mussten die Hinteren rennen, um sie einzuholen. Wie eine Schlange – ein Gespenst in der Nacht. Oder noch mehr wie Blinde. Sie gehen unerschütterlich. Was wird mit Imre Ungár[55] und mit Jenő?

Ich weiß nicht, ob diese Schreiberei guttut. Sie beruhigt mich sehr, das ist wahr, ich fange aber an, alles nur noch als Schreibstoff zu sehen; das führt zu einem sekundären Leben, und das habe ich schon satt.

Die konvergierenden Linien. Wenn sich Schnittpunkte bilden, ist die Katastrophe schon zu erwarten. Ein festgefahrener Organismus, sei es eine Nation, eine Religion oder ein Individuum, zieht das Schicksal an wie ein Blitzableiter.

Wieder Luftalarm. Also, wenn ein Organismus nicht vollwertig ist, dann ... verflixt, ich habe jetzt keine Nerven dazu. Verflixt! Die Pfeilkreuzler werfen Flugblätter: Der Führer und die Idee sind untrennbar. Hungaristischer Staat in einem nati-

55 Imre Ungár (1909–1972), Pianist und Musikpädagoge, seit seinem dritten Lebensjahr blind.

onalsozialistischen Europa! Es gibt nur einen Weg: Szálasi![56] Das merkwürdigste ist, dass kein einziger Pfeilkreuzler in der Regierung ist, obwohl die Pfeilkreuzler-Partei größer als die MMP[57] war.

Nach dem Mittagessen gehe ich auf die Straße hinaus, wenn nur mein Vater keine schlechten Nachrichten bringt. Ja, ich bin schon besorgt, dass ich vielleicht nicht mehr zurück kann. Ich gehe zu Ani, vielleicht auch zu den Großeltern. Man vermeidet jede Feierlichkeit, die hat sich von unserer Natur dermaßen entfernt, dass man eine Grimasse macht, wenn man berührt ist.

Und schon draußen gewesen. Auf den Straßen spürbar weniger Leute als sonst. Aus Vorsicht mache ich einen großen Bogen um Polizisten; niemand wurde aufgefordert, sich auszuweisen. Ani und ihre Familie haben sich gefreut, sie rührten sich seit Tagen nicht von zu Hause weg.[58] Ani soll ja auch nicht.

Nachrichten: Das II. und IV. Armeekorps leistet in Szeged[59] und Kolozsvár[60] Widerstand; ein anderes Armeekorps hier in Budapest ließ sich nicht entwaffnen. Habe alles von Pista Jász gehört. Außerdem: Sonntagnacht hieß es, wir leisten gegen die Deutschen Widerstand. Juden würden als ebenbürtige Kameraden behandelt. Angeblich wurde auch Serédi[61] gefangen

56 Der ungarische »Führer«, der Leiter der Pfeilkreuzler.

57 »Magyar Megújulás Pártja« (Partei der Ungarischen Erneuerung), an der Sztójay-Regierung beteiligt.

58 Sie wohnten an der Izabella Straße, in der Nähe des Magyar Theaters.

59 Stadt in Südungarn.

60 Stadt in Siebenbürgen (Klausenburg).

61 Jusztinián Serédi (1884–1945), Kardinal, 1927-1945 Leiter der katholischen Kirche in Ungarn.

genommen. Das glaube ich nicht. Laut Pista ist Héjjas auch in Szeged und hat den Kontakt zu Tito aufgenommen. Der Kommandant von Pista, Kálmán Gajáry, soll mit brauchbaren Leuten aus dem Arbeitsdient nach Szeged gehen wollen. Héjjas fängt seine Manifeste so an: Nach 23 Jahren, im Namen des Hauptkommandanten[62]... Angeblich wurden Germán[63] und Frigyesi[64] auch gefangen genommen.

Wir warten auf den Luftalarm, es wäre höchste Zeit. Ich war auch bei meinen Großeltern, sie sind relativ ruhig. Morgen besuchen wir Ági – wahrscheinlich. Gäbe es nur Widerstand. Die Deutschen sind angeblich sehr gut ausgerüstet, vor allem mit Tigertanks. Man soll auch junge Frauen gefangen genommen haben, es scheint wahr zu sein, obwohl man meiner Meinung nach in solchen Sachen sehr geneigt ist, seiner Fantasie freien Lauf zu lassen. Ich war heute nicht auf »Levente«[65], dieses Autolager in der Hun-Straße haben die Deutschen sicherlich belagert. Es wäre schön zu schlafen und aufwachen, dass alles nur ein Traum wäre. Ich schlafe übrigens sehr viel. Oft bis 9. Ich denke, zu solchen Zeiten ist das natürlich.

Ich wünschte, es gäbe Widerstand, und ich könnte mich daran beteiligen.

62 Gemeint ist vermutlich Admiral Horthy, das Staatsoberhaupt.

63 Tibor Germán, HNO-Arzt, Professor, seit 1933 Ehemann der bekannten Schauspielerin Gizi Bajor.

64 József Frigyesi (1875–1967), Gynäkologe, Professor, 1945-47 Rektor der Medizinischen Universität Budapest.

65 Militärische Pflichtübung für junge Männer. (»Levente« heißt so etwas wie Knappe).

Samstag, 25.III.1944
Mariä Verkündigung

Gott,
zu dem der Genius des Weisen nicht hinaufreicht,
den nur seine insgeheim fühlende Seele ahnt …
Gott,
der die Sonne, den Mond und die Sterne geschaffen hat,
die der Mensch einmal mit seinem schwachen Verstand angebetet hat,
verwechselnd Gott mit dem Göttlichen;
Gott,
an den nicht zu glauben das gleiche ist wie zu glauben,
gewollt oder ungewollt, Du existierst;
Gott,
de profundis[66] rufe ich zu Dir,
erbarme Dich unser. Unsere Schuld ist groß.
Herr, ich falle vor Dir nieder. Mache mein Herz demütig und mein Wort rein, wie die Stimme des Glöckchens der Ministranten in der feierlichen Stille des Tempels.
Herr, wir haben uns verirrt. Herr, wir haben den Weg verloren. Herr, lass uns zurückkehren. Unter den majestätischen Tönen Deiner Orgeln falle ich auf die Knie und bekenne mit gesenktem Kopf meine Sünden.

66 Aus der Tiefe – Hinweis auf den 130. Psalm: »Aus der Tiefe rufe ich HERR, zu Dir.« Drei Jahrzehnte später schreibt Kühlewind den erschütternden Brief *de profundis* an seine Freunde (erschienen nach seinem Tod im gleichnamigen Buch beim Verlag Freies Geistesleben, 2013), indem er sie zur gemeinsamen Meditation für die Zukunft einlädt.

Erravi pater, erravi longe abs Te, velut angus errans. Miserere, Domine redemuti. Amen[67]

Die Menschen verwechseln Gott mit dem Göttlichen. Was göttlich ist, hängt nicht so eng mit Gott zusammen wie andere von Hauptwörtern abgeleitete Adjektive mit dem Hauptwort. Göttlich nennen wir etwas, worin sich die Welt in einer Anschauung, einer Art Urbild, restlos, perfekt ausdrückt. Göttlich ist z.B. die Sonne, eine Pflanze, falls sie gesund ist, eine Schildkröte, ein Ton der Geige. Geometrisch könnte man das Göttliche durch einen perfekten Kreis ausdrücken. Hat der Kreis nur eine kleine Beule, ist es schon aus mit der Göttlichkeit. Die langsamen Sachen sind göttlicher als die schnellen, nicht wahr, Ani? Die schnellen irren sich vielleicht mehr durch ihre Schnelligkeit. Göttlich ist der Baum, die Blume, der Fluss. Gott aber, Gott aber ist ganz anders.

Das Leben. Nicht als Hauptwort, eher als Verb. Ich habe einmal ins Wasser der Donau hineingeschaut. Am Ufer der Insel Szent-Endre, ins wenige Zentimeter tiefe Wasser. Das Wasser floss langsam, aber unaufhaltsam, darin winzige Staubkörner, aus denen der Schlamm gebildet wird und Teilchen von Pflanzen, abgelegte Hautpartikel von Insekten und Blättchen. Das Wasser drehte sich, in der Tiefe das Treibgut, wie ein Vogelschwarm, der nach Süden zieht. Oh nein, sie flogen nicht, das Wasser hat sie geschoben und gezogen, abgestoßen und angezogen, und die ganze Truppe zog ohnmächtig, tot, ohne eigene Bewegung nach unten. Wenn man aber genauer hingeschaut hat, wurden berührend winzig kleine Teile unter der toten

67 Ich habe gefehlt, Vater, weit bin ich von Dir abgeschweift, wie ein umherirrendes Lamm. Erbarme Dich, Herr der Erlösten. Amen

Welt sichtbar; und diese wurden nicht träge vom Wasser mitgerissen, sondern haben sich langsam, über Hindernisse stolpernd, nach oben, gegen den Strom bewegt, manche langsamer, manche schneller, ohne Regeln und ohne müde zu werden. Wie Kinder, wenn sie versuchen, gegen den starken Wind zu gehen, der sie gerade noch nicht mitreißen kann. Ich weiß nicht, was diese kleinen Teile waren, interessiert mich auch nicht.

Das Komische an diesem Tagebuch ist, dass ich mich nun an die vergangenen Tage nicht gut erinnere. So kann es passieren, dass ich das Gleiche mehrmals niederschreibe.

Gestern sind drei SS-Leute bei einem Patienten meines Vaters aufgetaucht, angeblich haben Sie nach Waffenbestandteilen gesucht. Sie haben natürlich nichts gefunden. Den Mann haben sie mitgenommen, samt einer Schreibmaschine, seiner Frau haben sie gesagt, sie kann sich morgen im Bristol[68], oder wo, erkundigen, wo sich ihr Mann befindet.

2.400 Menschen wurden freigelassen. Es gibt unterschiedliche Gerüchte. Die Regierung verspricht Verordnungen – nach der Judenhetze im Radio, die seit ein paar Tagen andauert. Wird es Leute im Parlament oder im Oberhaus geben, die dagegen ihr Wort erheben? Wohl kaum.

Die Russen sind 80 km vor der Grenze. Wenn das so weitergeht, sind sie in einer Woche im Lande. Ich war bei Ani, bei Ági waren wir nicht, Ani durfte noch nicht hinaus. Ági besucht die ganze Zeit die Universität, es ist unwahr, dass die Universitäten zugesperrt wurden. Ich glaube, Ági hat wieder recht. Man muss sich nicht wegen allem zu Tode

68 Café Bristol, früher beliebter Treffpunkt von Dichtern und anderen Künstlern. Von der Gestapo beschlagnahmt.

fürchten. Wir haben mit Ani und Iván[69] über die Juden gesprochen.

Ich glaube, wenn man sich selbst viel zu viel Bedeutung beimisst, kommt man zu nichts und wagt auch nichts zu tun. Wenn man sich als Staubkorn betrachtet, dann wagt man, dann tut man etwas. Die Tragödie des Einzelnen ist auf jeden Fall schrecklich, und den Schmerz kann man nicht wegleugnen; aber vielleicht, wenn wir durch und durch empfinden könnten, dass letztlich alles eins ist und ich nur Fortsetzung und Übergang bin, Gefäß für eine ewig strömende Flüssigkeit, und auch ich eine Fortsetzung haben werde und nur die Richtung wichtig ist, nicht das, wodurch diese Richtung zum Ausdruck kommt. Wenn wir nur diese Wahrheit übernehmen könnten! Ich weiß gar nicht, wie ich das ausdrücken soll. Wir wissen es, keine Frage. Aber das reicht nicht. Denn es gibt verschiedene Arten des Wissens.

Also, dann könnte noch etwas getan werden. Wenn wir nicht feige wären. Und letztlich arbeiten daran Huxley und Thomas Mann und Jung und alle, die etwas tun wollen.

Gute Nacht, meine Liebste, schlaf gut. Und träumst Du schlecht, denke: Das ist nur ein Traum. Koste den süßen Honig, und an der Leiter Deiner Seele lass Dich herunter in den Brunnen der Wunder, um morgen mit Erinnerungen an unbekannte Schönheiten wieder aufzutauchen.

Es hieß wieder, dass Kállay geflüchtet ist.

In der Nähe von Ani wurden Bücher verbrannt.

69 Iván Biczó, Anis Bruder und Schulklassenfreund von Georg, später erster Übersetzer von Werken von Massimo Scaligero ins Ungarische.

Laut englischem Radio ist Tito in Verbindung mit den ungarischen und rumänischen Partisanen-Organisationen. Hull[70] hat die ungarische Bevölkerung aufgefordert, den Verfolgten zu helfen.

Eines der charakteristischsten Symptome der menschlichen Dummheit ist, dass sie aus dem menschlichen Verstand eine Art kleine Maschine macht, die, wenn man sie virtuos bedient, immer, in jeder Situation, für jedes Problem gleich erfolgreich verwendbar sein soll. Die dualistischen oder pseudo-monistischen Weltanschauungen sind hervorragend geeignet für diese Virtuosität. Es ist nämlich jedes Weltbild, dem der metaphysische Kern fehlt, nur Konstruktion, rationaler Bau, das Züchten eines Baums ohne Wurzel. Das Minimum ist allerdings, dass dieses Musikinstrument, das für Virtuosität gebaut wurde, tatsächlich virtuos bedient werden kann. Denken muss man können.

Dass die Welt als Ganzes auch ein Schicksal hat, das können wir auch schon daran sehen, dass die Individuen ein Schicksal haben, individuelle Schicksale, die aber durch große Ereignisse zusammengehalten werden, die ihre Wirkung auf die ganze Stadt, die ganze Nation, auf den ganzen Kontinent ausbreiten. Das Schicksal der Einzelnen ist mit solchen großen Ereignissen verschlungen. Wäre das nicht so, hätten die Einzelnen kein Schicksal, oder ihr Schicksal wäre immer wieder durch die Veränderungen in größeren Kreisen durchgeschnitten. Eine deutsche Besetzung würde z.B. in das Schicksal eines Juden nicht

70 Cordell Hull (1871–1955) Außenminister der USA in der Regierung von Franklin D. Roosevelt. Erhielt 1945 den Friedensnobelpreis.

hineinpassen. Was viele Dummköpfe auch glauben. Natürlich, denn dann müssten wir uns, um unser wahres Schicksal nur ahnungsweise kennenzulernen, vom Ideal der menschlichen Gleichheit, von dem des Wohlstands und Glücks als summum bonum[71], konsequenterweise auch von dem der Demokratie befreien. Darauf will aber die Mehrheit der Juden nicht verzichten. Die Folge ist, wenn auch nicht unmittelbar, die deutsche Besetzung. Sie entspricht also perfekt der Linie, entlang welcher sich die Juden bewegen. Quod erat demonstrandum[72].

Jaross[73] soll verkündet haben, dass niemandem was angetan wird. Naja, was er sagt ...

Der Kapitalismus wird in dem Moment unmöglich, wo die Ansprüche als gleichberechtigt angesehen werden. Im Fokus menschlicher Überlegungen steht seit Sokrates das Glück, egal ob seelisch oder leiblich, ob irdisch oder jenseitig. Und das ist gleich mit der, ja sogar mehr als die Gleichberechtigung der Ansprüche. Dass das kapitalistische System eine Weile trotzdem funktioniert hat, liegt an der fehlenden Aufklärung der Arbeiter über sich selbst und über ihre menschlichen Möglichkeiten.

Ich lese gerade den *Blinden Samson* von Huxley. Der intellektuelle Bankrott, den er darstellt, tangiert meinen Problemkreis nicht. Es irritiert mich, dass das Radio gerade gegen Juden hetzt.

71 Höchstes Gut.

72 Was zu beweisen war.

73 Rassistischer Politiker, Minister; spielte eine leitende Rolle bei der Deportierung der ungarischen Juden.

Montag, 27.III.1944

Der Ministerialrat behandelt die Verordnungen am Mittwoch. Sollte man mich verschleppen und sollte ich in eine Lage kommen, in der ich weiß, es gibt kein Entkommen, werde ich mich nicht beklagen. Auch dann nicht, wenn es weh tut. Ich werde mich bemühen, Qualen zu vermeiden, nicht wegen der Angst vor Schmerzen, sondern, weil es schade um den Körper ist. Sollte ich aber der Folterkammer nicht entkommen, werde ich dessen nicht unwürdig sein, der ich sein muss. Was zähle ich, was zählt mein winziges Leben oder mein Schmerz? Wenn es so weit kommt, werde ich nicht mehr ich sein, sondern der Tod selbst. Denn dann wird der Tod in mir sein und ich werde mit seiner Kraft den Kampf mit den Lebenden und mit meinem lebendigen Fleisch aufnehmen. Die Welt schaut nicht auf die Gedanken und Gefühle, nur auf die Taten. Und entspringt die Tat aus der gleichen Tiefe wie das Wort des Dichters oder die Musik des Musikers, dann verdient sie auch, dass sie ernst genommen wird, dass auf sie Bezug genommen werden kann.

Nur der Tod blieb den Europäern als einziges, noch nicht abgedroschenes, nicht trivialisiertes Metaphysisches. Der blieb treu.

Dienstag, 28.III.1944

Wir müssen jeglicher Gefahr ins Auge schauen. Die meisten jüdischen Telefone wurden heute abgeschaltet. Die von Ärzten anscheinend nicht. Die Lage wird immer trauriger. Ich habe keine Angst mehr, vor gar nichts, ich befürchte nur, dass es Menschen geben wird, die eine Schande für die Juden sein werden. Die Hoffnung ist winzig, viel kleiner als ich gedacht hatte. Aber auch wenn man uns hundertmal übertrampelt und ermordet, wird es immer wieder solche geben, die im Namen der Wahrheit und Menschlichkeit den Kampf aufnehmen. Wenn auch kein Jude. Aber vielleicht werden manche den Krieg auch überleben. Was für eine Art Menschen wird das sein! Ich denke an die Serben und an die Niederländer, Dänen, Belgier und die anderen. Ich glaube aber, dass am meisten diejenigen die guten Auswirkungen der großen Erziehung erfahren werden, die sich selbst aktiv, mit der Waffe am Kampf beteiligt haben. Verdammnis und Schande auf die Bequemen und auf die Wegtretenden.

Man sieht viele SS-Leute auf den Straßen. Ich mache mir Sorgen um Ani. Und wie groß wird meine Sorge sein, wenn ich einberufen werde. Aber wehe dem Deutschen, den ich in die Hand kriege! Ich werde kein Erbarmen mit ihm haben, glaube ich.

Die Russen nähern sich immer mehr, sie werden aber kaum schnell genug da sein. Auch wenn es uns nichts mehr nützt, ist es tröstlich, dass sie gewinnen werden. Dass vielleicht ihre Herrschaft auch kein Himmelreich sein wird? Mein Gott, wenn wir dann noch am Leben sind, werden wir dran sein, an einer Verbesserung zu arbeiten. Es ist aber zu befürchten, dass wir das nicht erleben.

Freitag, 31.III.1944

Gestern die ersten jüdischen Verordnungen,[74] und die Russen 20-15 km vor der Grenze. Die Anwälte werden aus der Kammer ausgeschlossen.[75] Christliche Hausgehilfen darf man nicht haben, und noch der gelbe Davidstern.[76] Die Stimmung ist entschlossen gegen diese Verordnungen, abgesehen vom »Pöbel«. Absurd eine Regierung, die von der Mehrheit abgelehnt wird.

Montag, 3.IV.1944

Der erste Luftangriff. Nur ein paar Häuser in Pest. In Soroksár[77] viele Obdachlose. Das Radio hat nach dem Angriff die Sendung fortgesetzt, als wäre nichts passiert. »Küss mich, Marica!«[78] Der Wind bringt vom Süden her eine riesengroße Rauchwolke. Sie verdeckt die Sonne. Asche fliegt in der Luft. Große Stücke verbrannter Papierstücke, man kann noch die Schrift lesen. Trockene Daten, Namen, Namen von Materialien, Zahlen, Haltestellen. Sie dürften keine Stunde vorher ge-

74 Ab dem 30. März 1944 erschienen mehrere »jüdische Verordnungen«, die immer mehr Einschränkungen auferlegten und durch die die jüdische Bevölkerung schrittweise praktisch alle Rechte und alle Möglichkeiten zum Leben verlor.

75 Anis Vater war Anwalt.

76 Alle jüdischen Bürger mussten auf ihrer Kleidung gut sichtbar einen gelben Stern tragen und durften ihren Wohnort nicht mehr verlassen.

77 Vorort von Budapest.

78 Bekannter, süßlicher Schlager.

schrieben worden sein. Ein Windstoß lässt sie in meiner Hand zerbröseln. »Küss mich, Marica!« Auch ein Nonnenkloster wurde durch eine Bombe getroffen. Von Soroksár her wandern Obdachlose nach Pest, mit Bündeln auf den Rücken. In den meisten Teilen der Stadt ist aber keine Spur von gar nichts. »Gib mir die Säge, Jani!« – »Liegt auf der Bank.« – »Stimmt so die Länge, oder etwas länger?« – »Küss mich, Marica!«

Donnerstag, 6.IV.1944

Das Ziel ist der vollkommene Mensch. Das können wir auch so in Angriff nehmen, dass wir biologische Prozesse unserem Willen unterwerfen.

Dienstagnacht gab es wieder Luftangriff. Der Luftalarm dauerte 3 Stunden. Gestern war der erste Tag des gelben Sterns. Es sind Plakate erschienen: Sichel, Hammer = Davidstern (Zeichnung im handschriftlichen Manuskript). Die wurden aber alle überklebt. Die Menschen sind sehr höflich. Habe von keinen Zwischenfällen gehört. Eher im Gegenteil. Was anderes: Wohnungen wurden registriert. Ich habe Tante Joli für den Fall einer Zwangsräumung eingeladen. Meine Eltern wollen mir christliche Dokumente besorgen, und ich könnte dann auf irgendein Gehöft arbeiten gehen. Auch für Ani. Wir denken aber sehr viel nach, ob sowas zu tun ist. Wäre ich nicht in Sorge für Ani, würde ich sofort nein sagen. Muss noch eine Menge darüber nachdenken.

Ich lese Seneca. Als er diese Briefe geschrieben hat, war sein Schicksal ähnlich dem der Juden von heute. Darum ist es gut zu lesen.

Karfreitag, 7.IV.1944

Sollte dieses Heft jemals in die Hände eines vernünftigen Menschen kommen, der in seinem Leben verwirklicht hat, wonach ich strebe: die vollkommene Menschlichkeit –, wird der mit Schauder erfahren, wie genau man etwas bis in die kleinsten Einzelheiten voraussagen kann, ohne dass man das Ganze verwirklichen könnte. Fürchterlicher Kampf mit dem Vererbten, mit der Gestalt, mit der Physiognomie, mit der Schwäche des Willens, mit den Neigungen. Oh, die Blumen!

Gelübde: Sollte ich jemals mein Ziel erreichen, wird nie jemand den Weg erfahren, der dazu geführt hat. Ich werde eine solche Nacht darüberlegen. Ich werde treu sein. Zunächst lasse ich mich von der Flut treiben. Ich glaube, sie treibt mich in die gute Richtung.

Sonntag, 16.IV.1944

Die Tragödie geht im rasenden Tempo in Erfüllung. Heute kam eine Verordnung über Vermögen.[79] Im K. T.[80] herrscht fieberhafte Arbeit. Die Deutschen verlangen alles von den Juden, angefangen bei der Wohnung, bis zum Tierarzt. Auch die Angestellten arbeiten bis zur Morgendämmerung. Die Juden sehen das Notwendige leider nicht ein und laufen hin und her,

79 Alle Vermögen in jüdischem Besitz mussten gemeldet werden und wurden gesperrt. Früher abgeschlossene Verträge, mit denen jüdische Bürger ihr Vermögen an arische Bürger übertragen hatten, wurden rückwirkend für ungültig erklärt.

80 Abkürzung für den Zentralrat der Juden (Központi Tanács).

um Protektion zu erhalten. Die, die für die freiwillige Zwangsarbeit einberufen werden, kommen oft mit ihren Vätern und versuchen, auf diese Weise zu entkommen.

Meine kleine Tochter! Es ist so schwer zu sprechen. Ich muss aber trotzdem sagen: Ich glaube, wir werden sterben. Du hast keine Angst, oder? Wir sind altmodisch, da hilft nichts. Die neue Welt wird uns nicht annehmen, und Anpassung würde bedeuten: alles zu verleugnen, unsere Traditionen, unser Denken, unsere leiblichen und geistigen Ahnen, alles, was uns schön und gut war. Das können wir nicht. Sei aber nicht traurig, meine Kleine. Ja, es wäre schöner und besser gewesen, wenn wir ein kleines Kind gehabt hätten. Aber auch das Kind hätte unsere Erbschaft getragen und hätte das gleiche Schicksal gehabt wie wir. Oder könnte es erfüllen, was wir nicht konnten? Mein kleines Töchterchen, wir sind sehr verschmolzen im Leben, obwohl ich aus geringerem Stoff war als Du. Ich weiß nicht warum und wie, aber ich vertraue, dass (mein Gott, wie schwer das ist) wir auch dort einander finden werden. Oh, kannst Du Dich erinnern, wir haben das früher großgeschrieben: Einander?

Jetzt passt das nicht mehr. Luftalarm. Muss mich anziehen. Vielleicht schreibe ich noch.

23.IV.1944, 2 Uhr in der Früh

Bin um 2–4 im Dienst. Hab Zeit zum Schreiben. Hab ich bis jetzt nicht deshalb nicht getan, weil ich nichts zum Schreiben hätte, sondern weil sich die Ereignisse etwas zu schnell überschlagen haben. Fast jeden Tag kommt eine neue Judenverordnung heraus, und an dem, wo keine kommt, hört man verschiedene Nachrichten, wahre und erfundene. Vorgestern sind wir damit aufgewacht, dass die jüdischen Geschäfte nicht mehr öffnen dürfen. Gestern wurde schon die Ration von Fett und Zucker auf 1/3-1/4 reduziert, Butter, Eier, Milch, Mohn und Reis wurden vollständig gestrichen. László Endre[81] hat eine Erklärung abgegeben (u.a. im *Pester Lloyd*[82]), wonach er die Juden in die Orte umsiedeln will, die durch die Bombardierungen gefährdet sind.[83] Schon wurden ein paar Hundert Menschen nach Csepel gebracht, teilweise durch Einberufungsbriefe, teilweise auf der Straße festgenommen. Wir haben Angst vor der Einführung der Zwangsarbeit für Frauen, und überhaupt, schreckliche Sorgen quälen uns. Die niederträchtigsten Schichten der Menschen werden immer lauter. Sie schielen darauf, aus der Lage Nutzen zu ziehen. Korruption, Anzeigen und alle Arten des anstandslosen Verhaltens werden immer häufiger. Niemand unterstützt die Juden. Nur ein Teil der kleinen Menschen fühlt mit ihnen. Die sind aber natürlich still, hingegen die »judelnde« Propaganda der Regierung und der Presse dröhnt aus allen Rohren. Durch die Verordnungen wird der Rat der Juden seine finanzielle Kraft und Möglichkeiten verlieren. Was dann geschieht, weiß niemand. Auch bei den

81 Rassistischer Politiker, Staatssekretär im Innenministerium, an den Deportationen maßgeblich beteiligt.

82 Deutschsprachige Tageszeitung, erschien zweimal pro Tag zwischen 1854 und 1945.

83 *Pester Lloyd* (18. April 1944. S. 5.): »Die Regierung beabsichtigt nicht, die Juden in einem einzigen Wohnviertel unterzubringen, sondern überall, wo mit Terrorangriffen gerechnet werden kann, so in der Nähe von Fabriken, Bahnhöfen usw. eine entsprechende Anzahl von Juden anzusiedeln. Dies wird so durchgeführt werden, dass einzelne Häuser, aber auch ganze Stadtgebiete, wie z.B. die Umgebung der Dob-utca nur von Juden bewohnt werden dürfen.«

»Levente«-Stunden sind die neuen Winde spürbar, sie nutzen unsere körperliche Schwäche, um uns zu quälen und zu demütigen. Man hört immer stärker, dass für den 1. Mai auch der Jahrgang 1924 einberufen wird. Wir wissen, dass die Katastrophe nicht zu vermeiden ist. Ohne sie ist ein neuer und dauerhafter Frieden unvorstellbar, ein neuer und gesunder Mensch auch nicht. Wenige werden überleben. Besonders von den Juden. Es ist sehr schwer, das zu akzeptieren. Die Zuckerration wurde übrigens auch im Allgemeinen halbiert.

Die Motivation des Erkennens ist das noch Unbekannte. Das Erkennen von allem bedeutet das Ende des Erkennens als Tätigkeit und gleichzeitig den Tod. Da aber das Erkennen (als Erfüllung) identisch mit dem Leben (als Zustand) ist, ist das vollkommene Erkennen gleichzeitig sowohl Leben als auch Tod. Also, alles was ursprünglich ist, schwebt auf einer dünnen Membran zwischen Helligkeit und Dunkelheit. Der Aspekt des Todes ist die Einfachheit und die (im weitesten Sinne genommene) Unveränderlichkeit, die Beziehung zum Leben zeigt sein erotischer Charakter.

27.IV.1944

Schreckliche Nachrichten hört man vom Lande. Vielerorts hat man Ghettos eingerichtet, anderorts dürfen sich die Juden nur 1 Stunde außerhalb ihrer Wohnung aufhalten, alle, die mit ihnen sprechen, machen sich verdächtig, sie werden aufgefordert, sich auszuweisen und sind Schikanen ausgesetzt. Die treibende Kraft dahinter sind die Schwaben. In Baja[84] verkaufen die

84 Stadt in Südungarn.

schwäbischen Bäuerinnen den Juden nichts. Auf den Markt kann man nicht gehen, Christen kaufen für Juden ein.

K. Irén war gestern hier. Die Arme hat ihre Stellung als Gouvernante verloren, weil sie »Christin« ist. Sie will zurückflüchten in die Slowakei, zusammen mit Ani, mit mir und mit noch einigen jungen Leuten. Ich weiß nicht, wie realistisch das ist. Sie hat das allerdings schon einmal durchgemacht. Gestern haben Frauenarzt Dr. T. und seine Frau bei uns übernachtet. Er hat einen Anruf bekommen, dass er sich dann und dann bei Kommissar X.Y. im Majestic[85] melden soll. Und noch zwei Frauenärzte mit ihm. Es hat sich später herausgestellt, dass das nur ein Schabernack war.

Ich dachte, man müsste Briefe schreiben. Vor allem an die Leute auf dem Lande. Jemand müsste doch die Zuversicht und Lebenskraft der Menschen aufrechterhalten. Ich möchte Onkel Sanyi, Orsi und Romer schreiben.

Ich lese *Dichtung und Wahrheit*. Ich wurde noch nicht einberufen. Ich möchte auch an die Portörős schreiben, dass wir noch leben.

85 In Buda wurden zwischen 1937 und 1941 mehrere Hotels im Bauhaus-Stil errichtet. Im Hotel Majestic hatte Eichmann seine Büros eingerichtet, daneben im Hotel Mirabell residierten die Gestapo und der SD (Sicherheitsdienst) und im Hotel Lomnic der SS-Oberbefehlshaber Wisliceny. Die Keller dieser Hotels wurden als Gefängnisse verwendet, in denen Hunderte von politischen Gefangenen gefoltert wurden, bevor man sie in ein KZ transportierte.

Inzwischen ist die Wohnungsverordnung draußen.[86] Auf dem Lande hat man in den meisten Orten schon früher Ghettos eingerichtet. Ich glaube nicht, dass es die in Budapest auch geben wird. Angeblich steht in der heutigen *Esti Újság*[87], dass die Juden sehr wohl verstreut in der Stadt wohnen sollten, so dass wir damit die Christen vor den Bombardierungen schützen. Auch in Szeged wurde ein Ghetto eingerichtet. Romer tut mir leid. Angeblich wurde in Újpest und Kispest[88] die Durchführung der Ghetto-Gesetze um 4 Wochen, laut anderer Nachrichten um 48 Stunden verschoben, weil die Arbeiter ihre Wohnungen, die im Ghetto-Gebiet liegen, nicht verlassen wollten. Angeblich wollte Innenminister Jaross in Pestszenterzsébet[89] eine Rede halten, die Arbeiter haben es aber verhindert, sie schrien dazwischen, er soll sie mit Brot und nicht mit Juden füttern. Die Juden von Délvidék[90] wurden, glaube ich, ausnahmslos interniert oder in eine andere Stadt, vorwiegend nach Baja, gebracht. Auf dem Land ist die Stimmung im Allgemeinen sehr judenfeindlich. Aber vielleicht ist dort nur der Einfluss der

86 Die Abendzeitung *Esti Újság* veröffentlichte am 3. Mai 1944 eine Verordnung, die erklärte, wer dazu berechtigt sei, in die frei gewordenen »jüdischen Wohnungen« einzuziehen, und was mit den Möbeln und Wertgegenständen in diesen Wohnungen zu geschehen sei.

87 Abendzeitung.

88 Außenbezirke von Budapest.

89 Außenbezirk von Budapest.

90 »Südgebiet«; so wurden die wieder an Ungarn angeschlossenen jugoslawischen Gebiete genannt.

Behörden stärker. Hier, wo man die Juden umgesiedelt oder interniert hat, hat man die Ärzte und die Arbeiter in Kriegsbetrieben gelassen. Jetzt wollen alle Arbeiter in Kriegsbetrieben werden. Ich habe keine Stelle, und man kann nicht einmal als Hilfsarbeiter eine Stelle finden, es gibt so viele Arbeitslose. Abgesehen davon, dass es gar kein Wirtschaftsleben gibt, außer den Kriegs- und Lebensmittelbereichen. Anzeigen und Erpressungen gibt es. Stalin soll eine riesige, nie da gewesene Offensive angekündigt haben. Alle warten darauf. Ich lese Livius.

Samstag, 6.V.1944

Na bitte. Die meisten 24er wurden einberufen. Die meisten haben die Einberufung heute in der Früh oder zu Mittag erhalten. Man muss sich am Montag um 7 Uhr in Jászberény[91] melden, man muss also morgen Abend reisen. Viele haben noch keine bekommen. Weder Iván noch ich. Wir können aber auch noch am Montag, oder, wenn nicht, dann eine Woche später sicherlich, eine erhalten. Mir tun nur die leid, die hierbleiben, abgesehen gerade davon, werde ich es besser haben. Weibliche Zwangsarbeit wird es auch geben für 18-30-Jährige. Auch für Christinnen. Ich bin aufgeregt. Nicht nervös. Ági tut mir wegen der Zwangsarbeit leid. Übrigens, schade, dass man mich einberuft, jetzt kriege ich vermutlich eine Stelle. Egal. Angeblich werde ich für wirtschaftliche Arbeit eingeteilt, dann kann ich ja das ordentlich lernen.

91 Stadt, ca. 80 km östlich von Budapest.

12.V.1944

Jetzt beende ich mein Tagebuch. Gestern habe ich die Einberufung erhalten. Ja, vieles steht nicht drinnen. Es steht die wunderbare letzte Woche am Friedhof, mit Lóci, Herrn Junger, mit dem Kantor und Mari Sridon, auch nicht drinnen. Und noch vieles nicht: der Sonnenschein, der Amselgesang, der Duft der Erde, die Farbe der Luft, die Blüten der Kastanien, die Setzlinge der Begonien, das »Leben in Freude«, der Abschied von Tante Joli, von Mari Sridon. Und die Verlobung auch nicht.[92]

Meine Töchterchen, pass auf. Sei stark und mutig. Jetzt muss das so sein. Und sei auch ruhig. Ich bin es auch. Ich beobachte das Schicksal. Ich glaube, es gibt noch keine Entscheidung über uns. Du wirst einsam sein, ich auch. Wenn ich aber zurückkomme, wenn ich zurückkomme, finden wir einander, und dann, wenn wir noch Kraft haben, bauen wir unser Dorf, das unsere. Was soll ich noch schreiben? Du weißt alles, mein Bärchen. Gott sei mit Dir.

Dein Gyuri

Ich werde alle Kraft dareingeben, mein Schicksal anständig und vorbildlich zu ertragen.

92 Ani und Georg hatten sich in dieser Woche verlobt.

Das Ebenbild
Zum Begräbnis von Georg Kühlewind

»Der Baalschem berief einst Samael, den Herrn der Dämonen, um eines notwendigen Dinges willen. Der heischte ihn an: ›Wie wagst du es, mich zu berufen! Dreimal bisher nur ist mir's geschehen, in der Stunde am Baum, in der Stunde am Kalb, in der Stunde der Zerstörung des Heiligtums.‹ Der Baalschem hieß die Schüler die Stirnen entblößen. Da sah Samael auf jeder Stirn das Zeichen des Bildes, in dem Gott den Menschen schafft. Er tat, was von ihm verlangt war. Ehe er aber ging, sprach er: ›Söhne des lebendigen Gottes, erlaubt mir noch, eine Weile dazustehen und eure Stirnen zu betrachten.‹«[1]

An einem von Georg zusammengestellten literarischen Abend, den wir unter dem Titel »Wege und Tore« in Budapest aufgeführt haben, ist diese chassidische Geschichte von Martin Buber in seiner Übersetzung erklungen. Samael betrachtet wie gebannt das Zeichen des »Menschen« auf den Stirnen der Schüler.

Die Geschichte greift auf ferne Vergangenheit zurück, und sie ist auch heute aktuell. Denn unter den geschaffenen Wesen ist es doch der Mensch, vor dem wir unseren Kopf am ehesten beugen können. Es ist mir klar geworden: Ich war Schüler in einer besonderen Geistesschule. Ich war fast vier Jahrzehnte lang bei einer geistigen Quelle anwesend, wo die Frage war: Wie kannst

1 M. Buber: *Die Erzählungen der Chassidim.*

du dein Menschsein am besten verwirklichen? Wie kannst du am meisten derjenige sein, von dem du in deinem Alltag getrennt lebst? Wie kannst du zu deinem wahren Ich werden, zu dem, der hier ist, und der doch nicht ganz auf der Erde ist, obwohl er hier sein könnte? Aus dessen Gnade wir leben. Als Erbschaft geistiger Werkstätten aus großen Zeiten lebten diese Fragen in dieser Schule.

Wie entstehen solche geistigen Werkstätten? »Wir sind aus dem Stoff, aus dem die Träume sind, und ein Schlaf umschließt unser kleines Sein«[2] – sagt Shakespeare. Der Schlaf ist gegeben. Das Aufwachen nicht.

Georg entschließt sich: Er fängt alles *neu* an; er stellt die größten Fragen wieder neu. Seine eigenen Fragen sind seine Wegweiser. Sein Sternwesen wird ihm den Weg beleuchten, die Richtung weisen.

Er erfährt den Mangel, es lebt in ihm die Sehnsucht nach einem vollständigeren Sehen. Wie Jonathan Livingston, die Möwe[3], deren Geschichte er lange, bevor sie erschienen ist, ins Ungarische übersetzt hat, oder Frodo, der Held seines geliebten Buches *Herr der Ringe*, der selbst entscheidet: Er wird die Aufgabe durchführen, da sie jemand tun muss. Ein menschliches Wesen im tiefsten Dickicht des weltlichen Chaos, unter den Fallen des 20. Jahrhunderts, das trotz aller ablenkenden Versuchungen in diesem Labyrinth vom »Normalen« zum »Gesunden« werden will. Er fängt alles von vorne an. Seine Wegbegleiter: Thomas von Aquin, Dante Alighieri, Meister Eckhart, Tauler, Suso, Plato, Anselm von Canterbury,

2 William Shakespeare, *Der Sturm*, 4. Aufzug.

3 Richard Bach, *Die Möwe Jonathan* (Originaltitel: *Jonathan Livingston Seagull*).

Shakespeare, Rudolf Steiner, Massimo Scaligero, Karl Kerenyi, Thomas Mann, Rilke, der Heilige Augustinus, Heraklit, Johannes der Evangelist u.a.

Im Mittelpunkt seiner Suche steht die *ewige* Aufgabe des Menschen. Er findet *die* zentrale Fähigkeit des Menschen in der Aufmerksamkeit. Die Gesundung der gegenwärtigen Menschheit will er durch die Heilung der Aufmerksamkeit, durch die Wiederherstellung ihrer ursprünglichen Art erreichen. Nach der Ausschaltung von Assoziationen und Ablenkungen, in der wortlosen Stille des Schweigens, erhöht er die Intensität der Aufmerksamkeit auf immer vollkommenere Stufen. Die Zeichen fangen an, ihre Bedeutungen auszusprechen. Er wird Zeuge bei der Geburt einer neuen Art des Selbst, eines sich immer erneuernden, nicht berechenbaren Ich-Bewusstseins. Den anderen Menschen hört er, versteht er auch aus der Stille der Hinwendung. Beim Lesen der Zeichen, der Phänomene, wird die vorurteilslose Aufmerksamkeit in der Identität zum Wahrnehmungsorgan. Ein sanfter Wille ist das, will nichts für sich, er will nur sein. Selbst sein. Nicht etwas anderes. Er kann weder beeinflusst, noch berechnet, noch fortgesetzt werden. Er wird immer einfacher, immer sanfter. Das ist die Gebärde eines Künstlers. Bis zum letzten Augenblick des Lebens dauert die Aktivität des nach dem Lösen aller Aufgaben strebenden Geistes. Die Krankheit wird zur Aufgabe. Der Tod wird zur Aufgabe. Wenn es eine Frage gibt – die Antwort muss gefunden werden. Er hütet in Würde sein selbst erarbeitetes Geheimnis seines Menschseins: Der Mensch – wenn er das wirklich ist – kann seine eigene Krankheit, seinen eigenen Tod selbst gestalten, anstatt ihn nur zu erleiden. Er entscheidet immer. Und gestaltet, schafft immer. Wenn er nicht schafft – hat er das Nicht-Schaffen gewählt. Er schafft aber. In jeder Minute seines Lebens.

Ein übender Mensch. Er sucht mit unglaublichem Fleiß auf jede auftauchende Frage die Antwort, ohne Zeit und Mühe zu schonen. Er zögert nicht. Wer unterrichtete ihn? Der höhere, sich auf sein eigenes himmlisches Wesen stützende Wille des schöpferischen Menschen. Er ist selbstständig, frei. Er stützt sich auf niemanden, er weiß doch, dass der Mensch ein mächtiges Wesen ist. Er kann alles erreichen. Nichts ist ihm verborgen. Nur die Grenzen seines eigenen Erkennens können ihn einschränken. »Der Seele ist ein Logos eigen, der von sich selbst wächst« (Heraklit[4]). Der Egoismus ist nichts wert. Auf Ausgrenzung, Finsternis, Bosheit ist seine Antwort die Sanftmut des Drachen-besiegenden Heiligen Georgs, der an der immer vollkommeneren Geburt seines himmlischen Wesens wirkt. »Beschäftigst du dich mit dem Bösen – hat es dich schon besiegt.« Nur die Sanftmut kann den leeren Raum schaffen, in dem sich die höheren Wahrheiten des Seins offenbaren können.

Er hat Entdeckungen gemacht, u.a. auf dem Gebiet der Sprachwissenschaft, der Psychologie, des künstlerischen, insbesondere des musikalischen Bewusstseins. Er lehrte die heilende gegenwärtige Aufmerksamkeit. Er hat Sternkinder wahrgenommen. Er, der sie bemerkt hat – egal wie er sie nannte –, hat darüber berichtet, dass er in seinem sich verändernden Himmel etwas beobachtet hat – das war die große Nachricht. Er hat nicht nur die Inkarnation von unabhängigen Individualitäten bemerkt. In dieser Erkenntnis hat sich ein neues Sehen geäußert. Er hat die kindlichen Individualitäten erkannt, wie die morgenländischen Weisen oder die Hirten den Stern von Bethlehem. Das war Erfahrung, keine Theorie. Davon hat er Zeugnis abgelegt. Über

4 Vgl. Anm. 118 auf S. 148 in diesem Buch.

diese Wahrheit. Wer den Stern der Kleinkinder erkennt, sieht aus der gleichen Quelle. Denn die Ebene des Sternen-Daseins ist gemeinsam für alle Menschen. Er lehrte: In der Pädagogik gibt es keine einzige, ausschließlich heilsame Methode. Heilsam wäre, die Individualitäten auf individuelle Weise zu unterrichten. Dazu sind ein sich immer erneuerndes Sehen und eine authentische, erfahrende Wahrnehmung notwendig. So konnte er das Wunder der Autisten und anderer, von der Welt als behindert angesehener Menschen erblicken. Er hat in ihnen die höchste menschliche Empfindsamkeit wahrgenommen. Diese Menschen haben es gleich erfühlt, wie er sie sieht, da sie in ihren Wahrnehmungen viel lebendiger sind als die im Schutz der Alltagserkenntnis lebenden sogenannten »normalen« Menschen. Er strebte an, dass solche Erkenntnisse keine Theorie bleiben, sondern zur Praxis im Leben der sogenannten behinderten Menschen werden, dass jeder mit einem Anderssein lebende Mensch auf seinem eigenen Weg zum immer vollkommeneren Menschen werde, ohne die ursprüngliche hohe Empfindsamkeit zu verlieren. Diese Anschauungsweise hat er versucht, denen bekannt zu machen, die sich mit solchen Menschen beschäftigen. Dass sie auf das Problem immer wieder mit neuem Blick schauen können. Mit einer ständigen, leeren Bereitschaft der Aufmerksamkeit. Dies hat er Menschen in allen Lebenslagen gelehrt. Mit seinem Blick, wie er einen begrüßt hat. Oder wie er täglich die Vögel gefüttert hat, wie er ihren Flug beobachtete aus dem Fenster, wie er mit seinem Hund spielte oder den bestirnten Himmel vom Garten aus angeschaut hat.

Wie war dieser Stil?

Wie hat er einen Vortrag gestaltet? Meist begann er mit locker zusammengefügten geistreichen Geschichten, abenteuerlichen Umwegen, Witzen. Die Aufmerksamkeit wurde fast eingeschläfert, als wollte er gar keiner geraden Richtung folgen. Dann, im zweiten Teil, eine einzige unerwartete Gebärde. Wie aus einem Pfeil geschossen. Sichere Landung. Eine Reihe kontinuierlicher Intuitionen und Lösungen. Was das Ganze gestaltete: das Nicht-Wollen. Das Nichts Wollen. Vollständige Ruhe. Keine Absicht. Er will nichts ergreifen und nichts angreifen. Das ist die große Gebärde! Was niemand kann. Dieser Mut, dieses Vertrauen in die Gegenwart, in die Kraft der Intuition – das war einmalig. Er baute auf unwahrscheinliches Vertrauen, auf unberechenbare Sicherheit auf. Eine Fähigkeit arbeitete darin – entstand dadurch. In der Gegenwart. Das, was er in jeder Wahrnehmung, in jeder Übung, in jeder Gedankenkonzentration, Bild- und Satzmeditation übte. Er suchte immer dieses: die Grundfähigkeit, das *Wie* der Verwirklichung der schöpferischen Gebärde. Er gab diesem auch einen Namen: *Der sanfte Wille*. Er war immer sanfter und immer einfacher geworden. Er hat diese Fähigkeit auch in seinen Zuhörern in Bewegung gebracht. Das war heilsam. Wenn du diese Fähigkeit in der Identität erlebst, tust du sie auch. »Wie gut ist es hier!«, flüsterte mir einmal ein gemeinsamer Freund zu. »Jetzt ist wieder alles in Ordnung«, habe ich oft gedacht, wenn wir uns nach seinen häufigen Auslandsreisen wieder begegnet sind. Wenn er nicht zu Hause war, war irgendwie alles durcheinander. Wenn ich ihn dann wieder sah, war die Welt wieder in Ordnung.

Die Zeit der Zeichen ist vorbei.

»Der Sämann sät das Wort [den Logos]. Diese sind's aber, die auf dem Wege sind: Wo das Wort gesät wird und sie es gehört haben, kommt alsbald der Satan und nimmt weg das Wort, das in ihr Herz gesät war. Aber auch die sind's, bei welchen die Saat auf Steine fällt: Wenn sie das Wort gehört haben, nehmen sie es alsbald mit Freuden auf, und haben keine Wurzel in sich, sondern sind wetterwendisch; wenn sich Trübsal oder Verfolgung um des Wortes willen erhebt, so ärgern sie sich alsbald. Und diese sind's, bei welchen unter die Dornen gesät ist: Sie hören das Wort, und die Sorgen dieser Welt und der trügerische Reichtum und viele andere Lüste dringen ein und ersticken das Wort, und es bleibt ohne Frucht. Diese aber sind's, bei welchen auf gutes Land gesät ist: Die das Wort hören und es annehmen und Frucht bringen, etliche dreißigfach und etliche sechzigfach und etliche hundertfach.«[5]

»Jetzt seid ihr dran« – hieß es am 2. Januar 2006. Nebenbei, ohne besondere Absicht. Oder wer weiß? Der Körper ermüdete. Der Geist nicht. Er leuchtete. Strahlte durch seine Augen.

Es war still geworden. Dann hieß das Meditationsthema: Rose ohne Stachel.

Eine Woche später: Ich komme aus dem Licht, ich gehe in das Licht, Licht leuchtet immer.

Was es bis jetzt gab – war Vorschuss.

Was jetzt kommt – hängt von uns ab.

Jetzt entscheidet sich das Schicksal dieser geistigen Schule. Wer meint: Es ist schon entschieden, oder wer meint: Diese sind unfähig, der rechnet nicht mit dem unwahrscheinlichen Wunder des Menschen. Wofür Samael wie gebannt das Zeichen des »Menschen« auf den Stirnen der Schüler betrachtet.

Jemand hat diesem Zeichen Bedeutung gegeben.

Er wusste: Er ist Ebenbild.

Ervin Fenyő, Budapest, Januar 2006

(Übersetzung: Laszlo Böszörmenyi,
Korrektur: Susanna Mastalier und Annegret Holland)

5 Mt 4, 14-20.

In Erinnerung an Georg Kühlewind

Die folgenden Nachrufe erschienen zuerst in *Das Goetheanum* Nr. 16–17/2006 (Böszörmenyi, Volbehr, Lipson, Stroteich, Eichholz, Köhler) und in *die Drei* 2/2006 (Neider, Wildgruber).

Von vorne anfangen

Georg Kühlewind ist nach kurzer, schwerer Krankheit in Budapest gestorben. Er hat frei und furchtlos gelebt und ist furchtlos aus der undurchsichtigen, geformten, in die durchsichtige, formfreie Welt getreten.

Er wurde 6. März 1924 in Budapest geboren. Im Alter von etwa 40Jahren hat er sich entschlossen, von vorne anzufangen und den geistigen Schulungsweg neu aufzubauen. Mit 55 Jahren ließ er sich von seinem Lehrstuhl für Physikalische Chemie an der TU Budapest pensionieren und widmete sich seither ausschließlich der Geistesforschung. Er hat über 20 Bücher geschrieben und weltweit unzählige Vorträge gehalten zu Themen wie der Erkenntnistheorie und -praxis, der Psychologie, der Pädagogik, der Sprachwissenschaft und der Christologie.

Ich habe ihn vor 28 Jahren, als ich selber 28 war, in Zürich kennengelernt. Ich bin unendlich dankbar, daß ich seither zum Kreis seiner Schüler und Freunde zählen durfte. Hätte ich ihn nicht gekannt, wüßte ich nicht, daß es die Möglichkeit eines freien, reinen und furchtlosen Lebens tatsächlich gibt. Nicht in Büchern, Märchen und Legenden, sondern hier unter uns in dieser gewalttätigen, unehrlichen und beängstigenden Welt. Hätte ich ihn nicht gekannt, wüßte ich nicht, daß jeder von uns jederzeit einen völlig neuen Anfang setzen, sich von seinen Vorurteilen völlig befreien und seinen eigenen Weg antreten kann. Hätte ich ihn nicht gekannt, wüßte ich nicht, daß in der geistigen Schulung die konzentrierte Aufmerksamkeit dermaßen verstärkt werden kann, daß sie sich selbst begegnet und damit das wahre, ewige, unerschütterliche Ich geboren werden kann. Daß der Mensch jeder Lebenslage einen Sinn geben, daß er sich aus jeder Not erheben kann. Daß er alles kann – und auch auf alles verzichten kann. Daß jemand »Diener des Logos« werden kann, ohne auf Erfolg, auf Anerkennung, auf Lohn zu warten. Daß die greifende Hand sich in eine leere, empfangende Hand umwandeln kann. Daß sich das Bewußtsein umkehren, leer machen – und damit in den Strom des geistigen Geschehens eintreten kann. Daß es eine Reinheit gibt, die man nicht anstreben, aber trotzdem erreichen kann. Daß der Mensch tatsächlich deshalb auf die Erde kommt, um von der Wahrheit und von der Liebe zu zeugen. Jeder Mensch.

Laszlo Böszörmenyi

Von Angesicht

Meine erste Begegnung mit Georg Kühlewind war im Oktober 1984. Einige Zeit schon hatte ich versucht, mich der Anthroposophie zu nähern. Schlagartig wurde mir bewußt: Das ist es, was du gesucht hast! Hier war jemand, der eine so klare Schau des Ich und seiner Bewußtseinstätigkeit hat, wie ich es bisher noch nicht erlebt hatte. Seit meinem 18. Lebensjahr beschäftigte ich mich schon, angeregt durch das Werk von Jean Gebser, mit Bewußtseinsentwicklung.

Die Klarheit des Denkens bei Georg Kühlewind, das sich nie zufrieden gab, bevor es nicht bis zur Voraussetzungslosigkeit, dem Urbeginn eines Erkenntnisaktes, vorgedrungen war, wurzelte unter anderem in den erkenntnistheoretischen Schriften von Rudolf Steiner. Das Studium von ›Wahrheit und Wissenschaft‹ legte er mir mehrmals nahe, als eine der ›radikalsten Schriften von Steiner‹, wie er sich ausdrückte.

Sein Leben hat er in erster Linie dem Schulungsweg und der Meditation gewidmet. Hier hatte er eine Strenge, die an einen Zen-Meister erinnerte. Es ging ihm nie um irgendwelche Erlebnisse bei der Meditation, sondern um Erkenntnis und Stärkung der Aufmerksamkeitskraft. »*Die Philosophie der Freiheit*«, so sagte er immer wieder, »die kann man nicht einfach lesen, die muß man meditieren. Sie ist voller tiefer, weisheitsvoller Meditationssätze.« Die Erkenntnisse von Rudolf Steiner nicht einfach als Wissen annehmen, sondern sie mit Denkkräften durch die eigene Individualität neu und lebendig werden zu lassen, um sie schließlich durch eigene Erkenntnisse zu erweitern und ins moderne Denken zu bringen, das war sein großes Anliegen.

Sein zentrales Thema ist die Aufmerksamkeit. Er verstand sie als jene Tätigkeit, von der Rudolf Steiner (in der *Geheimwissenschaft im Umriß*) sagt: »Soll aber das Ich sich selbst wahrnehmen, so kann es nicht bloß sich hingeben. Es muß durch innere Tätigkeit seine Wesenheit aus den eigenen Tiefen erst heraufholen, um ein Bewußtsein davon zu haben. [...] Wenn der Mensch nun den Geist in aller Offenbarung ergreifen will, so muß er dies auf dieselbe Art tun, wie er das Ich in der Bewußtseinsseele ergreift. Er muß die Tätigkeit, welche ihn zum Wahrnehmen des eigenen Ich geführt hat, auf die offenbare

Welt hinwenden.« Diese Tätigkeit, diese Fähigkeit, die Aufmerksamkeit von der gegebenen Welt freizumachen und sie der eigenen Willenskraft zu unterstellen – Steiner spricht sogar von einem neuen Organ –, ist für Kühlewind Voraussetzung für Freiheit und für das Erleben des ›Ich bin‹. Er war überzeugt, daß das Schicksal der Menschheit davon abhängen wird, ob es ihr gelingt, sich diese Form der Freiheit, die freie und ungeteilte Aufmerksamkeit, zu erarbeiten.

Das war auch seine große Sorge. Eine Hoffnung sah er in den neuen Kindern, den *Sternkindern*, wie er sie nannte. Bei ihnen spürte er die Wachheit und die Bereitschaft, diese Fähigkeit zu verwirklichen, die wir Älteren uns mit viel – für viele zu viel – Anstrengung erarbeiten müssen. Schmerzvoll war es für ihn, daß die Bezeichnung *Sternkinder* immer wieder so gründlich mißverstanden wurde. Der Stern, das Licht, aus dem wir kommen, das Licht, das die meisten von uns durch ihr irdisches Sein schnell vergessen haben, das bleibt bei diesen Kindern wach.

Georg Kühlewind äußerte sich kaum über politische Ereignisse. Allerdings war er da nicht blind, sondern nahm innerlich am Weltgeschehen zutiefst teil. Nach dem 11. September 2001 hatte er wochenlang schlaflose Nächte. Ihm war die Tragweite sofort bewußt, insbesondere auch die Auswirkungen auf die Menschen in den USA und die nun kommenden Veränderungen und Angriffe auf die Freiheit. Wie sehr ihm die Dramatik des Weltgeschehens bewußt war, zeigten immer wieder kleine Äußerungen in Vorträgen. Bei einem seiner letzten Vorträge in Deutschland im Mai 2005 in Köln darauf angesprochen und gefragt, wie er mit all dem, was er da sehe, umgehe, antwortete er: »Nun ja, mit einer Art fröhlicher Verzweiflung.« Das war typisch für ihn!

Viele Jahrzehnte war der Prolog des Johannes-Evangeliums

sein Meditationsthema. Wohl bis in die letzten Stunden seines Lebens. Das Licht: »die Mutter der Form, das Wesen des Ich«, also: »Sein und Erkennen sind eins.« Es war sein tägliches Streben, eins zu werden mit dem Licht. »Die Ursehnsucht des Menschen ist es«, so sagte er einmal, »Gott von Angesicht zu Angesicht zu schauen.« Diese Sehnsucht dürfte ihn beim Hinübergehen geleitet haben.

Hartwig Volbehr

The Stubborn One: A Hindu Fantasy

Ich bin seit 1980 mit Georg befreundet und seitdem ein treuer, wenn auch nicht sehr fortgeschrittener Student seiner Geisteslehre. Helmut Goldmann hat uns damals in Verbindung gebracht … Eine Segnung für mein ganzes Leben! Einmal mußte ich Georg vor einem Vortrag dem New Yorker Zweig vorstellen. Mir erschien dann ein kleines Gedicht ganz ohne Mühe im Geist. Ich habe es in die Form eines Shakespeareschen Sonetts gegossen, und es hat Georg sehr gefallen. Vielleicht, statt Prosa, gilt dies noch als Abschiedslied? Die Inspiration dafür war Georgs Hartnäckigkeit: daß er immer bei der Kreuzung von Linguistik, Psychologie und Erkenntnislehre geblieben ist, wie auf einem Punkt der Erde stehend, ohne Hast, ohne Furcht, ohne Hoffnung, bis viele Wunder herunterregneten.

A goddess, wanting, perched on one gold toe and balanced, purely wanting. Aeons sped. The universe observed her waiting so, and reckoned she would stumble as Time fled. She was not wholly motionless, but turned about her spinal axis, golden, slow, as if a cool breeze wafted. Unconcerned with hope or fear, she still refused to go. Where toe met earth a sound began to rise, then songs to form, then hosts to sing them out. Then from the songs,from skies beyond the skies, rained petals casting scents that conquered doubt. Till she, when all worlds turned from Nayto Yea, set down her otherfoot, and skipped away.

Michael Lipson

Die Widerspenstige: Eine Hindu-Phantasie

Eine Göttin, wollend, stand auf einem einzigen, goldenen Zeh/ und balancierte, einfach wollend. Äonen flogen vorbei./ Das Universum beobachtete sie, wie sie so wartete,/ und glaubte, sie würde im Laufe der Zeit umfallen./ Sie war nicht vollkommen bewegungslos, sondern drehte sich/ um ihr Rückgrat, golden, langsam,/ als ob eine kühle Brise wehte. Unbeeinträchtigt / von Hoffnung oder Furcht, weigerte sie sich immer noch zu gehen./ Wo ihr Zeh die Erde berührte, begann ein Laut zu entstehen,/ dann formten sich Lieder, dann begannen Scharen die Lieder zu singen,/ dann von den Liedern, von den Himmeln jenseits der Himmel,/ regneten Blütenblätter, Düfte versprühend, die den Zweifel bezwangen./ Bis sie, als alle Welten sich vom Nein zum Ja wandelten,/ ihren Fuß niedersetzte und davonhüpfte.

(Übersetzung: Hildegard Backhaus)

Wendet euren pädagogischen Sinn

Mein Gedenken an Georg ist von tiefer Dankbarkeit geprägt: Er rief mich 1987 in sein mir unbekanntes Heimatland Ungarn, um dort den ersten Waldorfkindergarten in seiner Entstehung zu begleiten, und als ich diesem Ruf entsprach, wurde ich reich beschenkt durch wesentliche Menschenbegegnungen so wie das vertiefte Erlernen von Sprache und Kultur.

In der Folgezeit, geprägt durch die Zeit vor, inmitten und nach der ›Wende‹ in Mittel- und Osteuropa, nahmen er und seine Frau Annie mich in ihre engsten Arbeitszusammenhänge auf. Ich durfte Anteil nehmen an seinen Forschungen und verstand durch seine Arbeit mein Sein als Waldorfkindergärtnerin neu und fand Begrifflichkeiten dafür: Erziehung zur Freiheit durch Freude beziehungsweise die Schaffung einer durch und durch, auch unabhängig von Worten ›sprechenden‹ Umgebung für das kleine Kind, welches ja auf das hinter allen Worten und Taten stehende ›Unaussprechliche‹, das heißt den Sinn im Tun und das Ichhafte im Du, orientiert ist. So kann sich dem Kinde Sinnhaftes in freier Weise erschließen, spricht sich in ihm selbst aus, und durch konsequent liebevoll-bewußtes Handeln wird jegliche Belehrung überflüssig.

Das Sichbereitmachen für die pädagogische Intuition durch die Umkehrung der Willensrichtung im pädagogischen Alltag, die feinsinnige Beachtung und Beobachtung der Befindlichkeit des Kindes in allen seinen Äußerungen als Ausdruck seines höheren Entwicklungswillens, wird für mich als Erzieher zu einer praktischen, vom Kinde abgelesenen Menschenkunde als beständigem Forschungsmotiv.

Schulung meiner Aufmerksamkeit als Grundlage für den bewußten Umgang mit meiner Ausstrahlung im Verhältnis zum einzelnen Kind und der Kindergruppe, so daß ich sie durch aktive Hüllenbildung führen und begleiten kann. Dies bedeutet die Entwicklung und Verfeinerung von achtsamer Aufmerksamkeit als Bewußtseinshaltung, von Wärme in der Beziehung und von Tätigkeit jeglicher Art als freiheitliches Angebot für den sich in der Nachahmung entfaltenden Willen des Kindes.

›Wendet euren pädagogischen Sinn in Richtung einer empfangenden Aufmerksamkeit und des sanften Willens, damit das Geistige Einzug halten kann in unsere irdischen Verhältnisse!‹, dies erlebte ich als Aufforderung Georg Kühlewinds an uns Pädagogen und erfuhr in meiner eigenen sinn- und freudevollen Praxis als Waldorfkindergärtnerin das Zukunftweisende seiner Arbeitsansätze und als Fortbildnerin von Erziehern seine immer tatkräftige Unterstützung und Hilfe. Danke für alles!

Annette Stroteich

»Fragt mich doch!«

Unsere erste Begegnung mit Georg Kühlewind im September 1995 prägte eine Frage, die mit der gerade beginnenden ›Windrather Talschule‹, der Waldorfschule in Langenberg, entstanden war: Wie können wir uns befähigen, die Quelle der aus allem Anfang strömenden Kräfte in uns und durch uns lebendig zu erhalten für die Jahr um Jahr wachsende und älter werdende Schule? Die Frage begeisterte ihn so, daß er von da an unserer Schule als ›Lehrer der Lehrer‹ tief verbunden war. Konzentrationsübungen und Meditationen im Kreis des Kollegiums halfen, immer neu den Raum empfangender Aufmerksamkeit für ein Kind zu bilden. Der so vorbereitete, von Zweck und Intentionen freie Blick auf das Kind hat sich vielfach bewährt, auch wenn Georg Kühlewind mit dem darin zu übenden ›Sanften Willen‹ eine Aufgabe gegeben hat, die eine ständige Herausforderung bedeutet.

In all den Jahren war er in unserem Haus zu Gast – ein stiller Gast, der sich in die häuslichen Gegebenheiten mit der ihm eigenen Bescheidenheit einfügte. Wenn er seine kleine Kaffeemaschine, die ihn auf allen Reisen begleitete, in der Küche an ihrem gewohnten Platz bereit gestellt hatte, war seine Einladung zu einem sorgsam bereiteten Espresso immer wieder ein Moment freundlich zugewandten Dankes. So entstanden eine Selbstverständlichkeit und zarte Vertrautheit im Umgang miteinander, in den immer wieder auch Gespräche eingeflochten waren. Im Austausch ergab sich manche freudige Entdeckung, beispielsweise aus seiner Verbundenheit mit dem Neuen Testament und der griechischen Sprache, als aufleuchtete, daß bei der Wendung »... auch auf Erden ...« im ›Vaterunser‹ – weil der griechische Wortlaut dort nicht den gefallenen »Kosmos«, sondern den lebendigen Erdorganismus meint – eine Bitte ausgesprochen ist, die ganz allein den Freiheitsraum des Menschen betrifft, während wir die lebendige Erde schon wie den Himmel von dem väterlichen Willen durchdrungen erleben dürfen.

Ähnlich beflügelnd war, wie im Gespräch über das erkennende Fühlen – für ihn selbst überraschend – klar wurde, wie fruchtbar es im Rechtsleben wäre, wenn in der Begegnung von Mensch zu Mensch, geführt von geläutertem Denken, ein vertieftes Rechtsgefühl als das eigentliche Gestaltungsinstrument des Rechts erkannt und ausgebildet würde.

Es mag wie ein Aufruf zum weiteren Gespräch an alle sein, die mit ihm zusammengearbeitet haben, daß kurz nach seinem Tode im Traum von ihm das Sätzchen vorkam: »Fragt mich doch!«

Rotraut Eichholz, Reinald Eichholz

Kein Nekrolog ...
... sondern ein Brief über die Grenze

Was soll ich sagen, Georg? Den üblichen Gepflogenheiten folgend, würde ich jetzt zu einem glühenden Statement ansetzen in der Absicht, alle, die es noch nicht begriffen haben, davon zu überzeugen, wie großartig und wichtig Du warst. Aber das wäre wohl kaum in Deinem Sinne. Es interessierte Dich in den letzten Jahren nicht mehr besonders, irgend jemanden von irgend etwas überzeugen zu wollen. Schon gar nicht von Deiner Wichtigkeit.

Du warst keine ›wichtige‹ Persönlichkeit, zum Glück. Der ganze Zirkus, den man um ›wichtige‹ Leute zu veranstalten pflegt, zu Lebzeiten und danach, interessierte Dich wirklich nicht. Sicher, Du warst ein Genießer, und zu Deinen bevorzugten Genußmitteln gehörte, gleichrangig mit gutem Essen, der Applaus. Aber das hatte nichts mit Starallüren zu tun. Zu den großen Glücksmomenten im Leben eines jeden Kindes gehört es, jemanden zu beschenken und erleben zu dürfen, daß der Betreffende aufrichtig dankbar ist. So nahmst Du Applaus entgegen: mit der stillen, frohen Genugtuung eines Kindes; glücklich über die aufrichtige Dankbarkeit des Publikums für Deine (Vortrags-)Geschenke.

Gewiß, gewiß, Du lebst in Deinen Werken weiter. Und in unseren Erinnerungen. Aber das ist mir zu wenig. Und Dir allemal. Verwechseln wir die Verpackung nicht mit dem Inhalt. Wenn, abgesehen von Deiner Asche, nur Schatten von Dir übriggeblieben wären, die, allmählich verblassend, noch eine Weile durch Europa geistern; nur Zeichen (Schriften) und Erinnerungen (Geschichten über Dich) – Du hättest auf der ganzen Linie geirrt. Und wir könnten die Bücher einstampfen, die Geschichten vergessen.

›Ich bin immer am Anfang‹, lautete Dein Credo. Eine gemeinsame Freundin schrieb Dir zum Abschied ein Gedicht, in dem sich die Zeile findet: »Zeitlebens hast Du uns BEGINNEN buchstabiert.« Jetzt also beginnt etwas Neues. Durch Dich. Mit Dir.

Deshalb ist dieser kleine Text kein Nekrolog, sondern eine Rede über das Beginnen. Wie nennen wir das? Vielleicht ›Naszilog‹ (von lat. *nasci* = geboren werden, entstehend, im Werden begriffen).

Tausendmal wichtiger als alle Erinnerungsrituale und öffentlichen Nekrologe ist doch die Frage, ob (und wenn ja, wie) Du jetzt und in Zukunft erreichbar bist. Wie die Arbeit weitergehen kann. Das heißt, was Dich und mich betrifft: die Arbeit für einen Paradigmenwechsel im Verständnis der ›besonderen Kinder‹. Darauf, so sagtest Du, sei im Grunde genommen Dein ganzes Lebenswerk zugelaufen.

›Kühlewind‹ ist Asche und Geschichte. ›Georg‹ auch. Die Hüllen lösen sich auf. Die Zeichen kursieren weiter. Buchstaben. Tonkonserven. Fotos. Ein paar Filme. Von der Person Georg Kühlewind bleiben uns nur Erinnerungen. – Anders verhält es sich mit der Melodie, die erklang, wenn Du den Raum betratst. Dein Erscheinen wurde in den letzten Jahren mehr und mehr zum Klangereignis. Ich spreche von einer Qualität des Erklingens jenseits dessen, was mit physischen Ohren wahrnehmbar ist. Keine Ahnung, ob andere, die Dir nahestanden, auch dieses Erlebnis hatten. Es wäre seltsam, wenn nicht. Und das Erstaunlichste ist: Seit Du die große Reise angetreten hast, vernehme ich Deine Melodie noch viel deutlicher als zuvor. Mag ja sein, daß der Wunsch der Vater des Erlebnisses ist. Wo steht geschrieben, Wahrnehmungen, durch die zugleich ein Wunsch in Erfüllung geht, seien zwangsläufig trügerisch? Es genügt, daß ich mich innerlich zu Dir hinwende, und Du erklingst.

Wir hatten über genau diese Wahrnehmungsqualität in letzter Zeit öfter gesprochen. Ab Sommer 2004 wurde das Thema aus Gründen, die ich zunächst nicht verstand, ungeheuer wichtig für Dich. Es war, als sähest Du etwas im Prinzip Dir längst Bekanntes plötzlich in einem ganz neuen, überraschenden Lichte – deutlich wie nie zuvor. Auch in Seminaren kamst Du wieder und wieder darauf zu sprechen. ›Ich‹ ist eine Melodie. Wendet man sich mit ganzer, ungeteilter Aufmerksamkeit einem Menschen zu, erklingt seine Melodie – und erst dann beginnt man ihn zu kennen …

Und auf diese Weise lerne ich Dich jetzt, da Du nicht mehr leibhaftig unter uns weilst, inniger kennen, als es mir möglich war in den sieben Jahren unserer diesmaligen gemeinsamen Wegstrecke auf der Erde. Das wußte ich vorher nicht: Wird der dialogische Prozeß so fein, daß das andere Ich erklingt, geschieht etwas, wogegen der Tod nichts vermag: etwas, das durch den Tod sogar eine Steigerung erfährt.

Henning Köhler

Weltenwanderer und Diener des Logos

»Das Wahrnehmen geht dem Denken voran.
Das Wahrnehmen geht der Wahrnehmung voran.
Die Wahrnehmung geht dem Bewusstsein voran.

Das Denken geht dem Gedachten voran.
Das Gedachte geht dem Bewusstsein voran.
Das Bewusstsein entzündet sich am Gedachten.
Das Bewusstsein entzündet sich nicht am
Wahrgenommenen.

Es ist schon Wahrnehmung da,
ohne einen Wahrnehmenden.
Die Wahrnehmung wird bewusst, ist immer für ein
Bewusstsein da; das ist aber noch kein Bewusstsein.«[1]

Georg Kühlewind

Am Sonntag, den 15. Januar 2006 ist Georg Kühlewind im Alter von 81 Jahren nach längerer schwerer Krankheit in seiner Heimatstadt Budapest verstorben. Georg Kühlewind ist vielen Leserinnen und Lesern, aber auch Teilnehmerinnen und Teilnehmern seiner Studienkurse ein Wegweiser in Sachen Meditation geworden. 1924 in Budapest geboren und aufgewachsen, studierte Kühlewind (der eigentlich Székely hieß, Kühlewind war sein Pseudonym[2]) zunächst bei Karl Kerényi klassische Philologie. Später dann studierte er Naturwissenschaften und wurde Professor für physikalische Chemie an der Technischen

1 Aus: »Die geistige Kommunion des modernen Menschen«, in: *Bewußtseinsstufen*, Stuttgart [2]1993.

2 Mehr zu Georg Kühlewinds Lebenslauf in: Doris Kleinau-Metzler: *Lebenskunst – sieben Begegnungen*, Stuttgart 2002.

Universität in Budapest, »denn in den Naturwissenschaften lernt man das exakte Denken«, so seine Überzeugung. Wegweisend wurde für ihn die Begegnung mit der Erkenntniswissenschaft Rudolf Steiners nach Kriegsende. Zeit seines Lebens war er damit befasst, Steiners Anregungen zu einer Schulung des Bewusstseins weiterzuentwickeln. Wichtige Anregungen dazu gab ihm der italienische Anthroposoph Massimo Scaligero, den er in den sechziger Jahren kennenlernte. Seit Mitte der siebziger Jahre erschienen dann im Verlag Freies Geistesleben seine eigenen Werke, beginnend mit der Veröffentlichung des kleinen, aber wegweisenden Büchleins »Bewußtseinsstufen«, das für viele seiner Leser epochale Bedeutung gewann, erweckte es doch im Leser unmittelbar das Bedürfnis zu eigenständiger Meditation und Bewusstseinsschulung.

Zeit seines Lebens beschäftigte Kühlewind sich aber auch mit dem Phänomen der menschlichen Sprache und der Entstehung der Sprache beim kleinen Kind. Dieses Interesse führte ihn schließlich auch zu pädagogischen Fragen, und so widmete er sich seit Mitte der neunziger Jahre immer mehr dem Thema der Schulung der Aufmerksamkeit im Hinblick auf das Wesen des kleinen Kindes.

Die Eigenständigkeit und Hingabe, aber auch der Humor, mit denen er unzählige Menschen auf die Bedeutung der Bewusstseinsschulung aufmerksam gemacht und auf eigene Wege der Entwicklung gebracht hat, wird allen, die ihn gekannt haben, immer unvergesslich bleiben.

Andreas Neider

Begegnung und Zusammenarbeit mit Georg Kühlewind

Krakau im September 1989. Da war Aufbruchstimmung in ganz Mittel- und Osteuropa. Ein Idriart-Festival hinter dem schon löchrigen Eisernen Vorhang. Ich suchte zwischen Theateraufführungen, Konzerten und Diskussionen nach einer Arbeitsgruppe. Schulung der Wahrnehmung mit Székely György las ich an einer Türe und ging hinein.

Da saßen eng gedrängt in einem kleinen Raum der Musikhochschule Alt und Jung aus aller Herren Länder. Ein kleiner Mann mit großer Brille begann zu sprechen, ungarisch, englisch, deutsch. Und schon leitete er eine Übung nach der anderen an: »Stellen sie sich einen menschengeschaffenen Gegenstand vor. Schauen sie sich den Kieselstein an. Augen zu, vorstellen, wieder anschauen …« Und alle übten das. Und der Lehrer übte mit. Stille. Eine lange konzentrierte Stille. Und dann fragte er: »Und? Wie war's?« Schien ihm eine Antwort authentisch, lächelte er, bestätigte, gab weitere Anregungen. Schien ihm eine Antwort zu spekulativ, zeigte er ein zwar freundliches, doch eher säuerliches Gesicht, zuckte etwas mit der Schulter und fragte weiter.

Mir ging es wie manchen anderen: Das geht ja! Du kannst einfach anfangen mit diesen Übungen! – Und weitermachen! Erst später erfuhr ich, dass jener Székely György Georg Kühlewind war. Auf dem Festival kreiste er mit seinen frei gehaltenen Morgenvorträgen immer wieder um das Johannes-Thema ›En Arché – im Anfang‹. Historisch war es wahrlich eine Zeit im Anfang!

Zurück in Deutschland machte ich mich an Kühlewinds Buch »Vom Normalen zum Gesunden« und suchte Gelegenheiten, in seinen Übeseminaren weiterzulernen. Daraus wurde ein immer wieder aufgenommenes freundschaftliches Arbeitsverhältnis. Wie gerne würde ich ihn wieder ansprechen und fragen!

Wie dankbar bin ich für das, was er uns gebracht hat, dieser unruhige Weltenwanderer! Nie habe ich einen volleren und längeren Terminkalender gesehen, nie ein überquellenderes Adressenbuch: Seminare, Vorträge, Seminare auf allen Kontinenten, ständig in den 16 Jahren, die wir uns kannten.

Wo er auch sprach und lehrte, tat er das ganz und gar aus eigener Erfahrung, aus eigenem Suchen und Forschen und mit einer unbestechlichen Gedankenklarheit. Wie freute er sich, wenn er bei Rudolf Steiner, bei Thomas von Aquin, im Johannes-Evangelium, bei buddhistischen Weisen, bei Rilke oder Hölderlin, in *Die Antwort der Engel* von Gitta Mallasz oder bei Sprachforschern Verwandtes, Ähnliches oder Weiterführendes fand! Dankbar sprach er von Massimo Scaligero, den er seinen Lehrer nannte.

Georg Kühlewind war, so sehe ich ihn, wohl für viele ein echter Handwerksmeister – in einem ganz zentralen Lebenshandwerk: Praktisch, alle Tiefen und Höhen auslotend, zeigte er, wie man die eigene Aufmerksamkeit konzentrieren, verlieren, schulen und verstehen, das heißt zeugend da sein kann. Und seine Bücher, von denen er Jahr für Jahr immer neue herausarbeitete, kreisten eigentlich immer um ein Thema: die Aufmerksamkeit als die Substanz des Ich.

So manche Jahre konzentrierte sich um Georg Kühlewind eine Arbeitsgruppe von Therapeuten und gelegentlich auch Lehrern. Er fragte, hörte in die Erfahrungen und Gedanken der anderen hinein. Sank die Konzentration in der Gruppe, schuf er eine Pause und gab ein Wort oder einen Satz zur Besinnung und Meditation. Jedes Mal tauchte dann in der Runde Neues und Erhellendes auf. Und wir waren wieder im Anfang.

Nach solch konzentrierter Arbeit war er ein geselliger Tischgenosse, kochte seinen starken Kaffee, erzählte schlagfertig und humorvoll. Witze hatte er immer auf Lager. Und gegen alles gekünstelte und spekulative Anthroposophische konnte er scharf gewürzt oder auch augenzwinkernd lächelnd angehen. Einmal fragte ihn jemand aus einer solchen Runde, wie er's denn mit der Reinkarnation halte.

»Weißt du«, antwortete er, »ich kenne allein drei Goethes.«

In seinen vielen rastlosen Lehr- und Wanderjahren von Kontinent zu Kontinent, die seiner Gesundheit sicher nicht zuträglich waren, hat er wohl Tausenden zu jener ureigenen Erfahrung geholfen, dass die Schwelle vom Alltags- zu höherem Bewusstsein so hoch nicht ist. »Fang nur an mit konzentrierter Aufmerksamkeit!« Wurzeln hat er, für manchen sicher schmerzvoll, nicht geschlagen, aber mit seinem Wander- und Lehrstab viele, viele Löcher durch dunkle Decken bohren geholfen. »Licht des Wortes«, so nannte er eines seiner frühen Bücher, ein anderes »Diener des Logos«.

Wie schmerzhaft ist sein Weggang. Wie tröstlich, dass er uns diese Erfahrungen zu machen geholfen hat. Die Erinnerungen bleiben, sie werden verblassen. Georg Kühlewinds Bücher bleiben uns. So authentisch, so dicht und wahrhaftig hat er sie formuliert. Nur mit ganzer Aufmerksamkeit sind sie zu lesen. »Bist du da«, so sagte er gerne, »dann bist du auch im Anfang, im Ungetrennten.«

Da wird er wohl sein.

Thomas Wildgruber

Bücher von Georg Kühlewind

Bewußtseinsstufen – Meditationen über die Grenzen der Seele, 1976.

Die Wahrheit tun – Erfahrungen und Konsequenzen des intuitiven Denkens, 1978.

Das Gewahrwerden des Logo – Die Wissenschaft des Evangelisten Johannes, 1978.

Die Diener des Logos – Der Mensch als Wort und Gespräch, 1981.

Das Leben der Seele zwischen Überbewußtsein und Unterbewußtsein – Elemente einer spirituellen Psychologie, 1982.

Vom Normalen zum Gesunden – Wege zur Befreiung des erkrankten Bewußtseins, 1983.

Das Licht des Wortes – Welt, Sprache, Meditation, 1984.

Die Logosstruktur der Welt – Sprache als Modell der Wirklichkeit, 1986.

Die Schulung der Aufmerksamkeit (enthalten in J. Smit, G. Kühlewind, R. Treichler, C. Lindenau, *Freiheit erüben – Meditation in der Erkenntnispraxis der Anthroposophie*), 1988.

Weihnachten – Die drei Geburten des Menschen, 1990.

Die Belehrung der Sinne – Wege zur fühlenden Wahrnehmung, 1990; überarbeitete Neuausgabe unter dem Titel *Wege zur fühlenden Wahrnehmung – Die Belehrung der Sinne*, 2002.

Vom Umgang mit der Anthroposophie, 1991.

Der sprechende Mensch – Ein Menschenbild aufgrund des Sprachphänomens, 1991.

Die Erneuerung des Heiligen Geistes – Gnade, Teilhabe und geistige Aktivität, 1992.

Das Reich Gottes – Die Zukunftsvision des Neuen Testaments, 1994.

Esoterik des Erkennens und Handelns in der Philosophie der Freiheit und der Geheimwissenschaft Rudolf Steiners, 1995.

Der Gral oder Was die Liebe vermag, 1997.

Aufmerksamkeit und Hingabe – Die Wissenschaft des Ich, 1998.

Meditationen über Zen-Buddhismus, Thomas von Aquin und Anthroposophie, 1999.

Der sanfte Wille – Vom Gedachten zum Denken, vom Gefühlten zum Fühlen, vom Gewollten zum Willen, 2000.
Sternkinder – Kinder, die uns besondere Aufgaben stellen, 2001.
Licht und Freiheit – Ein Leitfaden für die Meditation, 2004.
Gesunden im Licht – Die Heilungen in den Evangelien, 2004.

Posthum:
Aufbau – Vom Denken zur Wahrnehmung des Lebens, 2008.
Melodie und Stille – Kunst, Kontinuität und das leere Bewusstsein, 2009.
Licht und Leere – Das letzte Notizheft und ein Fragment, 2011.
de Profundis – Briefe an die Freunde, 2013.

Artikel von Georg Kühlewind:
www.itec.aau.at/~laszlo/Antro/GK_Goetheanum/

Veranstaltungen und Arbeitsgruppen:
https://uebungsgruppe-kuehlewind.de

Georg Kühlewind-Stiftung:
https://kuehlewind.org/de

Alle Fotos in diesem Buch stammen, sofern nicht anders angegeben, aus dem Besitz der Familie Székely.
Auf Wunsch des Verfassers geht das Autorenhonorar in voller Höhe an die Georg Kühlewind-Stiftung.

Foto: Charlotte Fischer

Georg Kühlewind
de profundis

Briefe an die Freunde
160 Seiten, gebunden mit Schutzumschlag

»Ich bin kein Meister, kein Gerechter. Aber ich schlage vor, dass wir es tun, das Einzige, was man tun kann, um Zukunftskeime zu setzen: das Meditieren für die Zukunft, für die essenzielle – nicht nur zeitliche – Zukunft.«

Georg Kühlewind

Diese Briefe sind Texte für die Meditation, für die vertiefende Annäherung an den Sinn der Jahresfeste, und sie gelten zentralen Themen der Bewusstseinsschulung.

Verlag Freies Geistesleben

Georg Kühlewind
Licht und Leere

Das letzte Notizheft und ein Fragment
255 Seiten, gebunden mit Schutzumschlag

Dieses Buch führt den Leser in die Werkstatt Georg Kühlewinds. Neben einem Fragment seines vielfach erwarteten Buches über das leere Bewusstsein enthält es das komplette letzte Notizheft über das Thema, in Form von Meditationen oder wegweisenden Zitaten. Eine einzigartige Quelle, die dazu einlädt, sich selbstständig auf den Weg zu machen.

Verlag Freies Geistesleben

Georg Kühlewind
Die Wahrheit tun

Erfahrungen und Konsequenzen des intuitiven Denkens
238 Seiten, kartoniert

»Achter Schöpfungstag ist es, wenn der Mensch beginnt, zu schaffen anfängt. Diese Schöpfung liegt in der Richtung der schon erreichten – und noch nicht verlorenen – Anfangsbewegung des Erkennens: sie ist die Verlängerung des intuitiven Augenblicks und damit sein Erfahren; oder auch: die Erfahrung der Gegenwart anstatt der Vergangenheitswelt. Der Mensch schafft dadurch die Welt der Gegenwart, die Weisheit der Gegenwart.«

Georg Kühlewind

Verlag Freies Geistesleben

Georg Kühlewind
Aufbau

Vom Denken zur Wahrnehmung des Lebens
176 Seiten, kartoniert

»Darin sind das Neues denkende Denken und die Kunst verwandt: Der Mensch muss seine Alltagsgewohnheiten hinter sich lassen und er muss sich in ein anderes Element, ins Element der Musik, der Farben, des durch nichts beeinflussten Verstehens begeben.«

Georg Kühlewind

Dieser Text macht auch deutlich, welch schlüsselhafte Rolle Rudolf Steiners Philosophie der Freiheit für Georg Kühlewind bei der Suche nach dem eigenen Weg gehabt hat.

Verlag Freies Geistesleben

Georg Kühlewind
Das Leben der Seele

zwischen Überbewusstsein und Unterbewusstsein
121 Seiten, kartoniert

»Eine wirkliche Einsicht in das Unterbewusste ist nur einem Bewusstsein möglich, das eine den Tiefen und der Lebendigkeit der unterbewussten Elemente entsprechende Wahrheit in den Höhen des Überbewussten erlangt hat.«

Georg Kühlewind

Verlag Freies Geistesleben